中国社会科学院创新工程学术出版资助项目

中国社会科学院财经战略研究院文库

中国外贸发展方式
战略转变研究

RESEARCH ON STRATEGIC TRANSFORMATION OF

FOREIGN TRADE
DEVELOPMENT MODE IN CHINA

冯 雷 夏先良 等 / 著

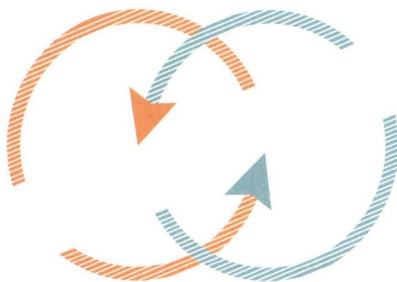

社会科学文献出版社
SOCIAL SCIENCES ACADEMIC PRESS (CHINA)

序

　　外贸发展方式转变是一个老话题，也是一个永恒的问题。外贸发展方式转变是中国经济发展形势和世界经济环境变化的需要，是主动适应国际经贸格局变革的客观要求，是推动贸易强国进程的战略举措。

　　我国已经是一个贸易大国，但是大而不强。转变外贸发展方式具有实现从贸易大国向贸易强国转变的更高战略意义。要巩固贸易大国地位、推动贸易强国进程，我国外贸发展方式战略性转变具有必然性和紧迫性。冯雷首席研究员主持完成的中国社会科学院财经战略研究院创新工程项目"中国外贸发展方式战略转变研究"成果，顺应国家外经贸发展方式转变的时代要求，具有重要的现实意义。

　　此项创新工程项目成果丰硕，形成了一系列阶段性研究成果，既进行深入的理论研究，又结合现实进行对策性、政策性研究，从外贸体制改革、外贸结构调整、外贸发展战略调整、外贸组织建设、外贸技术创新、外贸营销战略创新、企业"走出去"构建跨国公司等多个角度研究如何全面提高外贸发展的质量和效益，实现外贸发展方式的战略转变。本书是此创新工程项目中间成果的集成。

　　本书从中国外贸发展的战略形势变化、战略环境变化和战略处境评估入手，分析中国外贸发展的战略定位、战略阶段和战略重点，探索中国外贸发展的战略及其转变，以及外贸发展方式战略转变的途径和措施；着力研究如何从战略上提高中国外贸发展的质量和效益，扩大中国外贸发展的利益，增进国民福祉，增强中国外贸发展的长期竞争力和可持续性；着力研究如何深化市场化改革，完善外贸促进政策，实施自由贸易战略，促进外贸转型升级，建设开放型经济体系，促进外贸多元平衡增长，加快实施多层次、多样化的自由贸易区战略，主张从"出口导向型"战略向自由贸易战略转变，把国际贸易产业提高到国家战略产业高度，加强国际贸易渠道和网络等组织体系建设，加快"走出去"步伐建设跨国公司，构建自主的、一体化的国际贸易渠道和网络体系，促进技术引进、国际科技合作与自主创新协调发展，加强国际贸易技术创新和外贸营销战略创新，引领世界消费潮流等。

该项创新工程项目成果的创新体现于认识到以下方面：加大改革开放步伐是转变外贸发展方式的关键性基础工程；把扩大进口作为促进外贸平衡发展的重要突破口，采取以扩大内需和进口换取外需的稳步增长战略；以实施跨国公司发展战略带动进出口贸易发展；以打造中国－东盟自由贸易区升级版和推动共建丝绸之路经济带及 21 世纪海上丝绸之路迈向亚洲命运共同体，从高层外交场合呼吁反对外国贸易投资保护主义抬头和分裂现有多边贸易体系行为，优化外贸发展国际环境；建设国际贸易渠道和网络等国际贸易产业组织是外贸发展方式转变的重要途径，中国需要转变外贸发展的组织方式，构建一个面向全球化的自主的国际贸易产业组织体系；重视外贸市场创新、外贸技术创新和外贸营销战略转变，创新外贸发展方式与途径，实现外贸市场多元化、外贸商品结构升级、外贸区域结构分散、一般贸易方式占比逐步提高、贸易条件得到改善、外贸促增长增就业的宏观贡献效果增大的提质增效目标。此外，项目成果还提出了许多其他新观点和新措施，为政府决策提供咨询参考。

仅以此为序。

夏先良

2015 年 3 月 9 日

目 录

CONTENTS

第一章

中国外贸发展方式转变的
战略形势与环境变化

当前中国外贸发展形势和发展环境发生了深刻而复杂的变化。国内外经济形势、环境变化迫使中国要审时度势，适时对传统的外贸发展方式进行战略转变。

第一节　当前中国外贸发展方式转变的战略形势变化

一　近年中国外贸发展形势变化

（一）2011 年中国外贸增长速度大幅放缓

据中国海关统计，2011 年，中国货物进出口总值为 36420.6 亿美元，同比增长 22.5%，其中货物出口额为 18986 亿美元，比上年增长 20.3%。2011 年，中欧双边货物贸易总值为 5672.1 亿美元，比上年增长 18.3%，其中对欧盟货物出口额为 3560.2 亿美元，同比增长 14.4%，这与 2010 年中国对欧盟出口同比增长 31.8% 的速度形成巨大差距。2011 年，中美双边货物贸易总值为 4466.5 亿美元，比上年增长 15.9%，其中对美出口额为 3244.9 亿美元，比上年增长 14.5%，这个增速与 2010 年中国对美出口同比增长

28.3%差距明显。2011年，中日货物贸易额为3428.9亿美元，同比增长15.1%，其中对日本出口额为1483亿美元，同比增长22.5%，这与2010年同比增速基本相当。

2011年，中国出口总额在2011年7月增长到最高值之后不仅不再继续保持增长态势，出口增速持续走低，而且出现波动性滑坡。尽管2011年10月有"十一"放假因素，2012年1月有元旦放假和春节放假叠加影响因素，但半年来出口形势显现波动性滑坡趋势，外需动力减弱。虽然中国对日、对美出口趋势没有显示出下行趋势，但中国对欧盟出口形势已经明显出现滑坡态势，表现出欧债危机削弱对中国出口需求的迹象。

2011年之后中国外需增长动力明显减弱。欧美在经济不景气的形势下，失业率一直居高不下，消费者收入增加不明显。一些主要发达国家财政开支收缩；罢工抗议加剧了社会动荡；消费者缺乏信心扩大开支。这些不仅导致销售市场规模缩小，而且使销售困难加大，竞争激烈，营销成本增高。整体上，中国外贸仍保持较快增长，但是增长的区域或国别分布结构发生了变化。中国对新兴市场国家、发展中国家贸易增长强劲。在中国外贸出口的主要对象中，占据前三位的分别是欧盟、美国和日本，这三者占中国出口总额的60%以上。特别是欧盟，欧盟是中国的第一大贸易伙伴、第一大出口市场、第一大技术引进来源地和第二大进口市场。2011年，中国对欧出口占中国出口总值的18.8%。中国对欧、美、日等传统市场增长平稳，对欧、美出口增速低于出口整体增速，有的出现增速放缓征兆。欧洲发生的主权债务危机仍在延续，将波及北美、日、韩、东盟等中国传统市场。2012年，发达经济体对中国出口产品的需求动力减弱，严重影响中国整体外贸增长潜力。

（二）2012年外贸两位数增长形势一去不复返

据我国海关统计，在全国的共同努力下，2012年全国完成进出口贸易额38667.6亿美元，比上年同期增长6.2%。其中，出口额达到20489.35亿美元，比上年同期增长7.9%；进口额达到18178.26亿美元，比上年同期增长4.3%。2012年进出口增速非常缓慢。

2012年1月，中国货物进出口总额为2726亿美元，同比下降7.8%，其中货物出口总额为1499.4亿美元，同比下降0.5%。2012年1月中国对欧盟出口额与2011年1月相比下降3.2%，其中对意大利出口额下降28.2%，对德国出口额下降6.3%，对法国出口额下降3.7%。2012年1月，中国对美国货物出口额实现354.6亿美元，同比仅增长5.4%；对日本货物出口额实现227.3亿美元，同比仅增长6.1%。

2012年，世界经济仍没有从国际金融危机和欧债危机的深刻影响中恢复过来，主要经济大国的贸易保护主义倾向继续抬头，而且中国周边地缘战略环境发生变化，中国发生了与周边国家的领海岛屿争端，对进出口贸易产生了一定的不利影响。在这样复杂、恶劣的环境下我国仍然取得这个成绩，值得庆贺。

与其他主要贸易伙伴和对手相比，中国外贸增速仍表现强劲。2012年在老牌发达国家中，美国货物出口增长4.4%，货物进口增长2.8%；日本出口比2011年下降2.7%，进口增加了3.8%。2012年在新兴贸易大国中，俄罗斯货物贸易总额为8372.95亿美元，同比增长1.8%，其中出口同比增长1.6%，进口同比增长2.2%；印度进出口总额为7090.67亿美元，同比增长2.63%，其中出口同比下降1.18%，进口同比增长5.08%；巴西进出口总额为4657亿美元，同比下降3.4%，其中出口比上年下降5.3%，进口下降1.4%。

2012年，中国对外贸易增速出现陡降的局面，增速由2011年的22.5%降至6.2%。中国对外贸易增速出现大幅度下滑，一方面，受国际经济持续疲软、外需萎缩、贸易保护主义明显抬头等因素的影响；另一方面，受到国内劳动力成本上升、传统出口产品竞争优势下降、资源和环境压力增大、人民币大幅升值等多重因素制约；最为重要的是中国经济加速转型，带动贸易发展模式由数量型向质量型转换所致。外贸增速的降低，是"转方式、调结构"的表现方式。因此，2012年中国对外贸易增速变化，标志着我国告别了"入世"以来对外贸易连年两位数的超高速增长时期，进入了一位数的次高速增长阶段。

改革开放之初的1978年，中国货物贸易进出口总额只有206亿美元，在世界货物贸易中排名第 32 位，所占比重不足 1%。2012 年，中国的贸易总额增长到 38667 亿美元，比 1978 年增长了近 187 倍，在世界货物贸易中排名跃升至第二位，所占比重达到 10.4%，并连续 4 年成为世界货物贸易第一出口大国和第二进口大国。特别是中国加入世界贸易组织以来的 10 年间，中国对外贸易发展进入了黄金时期。2001 年和 2010 年我国货物进出口总额分别为 5097 亿美元和 29728 亿美元，增长 4.8 倍。其中，出口额从 2661 亿美元增加到 15779 亿美元，增长 4.9 倍；进口额由 2436 亿美元增加到 13948 亿美元，增长 4.7 倍。值得关注的是，2001 年加入世贸组织以来，中国对外贸易规模屡屡实现重大突破。2001 年中国进出口总值为 5097 亿美元，2004 年突破 1 万亿美元，2007 年再破 2 万亿美元大关，2011 年突破 3 万亿美元大关。贸易规模先后超越了英国、法国、日本、德国和美国。中国对外贸易快速发展，不仅造就了改革开放以来的"中国经济奇迹"，也为世界经济增长做出了巨大贡献。2001 ~ 2012 年，国际贸易年均增长 8% 左右，其中中国贡献了 1.5 个百分点。金融危机爆发以后，中国政府及时采取了一系列政策措施刺激经济，扩大内需，稳定进出口规模，成为 2009 年世界主要经济体中大宗商品进口量保持增长的唯一国家。中国对外贸易的快速和持续发展也增进了本国及主要贸易伙伴国的国民福利，成为全球经济增长的重要动力。

（三）2013 年中国外贸继续缓慢增长

党的十八大以后，中国进入经济转型加速推进的关键时期，为适应对外贸易结构调整需要以及贸易增长周期的变化，商务部将 2013 年外贸增长目标定为 7.8%。据海关统计，2013 年，中国货物进出口总值为 41603.3 亿美元，扣除汇率因素，比上年同期增长 7.6%，比上年增速提高 1.4 个百分点，但没有完成预定目标。不过，全年货物进出口总值首次突破 4 万亿美元大关。其中，出口总值为 22100.4 亿美元，比上年同期增长 7.9%；进口总值为 19502.9 亿美元，比上年同期增长 7.3%；贸易顺差为 2597.5 亿美元，同比增长 12.8%。

　　2013 年，货物贸易月环比起伏较大，尤其是进口月环比（见图 1 -
1）。1 月和 2 月外贸分别受西方过圣诞节、国内元旦放假和春节的负面影
响而下降，不难理解。3 月进出口月环比大幅度回升，出乎意料，可能与
过完春节后抓紧完成新一年下达的目标任务有关。出口月环比在 3 月高增
长后增势下跌，5 月和 6 月出现了负增长。进口月环比的较大起伏受国内
改革和宏观调控的明显影响，压缩过剩产能和反腐败对进口有一定影响，
造成多数月份进口月环比下滑。可喜的是 2013 年 11 月、12 月月环比双双
持续增长的态势，反映出进口需求和出口外需的增长态势。

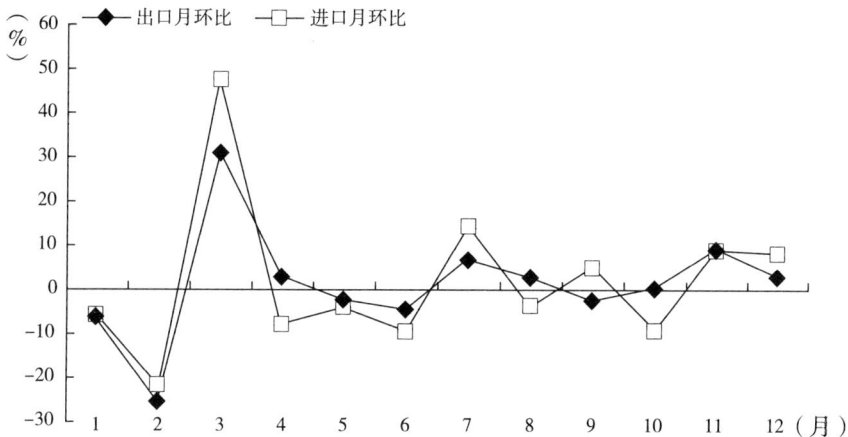

图 1 - 1　2013 年中国货物进出口月环比走势

资料来源：海关总署统计，http：//www.customs.gov.cn/。

　　据商务部统计，2013 年，中国服务进出口总值为 5396.4 亿美元，比
上年同期增长 14.7%，比上年增速提高 2.4 个百分点。其中，服务出口总
值为 2105.9 亿美元，比上年同期增长 10.6%，比上年增速提高 6 个百分
点；服务进口总值为 3290.5 亿美元，同比增长 17.5%，增速与上年基本
持平；贸易逆差为 1184.6 亿美元。

　　2013 年，中国外贸在面临一系列困难和国内外严峻社会经济形势下
取得如此大的增长成绩，而且外贸发展结构、质量、效益都有所改善，实
属不易。相比世界上许多国家外贸下滑、严重入超、经常项目难以实现平
衡的状况来说，中国外贸取得这样的成绩已经是了不起的了。

（四）2014 年中国外贸出现超低速增长的现象

2014 年，我国外贸继续保持平稳增长，继续巩固全球第一大贸易国地位，却出现了改革开放以来前所未有的超低速增长现象。据中国海关总署统计，2014 年，全国货物进出口贸易总额为 26.43 万亿元，比上年同期仅增长 2.3%。这个增速与 2014 年政府预期目标 7.5% 有相当大的差距。

从纵向的历史比较来看，2014 年中国外贸进出口增速不能期望分别达到 2010 年、2011 年 34.7%、22.5% 的高水平，也没有保持 2012 年、2013 年 6.2%、7.6% 的中低水平增长势头，而是大幅下滑到个位的低位增长，触及零增长的地板。

若以美元计价，2014 年，我国进出口总额达 4.3 万亿美元，比上年同期增长 3.4%。其中，出口额约 2.34 万亿美元，同比增长 6.1%；进口额约 1.96 万亿美元，同比增长 0.4%；顺差 3824.6 亿美元。2014 年，美国货物贸易总额为 40060.5 亿美元，同比增长 3.1%；出口额为 16351.3 亿美元，同比增长 2.6%；进口额为 23709.2 亿美元，同比增长 3.3%；逆差 7357.9 亿美元，同比增长 4.8%。从横向层面来看，中国货物贸易增速已经十分接近美国货物贸易的增速了。中国作为一个新兴的发展中国家，外贸超低速增长是不正常的。

（五）2015 年外贸增长前景仍不容乐观

2015 年，国家设定外贸年度增长目标是 6% 左右，比上年实际增速 2.3% 提高了 3.7 个百分点。与历史上外贸曾有过的高速增长相比，这个目标不显高，但在当今时代这个目标并不低，实现这个目标并不乐观。

要实现外贸年度增长 6% 的目标，2015 年外贸总额必须在上年基础上增加 1.59 万亿元。如果把这个目标分解到进口和出口两个方面，假定进口维持零增长，那么出口增速必须超过 11%，这个出口增速几乎不可能达到；假定出口增速维持上年 4.9% 的水平，进口增速应不低于 7.4%。这个进口增速在目前全球大宗商品价格下行和通货紧缩形势下来看也是几乎达不到的。从进口走势分析来看，2015 年 3 月以后的数月进口增长都会出现同比负增长，2015 年达到进口不低于 7.4% 的增长速度难以实现。

我们的判断是，出口形势和增长前景好于进口，外贸总体上仍将是缓慢增长态势，在全国人民努力打拼下，预计 2015 年外贸增速可达到 4% 左右，出口增速由上年的 4.9% 增加到 6% ，进口增速由上年的 – 0.6% 增加到 1.6% 。要实现这个较低的外贸预测值仍富有挑战性。

二　中国外贸发展面临的新问题和新挑战

（一）中国外贸改革开放与结构调整的任务艰巨

中国外贸发展仍面临市场机制不能够发挥决定性作用的问题。外贸体制仍不够开放，管理管制过多。政府对出口激励明显，对进口管理体制控制严格。外贸发展方式转变仍在艰难进行之中，取得的成效不够明显。人民币对日元、韩元、欧元的汇率不断上升。外贸成本持续上升，传统比较优势慢慢消失。

货物贸易与服务贸易结构性矛盾更加突出，服务贸易发展滞后问题日益严重，服务贸易出口总值只有货物贸易出口总值的 1/10。外贸来自品牌、技术、组织、管理、制度改进等方面的新优势不明显。中国企业组建的自主的一体化外贸体系和网络没有形成。中国产品出口市场过分集中问题依然突出，供应目标市场群体过分集中于中下层消费群，忽视海洋岛屿国家、小国市场的开发，市场多元化工作仍有潜力可挖。

（二）中国引进外商直接投资大幅滑坡或增速下行

中国进出口贸易一半以上是由外资企业实现的。特别是外资企业的加工贸易占货物贸易的比重很高。来华外商直接投资增长状况对外贸增长产生明显的影响。2011 年，中国引进非金融类外商直接投资项目 27712 个，实际吸引外资金额 1160.1 亿美元，与上年实际利用外资额 1088.21 亿美元相比增长了 6.6% ，但与上年同比增长 18.5% 的速度相比，2011 年增速大幅度放缓。2012 年，中国外商直接投资出现自 2009 年全球金融危机以来的首次下降，外商直接投资总额达到 1117 亿美元，比 2011 年减少 3.7%。这将非常不利于中国进出口贸易的增长。

欧债危机的阴霾已经笼罩全球投资领域，投资者不仅惊魂不定，失去投资信心，投资决策谨慎，而且全球融资出现流动性收缩，来华外商直接投资的资金来源开始出现拮据。这不仅表现在 2011 年来华直接投资增速放缓，而且表现在 2012 年 1 月中国实际使用外资金额 99.97 亿美元，出现了 0.3% 的同比下降新情况，特别是来自欧盟的实际投入外资金额为 4.52 亿美元，同比下降 42.49%。欧债危机可能会进一步增大中国引进外资的滑坡风险。

2011 年，来自美国的资本有 29.95 亿美元，比上年美国对华 40.52 亿美元的直接投资额下降了 26.1%。这是美国对华制造贸易摩擦和在华周边制造紧张局势的结果，美国当局恐吓美国企业对华谨慎投资，公开鼓励美国在华企业撤资回国，希望把产业留在国内，实现再产业化和出口倍增目标，防止产业空心化，增加美国就业。但是 2012 年 1 月来自美国的实际投入外资金额为 3.42 亿美元，同比增长 29.05%。美国对华直接投资是否会继续增长有待观察。

2013 年中国资本流动和外商直接投资势头与上年相比都更加强劲。2013 年，中国设立外商投资企业 22773 家，同比下降 8.63%，实际使用外资金额 1175.86 亿美元，同比增长 5.25%。这也证明尽管中国经济面临增长放缓、劳动力成本上升、低成本制造业竞争加剧等诸多挑战，企业及投资者依然看好中国市场，为中国经济增长前景释放了乐观信号。

2014 年，中国设立外商投资企业 23778 家，同比增长 4.4%；实际使用外资金额 1195.6 亿美元（折合人民币 7363.7 亿元），同比增长 1.7%。2014 年外商对华直接投资增幅比上年略有下降，外商投资对中国经济增长的贡献趋于式微。

（三）劳动力、资金等生产要素流动性、市场化不足

当前中国企业，特别是沿海出口导向型企业面临着招工难、融资难等

一系列难题，遇到劳动力、资金、土地等要素流动性、市场化不足的困扰。体制机制的改革开放是促进经济民主化、自由化、平等化的强大武器，有助于通过竞争激起经济活力，有效配置资源，减少资源浪费，提高经济效益。

过去我国改革主要由各行业各部门自发进行，主要是扩大自己的权力，限制上下对自己的监督，千方百计制造障碍和抬高新进入者的门槛，把对手挡在外面，向政府要特殊政策，保护既有垄断特权。行业改革和政策制定基本上由几家大的国有企业把控，国企不会把它们特殊的垄断利益改掉，所以，过去的改革尽管有一定进展，但都不彻底。垄断产生腐败、懒惰、低效，妨碍竞争。改革可以破除积弊，除去障碍，搞活经济，净化滋生腐败和垄断的土壤，让每个组织、每个组织的人依靠付出的劳动服务社会大众获取应得的回报。当前经济发展面临外部压力和内部发展要求两股力量的推动，改革开放是经济发展的最大推动力量，但它需要智慧、勇气和代价。

中国户籍制度改革迟迟没有深化，城乡隔离现象日益严重，劳动力要素没有放开，劳动力要素流动面临一系列实际困难，导致在沿海地区企业就业的农民工人数减少。长期以来，城市管理者只希望农民工进工厂、企业打工，从而获得他们贡献的税收和其他利益，却不愿确认他们的城市居民身份，不愿意给予他们应有的养老、医疗等福利待遇，不愿意承担他们子女就学等社会责任，不想让他们享用城市公共设施。由于城乡生活和收入差距日益拉大，农民工进城打工成本提高，难度更大，背井离乡、进城打工的人数日益减少。企业招工难是因为农民进城生活成本高了，能找到的低成本劳动少了。这并非中国农民减少，或者贫困人口减少了。如果不能改革现行户籍制度，我国仍将面临企业招工难和农村人口贫困化的问题。与此同时，我国每年向社会输送的 600 万 ~ 700 万大学毕业生却不愿意接受农民工的工资待遇、劳动条件，面临就业难问题。

我国金融体系改革受到国有四大银行的把持难以进一步推开，资本市场发展更是受到制度设计和治理缺陷影响长期停滞不前。社会游资缺乏有利的投资渠道，社会高通胀与银行存款的低利息，使国民不惜冒风险把积蓄借给地下金融机构。民间融资案情多发，反映社会上资金流动不畅，严重阻碍了资源优化配置，危害了经济正常发展。中小微企业除了获得来自地下（或民间）金融机构力量的支持之外几乎没有融资发展的通道。金融等行业改革开放已经被垄断组织把持。金融业不平等的市场准入待遇不仅体现在国资、民资之间，而且体现在民资与外资之间。银行业对外资开放程度大大超过对内开放程度。不应歧视本国民资。

（四）贸易融资难、贸易成本高、贸易风险大

我国外贸企业不仅存在市场融资难问题，而且在进出口贸易业务中也存在融资难问题。由于国际金融危机和欧债危机对国际金融机构的打击仍在持续，金融机构支持国际贸易的进出口信贷和融资服务收紧，资金匮乏，融资条件苛刻。

我国外贸企业的出口成本增加主要来自进口原材料价格上涨，劳动力成本上涨，环境成本、经营管理成本和各种与出口有关的成本增加。2014年在沿海地区已经出现一些企业因成本压力过大亏损严重，个别企业倒闭的情况。

在当前外需减少、销售困难和市场保护比较严重的形势下，特别是在低端产品市场上，出现了激烈的竞争局面。外贸企业面临较大的市场风险。在中东、北非、西亚地区，战争和冲突不断，许多国家存在内部革命和外部干预的政治风险，出口业务常常遇到各种政治风险。此外，当前欧元、美元币值不稳定，外贸企业时常要受到汇率风险的不利影响。2015年美联储可能调整资金利率政策，提高美元利息率水平，从而引起全球贸易、投资以及金融市场的动荡。

第二节　当前中国外贸发展方式转变的战略环境变化

由于欧元区陷入了迄今仍看不到尽头的债务危机，全球市场信心不

足，世界经济复苏的进程缓慢，主要发达国家投资需求、消费欲望、购买力都在下降，减少了对中国产品的需求，中国出口面临下滑的危险。从世界政治经济形势和欧盟内部政治经济关系来判断，欧债危机不可能在短期内解决，甚至有欧盟、欧元崩盘的可能。欧债危机的持续将加剧世界金融体系的动荡，世界经济将长期陷入低速增长中，世界政治经济关系将更加紧张，贸易投资保护主义会卷土重来。欧债危机持续发酵和美国经济复苏乏力对以出口为主导的新兴经济体构成很大压力。中国外需动力放缓，必须转变外贸增长战略。

一　世界经济增长前景黯淡

2011 年，世界政治经济处于深刻调整和动荡之中，主要发达国家遭受债务压力和债务危机困扰，日本遭受大地震、大海啸等自然灾害，北非、中东、西亚遭受"颜色革命"袭击，美国重返亚洲引起地缘政治变化等一系列事件，导致自 2008 年国际金融危机引发的经济衰退复苏乏力，世界经济长期维持低速增长，可能会再次陷入衰退。欧债危机是拖累世界经济增长的主要因素。

联合国发表的《2012 年世界经济形势与展望》预测，世界经济处于新一轮严重衰退的边缘，2011 年全球 GDP 增长已经相当缓慢，在 2.8% 左右，2012～2013 年增长乏力，如果欧债危机控制在若干小经济体内，2012 年世界 GDP 增速可望达到 2.6%，2013 年达到 3.2%。国际货币基金组织在《2012 年世界经济展望》中预测，2012 年世界经济增速将达到 3.3%，高于联合国预测值。世界银行在《2012 年全球经济展望》中预测，2012 年世界 GDP 将增长 2.5%，略低于联合国的预测值。这些国际机构对 2012 年经济增长前景黯淡均表示出沮丧。无辜的是发展中国家的经济增长将受欧美主权债务问题的拖累而减速。

世界银行最近发布的《世界经济展望报告（2014）》预测，2014 年世界经济将增长 2.6%，增速比上年加快 0.1 个百分点；2015 年全球经济增长率将达到3%，比上年加快0.4个百分点。这是比较乐观的预测数，随着实际情况的变化，世界银行会修改其预测值。

目前世界主要经济体除了中国、印度、美国经济增长前景看好之外，其余经济体增长前景都很不乐观。2014年中国GDP增长7.4%，2015年经济增长目标下调到7%。2015年印度经济增长进入快车道，预期GDP增长速度超过8%，将一举超过中国成为增长最快的主要经济体。

发达经济体缓慢的经济增长仍是世界贸易增长乏力的主要原因。2011年世界经济缓慢增长，欧盟、日本在第三季度和第四季度经济增速放缓或陷入衰退，美国经济复苏乏力，特别是许多欧美国家采取财政紧缩政策，将进一步减弱投资增长的信心，就业和收入增长也将失去推动力量。2012年全球经济面临下滑或衰退风险，必将导致世界贸易缺乏需求动力，拖累贸易增长，显著增加贸易下行的风险。2012年世界经济增速将进一步减缓。

欧元区和欧盟经济增速放缓明显。2011年全年欧元区17国GDP比上年增长1.5%，欧盟27国GDP比上年增长1.6%。可是，2011年第三季度、第四季度欧元区GDP分别比上季度增长0.1%和下降0.3%，GDP分别比上年同期增长1.3%和0.7%。2011年第三季度、第四季度欧盟27国的GDP分别比上季度增长0.3%和下降0.3%，GDP分别比上年同期增长1.4%和0.9%。如果2012年第一季度没有改善，欧元区和欧盟经济就进入衰退周期。2014年欧元区和欧盟GDP分别增长0.9%和1.4%。然而，2014年第四季度，欧元区和欧盟GDP分别环比增长0.3%和0.4%，显示整体复苏进程依然缓慢。欧元区部分重债国经济表现不乐观。欧洲除了面临经济不振、债务困扰和欧元崩溃之外，还要面对乌克兰危机、对俄制裁的代价等问题。

美国经济似乎显现出增长迹象，而日本可能已经陷入衰退之中。2011年美国第三季度、第四季度GDP分别比上季度增长0.5%和0.7%，分别比上年同期增长1.5%和1.6%。而2011年日本第三季度、第四季度GDP分别比上季度增长1.7%和下降0.6%，分别比上年同期下降 0.6% 和 1%。2014 年美国 GDP 增长了 2.4%，美国经济学家乐观估计 2015 年美国实际 GDP 增速将提升到 3.4%。我们对美国经济增长的可持续性表示怀疑。

俄罗斯联邦统计局初步统计数据显示，2014 年，俄罗斯 GDP 规模达709756 亿卢布（约合 1.03 万亿美元），GDP 实际增长率为 0.6%，较2013 年下降 0.7 个百分点。自 2014 年 3 月乌克兰危机升级以来，西方对俄罗斯发起多轮经济制裁，导致俄罗斯资本外逃、货币持续贬值、通货膨胀率攀升，在当前国际石油价格大幅下跌的不利形势下，俄罗斯经济陷入深度的停滞。俄罗斯央行曾预测 2015 年第一季度俄罗斯经济增长率将下降 3.2%，全年可能出现更坏的结果。

除了俄罗斯受油价下跌困扰之外，许多依赖大宗资源性产品出口的国家经济受价格下跌影响比较明显。巴西、委内瑞拉、南非、中东、澳大利亚等经济增长前景不明朗。日本央行预测日本 2014 财年实际 GDP 萎缩0.5%，甚至更低。预计 2015 年日本经济也不会有大的转变。世界地缘政治冲突愈演愈烈，国际经济形势仍处于异常复杂多变的形势之下，世界经济走势仍不确定。

二　2012 年以来世界贸易增长前景不乐观

2010 年世界贸易恢复增长，增长了 13.8%。自 2010 年下半年以来，世界贸易增长速度放慢，主要原因是全球，特别是发达经济体经济增长疲软，导致贸易增速减缓。贸易放缓集中在发达经济体，尤其是欧洲，显示出欧元区主权债务危机的影响力。

2011 年中国等发展中国家贸易增长强劲。发展中国家进口增长速度超过 8%，比发达国家进口增速快 1 倍。发展中经济体对国际金融危机和债务危机的弹性较大，在世界贸易中的重要性持续增加。2011 年发展中经济体对世界进口贸易增长做出 50% 的贡献。1995～2011 年，南南贸易以年均 13.7% 的速度增长，大大高于同期世界贸易平均 8.7% 的增速。2011 年世界贸易量增速陡降至 5%。目前欧元区主权债务危机已经导致重债国对外贸易急剧下降，欧盟内外贸易出现收缩，危机的持续恶化必将对其他贸易伙伴产生显著影响，进而影响其主要贸易伙伴的经济增长速度。

2012 年，在世界经济复苏乏力的形势下，全球贸易增速明显下降。2012 年世界商品贸易进一步降低增速，只有 2.5%。特别是发达国家消费和投资需求低迷，进口萎缩，拖累全球贸易增长。世界贸易组织发布的统计数据显示，2012 年全球货物贸易量增长 2.5%，增速远低于 2011 年的 5.2%，更低于过去 15 年平均每年 6% 的增速。其中，发达经济体出口量增长 1%，进口量下降 0.1%；发展中国家出口量增长 3.3%，进口量增长 4.6%。在这种大的国际经济环境下，2012 年中国外贸实现了 6.2% 的增长，是全球主要贸易体增速最高、表现最好的。与此同时，中国贸易占全球的份额进一步提升。其中出口占全球的比重为 11.2%，比上年提高 0.8 个百分点，连续四年居全球首位；进口占全球的比重为 9.8%，比上年提高 0.3 个百分点，连续四年居全球第二位。2013 年，中国对外贸易上半年的走势呈现先扬后抑的波动状态，6 月出现少有的进出口双双陷入负增长的局面。但从 6 个月的平均值来看，仍达到 8.6% 的较高水平。7 月外贸开始止跌回稳，增速恢复到 7.8%。据世贸组织报告，2013 年全年世界贸易增长 2.1%。2013 年全年中国对外贸易增长 7.6%，保持了较快的增速。

2014 年中国对一些重要贸易伙伴的进口出现下滑，使这些国家的经济受到不同程度的影响（见表 1-1）。2014 年，我国对发达国家市场保持稳定增长，对欧盟和美国进出口分别增长 8.9% 和 5.4%，对澳大利亚由于矿产资源价格下跌引起进口金额负增长，对澳出口取得小幅正增长，唯独对日本出口和进口双下跌。我国对东盟、俄罗斯、印度贸易均取得较快增长，但对巴西、南非、我国港台地区出现不同程度的贸易萎缩。2014 年我国对发展中国家进出口的比重较 2013 年提高 0.4 个百分点，开拓新兴市场取得新成效，外贸市场多元化水平继续提升。

表 1 - 1　2014 年中国对主要国家或地区进出口增长情况

单位：亿元，%

国家或地区	进出口总额	进出口同比增长	出口总额	出口同比增长	进口总额	进口同比增长
欧　　盟	37817.9	8.9	22786.9	8.3	15031	9.7
美　　国	34091.4	5.4	24327.6	6.4	9763.8	3.1
日　　本	19213.4	- 1	9186.5	- 1.4	10026.9	- 0.5
加 拿 大	3391.2	0.3	1842.9	1.6	1548.3	- 1.2
澳大利亚	8406.7	- 0.8	2405.1	3.2	6001.6	- 2.3
韩　　国	17838.9	4.8	6161.7	8.9	11677.2	2.8
东　　盟	29505.8	7.1	16711.8	10.3	12794	3.3
中国香港	23099.7	- 7.2	22307.3	- 6.6	792.4	- 21.5
中国台湾	12180.3	- 0.5	2843.3	12.7	9337	- 3.9
俄 罗 斯	5851.8	5.6	3297.3	7.2	2554.5	3.7
巴　　西	5318.6	- 4.9	2143.1	- 3.8	3175.5	- 5.7
印　　度	4335.5	6.8	3330.6	10.7	1004.9	- 4.6
南　　非	3702	- 8.7	964.5	- 7.7	2737.5	- 9

资料来源：中国海关总署，http：//www.customs.gov.cn/publish/portal0/。

2015 年前两个月我国对主要国家或地区的进口均出现不同程度的萎缩，对发达国家出口中除日本外都取得不同程度的正增长。我国对东盟、印度、南非、巴西的出口保持增长，但对俄罗斯和我国香港出口出现萎缩。

服务贸易相对货物贸易来说对金融危机的影响不太敏感。2010～2011年世界服务贸易从国际金融危机引起的衰退中恢复也不明显。2011 年全球商业服务贸易额为 41490 亿美元，比 2010 年增长 11%。其中，运输服务贸易额为 8550 亿美元，增长 8%；旅游服务贸易额为 10630 亿美元，增长 12%；其他商业服务贸易额为 22280 亿美元，增长 11%。全球前三大服务贸易出口国为美国、英国、德国，占全球出口的比重分别为 13.9%、6.6% 和 6.1%，中国位居第 4 名，占比为 4.4%。全球前三大服务贸易进口国为美国、德国、中国，占全球进口的比重分别为 10.1%、7.3% 和 6.1%。发展中国家仍是服务贸易净进口方，但服务贸易出口地位持续提高，特别是交通和旅游业更明显。中国外贸是世界贸易的重要组成部分。2010 年中国服务贸易地位进一步改善，服务贸易出口从 2006 年的第 8 位上升到第 4 位，服务贸易进口从 2006 年的第 6 位上升到第 3 位。

外贸增长形势不仅受国内经济改革、产业调整与转型的影响，而且受外部政治动荡的影响明显。特别是受国内各种生产成本抬高和一些产业产能过剩的影响，我国利用外资和外国产业转移的增速放慢，尤其是制造业利用外资增速下降，同时对东南亚国家的产业转移和订单转移加快。以美国为首的西方发达国家在国际金融危机之后推行"购买国货""再产业化"以及贸易保护主义政策措施，世界经济恢复迟缓，中国产品的外需增长速度大幅度放慢。

外贸进出口增长形势不理想不仅由于国内外经济形势发生了新变化，而且由于我国与日本、菲律宾、越南涉及海洋领土争端破坏友好的国际政治环境、国民感情，伤及了外贸增长。此外，乌克兰、叙利亚、伊拉克内乱等因素也对我国外贸增长造成了冲击。这些因素综合作用产生目前的外贸结果已经不令人费解了。相信这些不利因素将消失或得到控制，期望下半年外贸形势会有所好转。

2014 年国际贸易保护主义氛围依然浓重，贸易摩擦继续频发。世界经济形势仍在缓慢恢复中。美国就业形势好转，美联储逐步退出量化宽松货币政策。美国、欧盟成员国纷纷实行财政紧缩政策。巴西、印度等新兴经济体受到美元资金外流的打压。世界政治、外交形势异常复杂。非洲、中东的一些国家受到域外大国力量在那里博弈的影响而挑起内战。新的一年里这种局面仍然会持续。东亚地区岛屿领土之争会继续僵持。这种国际紧张关系除了帮助少数军事强国扩大军火出口外，无助于世界贸易的增长。2015 年外贸增长前景并不乐观，我们既要看到面临的国际形势、发展难题，也要看到国内改革开放的重重困难。

三　全球贸易平衡和贸易保护主义形势依然严峻

2011 年欧元区贸易赤字由 2010 年的 147 亿欧元减少至 77 亿欧元；欧盟贸易赤字也由 2010 年的 1595 亿欧元降至 1528 亿欧元，逆差略有降低。2011 年日本对外贸易逆差为 16089 亿日元，主要是由于日本出口疲弱，且核电厂关闭造成燃料进口激增。2011 年，美国货物和服务出口 21031.2 亿美元，进口 26611.4 亿美元，逆差为 5580.2 亿美元，比上年增长 11.6%。美国贸易逆差增速大幅下降。

欧美等发达国家持续存在的贸易赤字虽然是其贸易战略的结果，但也带来就业压力和贸易保护主义的呼声。美国自奥巴马上台以来采取"再产业化"和全球贸易再平衡政策，试图推动出口和削减进口，严重影响了世界贸易增长。欧美为了阻止贸易赤字增长采取更严厉的贸易保护和管制措施，不断制造国际贸易摩擦，贸易壁垒和保护措施花样繁多。美国总统奥巴马多次宣称将设立一个特别工作组，监督中国可能存在的贸易及其他商业违规行为。

自 2008 年以来，许多国家采取限制贸易的保护主义措施以应对国际金融危机。保护国内产业的企图已经掀起了螺旋式报复反应的恐惧。2011 年贸易保护主义措施对贸易的限制效果比 2008～2009 年贸易保护主义措施高峰期间影响全球进口贸易的 1% 略小。但是，世界各国出口贸易限制措施数目继续增加。多边贸易体系已经难以适应当今世界贸易现状的变迁，谈判僵局难以打破。贸易保护主义日益抬头，但也不会明显违背世界贸易组织规则。世界各地区区域性贸易组织和双边自由贸易区持续增多。

2014 年世界经济在弱势之中复苏，同时也显露出贸易保护主义升温的迹象。一些贸易大国强化贸易救济的调查执法，加大对其国内产业的保护力度。2014 年，共有 22 个国家和地区对中国出口产品发起贸易救济调查 97 起，其中反倾销 61 起，反补贴 14 起，保障措施 22 起，涉案金额 104.9 亿美元。此外，中国产品还遭受美国 337 调查 12 起，欧盟发起的反规避调查和反吸收调查各 1 起。预计 2015 年这种贸易保护主义形势不会发生明显向好改变，对我国外贸发展的不利影响仍将存在。

四 世界市场商品价格波动异常

2010 年 6 月至今，许多商品价格保持涨势。2011 年下半年一些商品价格开始从高峰略有下滑。2011 年原油、金属、农业原料平均价格超过 2008 年的平均水平。由于美元流动性过剩，世界大宗商品价格一直居高不下；一些能源、金属、食品价格持续攀升，制成品价格走势平稳。

2013 年美元开始升值，2014 年美国结束量化宽松政策，放出 2015 年美元可能加息的信号，导致美国对主要货币的汇率进一步走强，黄金价格走低，石油、煤炭、铁矿石等能源资源大宗商品价格持续下跌。

部分原材料价格、劳动力工资上涨因素从不同方向削弱了全球贸易增长的动力。由于进口原料价格高涨，大幅度增加了出口产品成本，一些严重依赖出口的亚洲企业开始出现亏损面扩大的问题。发展中国家更要面临双重压力，一方面要采取更多限制性宏观政策应对飙升的价格和外部金融环境，另一方面又要引导扩大投资，保持经济可持续增长，消除贫困。

五 多边贸易体系陷入分裂危险，中国自由贸易区战略实施受到阻挠

多边贸易机制效率下降，贸易保护主义异常猖獗，贸易摩擦增多，世界多边贸易谈判陷入僵局，WTO 多边贸易体系可能被架空。以美国为首的西方发达国家积极寻求另一套试图孤立和边缘化中国的新贸易体系，大搞分裂现有国际贸易体系的自由贸易区或区域一体化战略，欧盟极力扩展，欧美开始探索建立世界上最大的自由贸易区（TTIP），美国正在实施"再产业化"战略，极力推动 TPP 组建，推行更高标准的美国化贸易区域组织形成。

中国自 2001 年加入 WTO 的边际收益逐年递减，实施自由贸易区战略又不顺利。中、日、韩三国自由贸易区谈判进程受到美国加快实施 "重返亚太" 战略挑起的国家地区间海洋岛屿领土领海之争的影响而搁浅，甚至胎死腹中。

我们要正确评估中国在世界贸易中所面临的环境变化。欧美传统市场增长缓慢，竖起所谓公平贸易的保护主义壁垒，贸易摩擦多发，传统市场环境恶化。新兴市场增长较快，市场日益开放，市场规模日益壮大，在世界贸易中的市场地位日益提高，逐渐形成增长的大市场。

第三节　当前中国外贸发展方式转变的战略处境评估

一　正确评估中国在世界贸易中的地位变化

2012 年中国货物进出口总值已经超过美国，成为世界货物贸易第一大国，已经引起竞争者的担忧和纠结。中国外贸在世界贸易中的地位变了，贸易伙伴对中国的期待和要求也会随之而变，要求中国做出更多贡献和让步。

我们要正确评估外贸地位。第一，中国进出口中很大部分是外国跨国公司做的，中国自主的进出口贸易规模并不大。过去中国的外贸业务主要做国内收购、销售代理和进出口贸易，不做外国市场上的进出口和批零业务，这种外贸模式就是单纯的对外贸易，不是国际贸易。如果按照所有权贸易统计进出口规模，那么，中国企业完成的国际贸易规模将会大幅缩减，算不上贸易大国，与欧、美、日经济大国相比仍有相当大的距离。第二，如果按照所有权贸易统计，把各国海外直接投资在东道国的贸易额纳入一个国家的外贸统计，由于中国海外直接投资存量规模仍较小，中国跨国公司数量少，跨国贸易能力弱，中国企业在世界贸易中完成的贸易规模较小，所占份额也不大。第三，中国服务贸易水平仍然较弱。第四，如果按照全球价值链的国际分工环节统计贸易量，中国外贸实际规模将大幅缩减，外贸地位将大幅降低。

因此，我国要有危机感、紧迫感，继续加快扩大进出口规模仍然是当前的中心任务，要毫不动摇地保持较快的进出口增速带动经济发展。中国服务贸易仍有一定的逆差，而且服务贸易规模在世界服务贸易中的地位有待继续提高。加快服务贸易发展将是未来中国外贸的重要任务之一。

二 正确评估中国外贸增长速度

近来国内一些学者发表外贸功用下降论、净出口对经济增长起负作用论、外贸顺差太大引致通胀论等种种不当论调，鼓吹经济增长将转向主要依靠内需拉动，以为过去外贸效益不高都是追求外贸速度的结果，降低外贸增长速度就能提高外贸效益，抹黑外贸发展工作，误导国家经济发展的正确方向。对此，有必要纠正这些思潮对外贸工作的干扰。

中国外贸增速在世界贸易中长期处于领先地位，近年来虽有大幅放缓，但仍取得可喜的增速。中国是一个后起国家，保持较快的外贸增速是赶超所必需的，也是解决国内许多难题所必需的。

提高进出口贸易增速与提高外贸效益同等重要，进口与出口同等重要，以净出口作为经济增长"三驾马车"之一的认知有失偏颇。我们必须协调好提高外贸增速与外贸效益的关系，重视扩大进口和提高进口增速对于提高外贸效益的意义。

进出口增长速度在一定程度上体现国际竞争力水平。中国要成为全球贸易强国、世界经济引擎，没有较快的外贸增长速度难以体现国际竞争力强势。世界各国都在争相提高外贸增速，许多国家只是苦于无计可施。在这个你追我赶的时代，我国既要提高外贸效益，也丝毫不能放松抓外贸增速。我们认为继续保持外贸较快增长速度仍然重要。

（一）国内政治经济形势要求我国仍然必须保持较快的外贸增速

相对于中国未来需要保持较快的经济增长速度、较高的国民收入增长速度和较高的就业率水平来说，2014 年的进出口增速显得太低了，与国内发展要求相比有巨大差距。

持续扩大出口对中国发展和崛起意义非凡。中国耕地少，农村半就业人口规模大，进城务工遭遇众多障碍，农村人口转移步伐缓慢，城市化水平低，实际失业率比统计发布的高得多，在中国就业比美国压力大，解决途径不多，问题严峻得多。扩大出口对于增加就业和提高就业工资水平具有重大意义。我们绝不可放松出口促进工作。我国出口企业面临许多困难需要政府援助。

解决巨大的城镇化农村人口和新增大学生的就业压力必须要有较快的经济增长速度，才可以保持政治和社会稳定，外贸增速慢了，许多问题会凸显出来。比就业压力更大的是人民渴望富裕，如果我国未来一段时间内国民收入不能够跨过"中等收入陷阱"，群众失落情绪将非常不利于政治稳定。这些都要求我国要加快经济发展速度。在内需增速预期一定的情况下，经济增长动力主要依靠外贸增长。继续保持和加快外贸增长速度对于保持较快的经济增长、提高就业水平及国民收入增长非常重要，具有重大的现实意义，必须要下大力气抓紧抓好，不可松懈。

（二）外贸"转方式、调结构"不能作为放慢外贸增速的理由

保持外贸较快增速与外贸转变发展方式并不矛盾，而是相辅相成。现在流行一种怪论，以为外贸较快的增长速度才导致外贸效益差，只要增长速度降下来，就能提高效益。其实外贸效益水平、国际贸易中的国民收入分配主要取决于生产环节，与外贸增速无关。外贸增速下降并不能够带来外贸效益提高。近年来沿海地区出口贸易增长速度下滑，甚至出现负增长，结果对经济增长、就业和国民收入增长产生了巨大的负面影响，导致许多相关产业产能过剩，工厂开工不足，一些工厂开始关闭，或转移到东南亚国家。然而，并非没有转移到国外、留在国内的产业就转变了经济发展方式，提高了经济发展水平，实际上这些变化非常缓慢，很不明显。

转变经济发展方式，提高经济效益，不能以牺牲经济发展为代价。不能让经济停下来搞"转方式、调结构"。一定的进出口增速是实现"转方

式、调结构"目标的前提条件，因为企业以求生存为第一要务，没有一定的进出口增速，企业难以生存发展，不会有余力去"转方式、调结构"。有一种误解，以为企业在面临市场压力下会有动力去创新和增加研发投入。实际上，这种压力难以转化为实际动力。转变经济及外贸发展方式不应是进出口贸易降速的遮羞布，不能拿"转方式、调结构"来掩盖或搪塞进出口工作上存在的问题。

（三）外贸顺差偏大和外贸结构失衡不是抑制外贸增长速度的理由

一个国家的国际贸易存在一定程度的失衡是正常的，完全平衡是理想化的、不现实的。各国经济发展水平不一致，发展结构有差异，因此，各国在某时期的国际贸易结构性失衡是客观现实，甚至在一定时期内国际贸易结构性失衡也是现实情况，只是长期国际贸易过度失衡会导致资源配置效率降低，不宜提倡。

当前中国对外货物贸易顺差较大，服务贸易逆差也不小，需要逐步减少货物贸易顺差和服务贸易逆差。在解决外贸失衡中，需要增加货物进口增速和服务出口增速，而不是降低货物出口增速和服务进口增速，不能为平衡而限制增长速度。

（四）外贸提升质量与效益和增长新常态不应成为发展不理想的安慰剂

中国外贸发展既要质量效益，也要有适当的增长速度。2014年以来外贸出现超低速增长现象，没有引起国家有关部门的重视，反而把它看作外贸发展理所当然的新常态，或者以强调外贸取得质量效益的成绩掩盖增长速度上的问题。虽然2014年外贸超低速增长有种种理由，但是不能将中国货物贸易增速非常接近美国同期增速看作一种常态。发展中国家的适当较快外贸增速是保持较快经济增速的重要保障。外贸发展保持速度和质量是贸易利益的两个重要方面，两者都不可偏废，顾此失彼都是不可取的。

三　正确评估中国在世界贸易中的优势和利益变化

我国以追求数量增长和廉价出口扩张的传统贸易方式获利微弱，比较优势逐渐消失，出口创汇的意义和价值减轻，容易陷入"贫困化出口增长"的陷阱之中。与获得的微弱贸易利益不成比例的是我国为此付出巨大的资源、环境的成本代价。我国要辩证看待对外贸易增长的量与质关系。

中国经过对外贸易改革开放 30 多年的快速发展，贸易规模已位列世界前茅，已成为名副其实的贸易大国。但也应该看到，在国际分工体系和产业链中，我国仍过多集中在中低端的加工组装环节上，出口中劳动力密集、资源密集、附加值不高的产品仍占过大的比重。目前，机电产品和高新技术产品出口额虽然分别已超过出口总额的 60% 和 30%，成为我国出口商品的主体，但具备自主知识产权、自有品牌、自主营销渠道的产品比重不是很高。据测算，目前我国自有品牌产品出口金额所占比重仅为 10% 左右。我国传统贸易方式的优势逐渐消失，新贸易优势开始形成。因此，我国对外贸易虽然规模增长快，但获取的贸易利益较为有限，这种"量大"而"利微"的外贸发展方式，不仅对资源消耗大，对环境破坏力强，而且极易引发贸易摩擦，特别是在当前的国际经济环境下，靠数量扩张来维持两位数的高增长已难以为继，加速推进外贸发展方式转换，实现贸易发展质的提升已势在必行。

从党的十八大以后的我国对外贸易发展形势看，稳外需、促增长仍是今后一定时期的重要任务，但是对外贸易发展的重心开始逐步转向"转方式、调结构"上来，提升贸易质量则成为今后工作的重中之重。

转变外贸发展方式的本质是提升贸易质量，不应单单以数量论"英雄"。评价外贸发展，既要看速度，更要看贸易的"含金量"。贸易的数量增长只有建立在质量的基础上，才具有稳定性和可持续发展性，只有夯实质量基础，数量增长才具有可靠保证。贸易质量客观和真实地体现出一个国家或地区的综合竞争力和在国际分工中所处的地位。2012 年中国贸易虽然出现大幅度减速，但从出口产品结构来看，贸易质量提升还是较为明显的。全年高新技术产品出口6012.0亿美元，增长9.6%，高于总体出口增速1.7个百分点，占总体出口的比重从上年的28.9%上升到29.3%。机电产品出口11794.2亿美元，增长8.7%，占出口总额的57.6%。"两高一资"产品出口继续下降，其中煤和成品油出口量分别下降36.8%和5.5%。2014年上半年，机电产品、高新技术产品占出口的比重分别上升0.2个、2.0个百分点，达到57.8%和30.5%。可见，近年来中国对外贸易质量提升明显，高新技术产品和机电产品日益成为外贸发展的主要推动力，表明中国对外贸易虽然速度减缓了，但在国际贸易中的获利能力明显增强了。

从经济发展周期来看，我国对外贸易开始由快速增长期向成熟期过渡。改革开放以来，通过改革的不断深化，推进开放型经济水平逐步提高，形成了改革与开放的良性互动局面，为推进贸易快速、持续发展释放出巨大能量。进入21世纪，我们较好地把握住"入世"的机遇，在短短的10年时间里，使我国一跃成为世界第二大贸易国。根据国际经验，当一国对外贸易快速增长期结束后，开始进入次高速增长期，贸易增长方式也由粗放型向集约型转换，对外贸易进入由快速发展阶段向成熟阶段的转换时期。从我国目前的外贸发展周期来看，贸易增长正进入由量的扩张向质的提高转化的过程，发展速度虽然有所放慢，但仍可保持8%左右的年增长率。

党的十八大后，中国外贸体制改革开始进入关键期和密集期，在改革的推进下，对外贸易的主体结构、产品结构、市场结构和区域结构都会出现较大的完善和优化。外贸的体制机制、组织形式和贸易体系都逐步向成熟化转变，经济的整体开放水平、政府的宏观调控科学化水平和服务能力都会不断提高，政策和法律体系建设、市场中介服务组织和行业组织都会进一步完善。市场主体的核心竞争力以及国家综合竞争力都会出现大幅度提升。

参考文献

夏先良：《当前保持经济稳定增长的外经贸政策》，《国际贸易》2012年9

月号第 369 期。

夏先良:《中国面对世界经济暗淡前景的应对战略》,中国社会科学院财经战略研究院创新工程项目"中国外贸发展方式战略转变研究"的中间成果(未发表),2012。

申恩威:《我国对外贸易新形势和新增长点》,《人民日报》(理论版)2013年9月5日。

申恩威:《对当前我国对外贸易形势的基本判断及贸易增长点的分析》,中国社会科学院财经战略研究院《财经论坛》2013年9月2日。

夏先良:《继续保持外贸较快发展速度仍然重要》,中国社会科学院财经战略研究院《专报》,2013年3月12日第18期。

夏先良:《中国外贸发展形势与展望》,《中国商贸》2014年第7期。

夏先良:《NAES月度经济(进出口)分析》,中国社会科学院财经战略研究院编,2014年7月总第4期。

第二章

中国外贸发展方式转变的
理论综述与体系建设

外贸发展方式转变是一个具有中国特色的外贸概念和研究领域。国外没有外贸发展方式转变这样的概念，也没有直接研究外贸发展方式转变的领域，但国外学者研究了国际贸易利益、国际贸易优势、国际贸易竞争力、国际贸易模式等与外贸发展方式转变相关的问题。实际上，我国外贸发展方式转变是一个老话题，也是一个永恒的问题。以前外贸研究较多关注改变出口创汇导向、避免低价竞销与数量扩张、改善贸易条件、提高外贸质量效益等问题。实际上，这些问题与当前外贸发展方式转变问题有相似之处。本章旨在回顾学术界对外贸发展方式转变的内涵界定、影响因素、动因、目的、途径及策略、政策及措施等的研究，并做少许评论。

第一节　外贸发展方式转变概念的界定

当前，我国外贸发展方式转变具有实现从贸易大国向贸易强国转变的更高战略意义。加快转变外贸发展方式，是加快转变经济发展方式的迫切需要，是主动适应国际经贸格局变革的客观要求，是推动贸易强国进程的战略举措。我国已经是一个贸易大国，但是大而不强。与世界贸易强国相比，我国外贸商品的质量、档次、附加值还不高，企业研发、设计等核心竞争力还不强，行业协调能力和政府参与国际贸易规则制定的能力还不够。要巩固贸易大国地位、推动贸易强国进程，我国外贸发展方式战略性转变具有必然性和紧迫性。因此，外贸发展方式转变问题在新的历史背景下得到了广泛的重视和研究，成果丰硕，文献众多，特别是国内研究文献非常丰富。

外贸发展方式转变是中国国际贸易研究领域土生土长的概念，具有中国实践发展的特色。外贸发展方式是指一国对外贸易发展所采取的主要道路、方式。外贸发展方式概念不同于外贸方式或贸易方式概念。外贸发展方式转变的概念则是对外贸发展方式进行修改、校正和改变的意思。学术界对外贸发展方式转变的理解、界定和内涵认识持多种多样的见解。

外贸发展方式转变概念是从外贸增长方式转变概念发展而来的。李邦君（1998）强调，外贸增长方式的根本转变是指外贸发展要真正从数量型转变到质量效益型，从粗放型转变到集约型，从劳动密集型转变到资金、技术密集型，从依靠资金、资源和劳动投入转变到依靠科技进步、提高科技含量和科技共享率的轨道上来，从而提高外贸发展的质量和水平。[①] 李青（2007）认为，外贸增长方式是指推动外贸增长的各种生产要素投入及其组合的方式，即一国实现经济增长所依赖的增长源泉的构成，转变外贸增长方式是指从以粗放型增长为主转变成以集约型增长为主。[②]简新华、张皓（2007）指出，外贸增长方式是指进出口数量增加和效益提高的途径，涉及进出口物品的种类、结构、数量、质量、品牌、价格、生产要素密集度、技术含量、加工度、附加值、进出口的形式、地域、产业、营销、竞争力等多方面的内容及其影响因素。[③]

罗志松（2007）指出，要正确认识转变外贸增长方式的内涵，不仅要涵盖货物贸易，而且要涵盖服务贸易；也不能仅局限于出口贸易，而忽

---

① 李邦君：《外贸增长方式转变的现状及其根本转变的依据和突进》，《国际商务研究》1998 年第 4 期。

② 李青：《转变外贸增长方式的经济学思考》，《学习与探索》2007 年第 2 期，第 168～171 页。

③ 简新华、张皓：《论中国外贸增长方式的转变》，《中国工业经济》2007 年第 8 期，第 32～40 页。

视了进口贸易；转变外贸增长方式不仅指转变出口增长方式，而且涵盖了进口和出口两个方面。在大力发展服务贸易促进出口贸易发展结构和方式转变中，不应单纯追求规模的扩张，更应注重服务贸易出口技术复杂度的提升（戴翔，2011）[①]，也就是着力增加服务出口的技术含量。这是从外贸结构优化角度强调外贸发展方式的转变。

张钱江（2008）从分类、运行范围、外贸区域发展和科学发展观新要求四个方面阐述从"外贸增长方式"转变到"外贸发展方式"上来的丰富内涵以及联系与差别，指出转变外贸发展方式，是以转变外贸增长方式为基础，不仅包含了外贸增长从数量型粗放式扩张向质量效益集约型转变，由主要依靠价格竞争、数量扩张和片面追求增长速度向提高质量效益转变，而且还包含外贸结构的调整优化（包括经营主体结构、贸易方式结构、贸易形式结构），包含了强调外贸对经济和社会发展的促进作用。[②]

裴长洪等（2010）深刻阐述从"转变外贸增长方式"到"转变外贸发展方式"的新认识，并从实际出发总结出我国转变外贸发展方式的多重经济学含义。[③] 裴长洪等在《中国社会科学》2011年第1期上发表的《转变外贸发展方式的经验与理论分析——中国应对国际金融危机冲击的一种总结》[④] 中进一步阐述了转变外贸发展方式的科学内涵，明确了具体内容和工作方向，他们认为，中国在应对金融危机中创造了新的实践，实现了从"转变外贸增长方式"到"转变外贸发展方式"的认识飞跃，转变外贸发展方式的经济学含义应当定义为：转变外贸的国民收益方式和格局；转变外贸的竞争方式；转变外贸的市场开拓方式；转变外贸的资源利用方式。这个界定大大丰富了转变外贸发展方式的内涵。

---

① 戴翔：《服务贸易出口技术复杂度与经济增长——基于跨国面板数据的实证分析》，《南开经济研究》2011年第3期，第57~68页。
② 张钱江：《重构浙江外贸发展方式》，《国际贸易》2008年第2期，第29~32页。
③ 裴长洪等：《后危机时代中国开放型经济研究：转变外贸发展方式与对外经贸合作新趋势》，社会科学文献出版社，2010，第412~417页。
④ 裴长洪、彭磊、郑文：《转变外贸发展方式的经验与理论分析——中国应对国际金融危机冲击的一种总结》，《中国社会科学》2011年第1期。

当前外贸发展方式转变有更多现实背景和新的内涵。他们提出，经济发展方式应从主要依靠"两高一资"投入和追求出口数量规模拉动的粗放扩张增长方式，转向主要依靠科技、管理和人力资本投入提高经济增长质量与效益的集约增长方式。然而，外贸发展方式还有更多更丰富的内涵有待我们去发展。当前转变外贸发展方式的提出还与看似较大的外贸顺差和外汇储备有关，也与我国外贸在国际经济金融危机以来遇到的国际市场环境恶化、贸易保护主义抬头以及传统外贸优势削弱有关。我国希望通过外贸发展方式转变，提高国际竞争力，加大进口力度，增加外贸效益，增加就业，努力保持进出口平衡发展，减少外贸摩擦，稳定发展国际经贸关系，促进国民经济又好又快地可持续发展。这些因素都赋予了当前外贸发展方式转变的新内涵、新要求和新任务。

外贸发展方式转变与经济发展方式转变之间存在紧密联系的关系。中国经济是一个日益开放的经济，外贸发展方式是影响经济发展方式转变的重要组成部分。外贸发展方式转变主要考虑生产、贸易和消费三大因素，凡是影响到生产、贸易和消费变化或改变的因素都会影响外贸发展方式转变的方向、程度和途径等。当然，财税、金融等分配环节和手段对外贸发展方式转变也起到各自不同的作用。经济发展方式转变的影响因素可能比外贸发展方式转变的影响因素更加复杂，两者紧密联系，也各有特征。

罗志松（2007）认为，经济增长方式与外贸增长方式是相辅相成的，转变外贸增长方式必须与转变经济增长方式相结合；外贸增长方式的转变受经济增长方式的制约，反过来，外贸增长方式又将引导经济增长方式的转变。[①] 在我国经济发展方式转变中，外贸发展方式转变占据重要地位。钟山（2010）指出，在理论上，经济发展方式决定外贸发展方式，外贸发展方式转变要适应经济发展方式转变；同时，外贸发展方式转变对经济发展方式转变也有先导作用。[②] 裴长洪、彭磊（2006）指出，近年来，我

---

① 罗志松：《对转变我国外贸增长方式的几点思考》，《世界经济研究》2007 年第 2 期，第 73 ~ 74 页。

② 钟山：《坚定不移地加快外贸发展方式转变》，《求是》2010 年第 16 期，第 27 ~ 29 页。

国粗放式贸易增长不断强化的倾向，不利于我国经济增长方式的转变和经济质量的提高。因此，贸易战略调整势在必行，外贸增长方式转变必须提到议事日程上来。[①]

第二节　外贸发展方式转变的影响因素与途径

外贸发展方式转变的影响或制约因素涉及方方面面，除了市场机制、外经贸体制、政策因素外，还有外部国际环境、内部经济形势变化、人力资源、科技、文化以及企业结构与发展水平等因素。学者们对于外贸发展方式转变的因素、途径与策略看法不一，侧重不同，提出了多种多样的思路。下面从影响外贸发展方式转变的四方面因素和途径展开文献述评。

一　市场化机制改革及树立和要素优化升级

市场化改革会优化劳动力、资源、资金、技术等生产要素配置，调整产业、所有权、地理空间等分配的结构，保持要素动态转型，提高要素价格和回报率，提高要素使用效率和经济效率，增强产品比较优势、竞争优势和国际竞争力。特别地，市场化机制的树立能提高要素的自由流动性，增强投资动力和吸引力以及投资信心，扩大投资规模，提高资本有机构成和经济发展水平。市场发育水平低、市场化改革不到位都可能导致各国所具有的要素禀赋不能够形成有效的经济力量。加快改革开放步伐成为外贸发展方式战略转变的基石。[②] 中国加入 WTO 前后，进行了长期的市场化体制机制改革，市场机制的日益强化推动了要素禀赋比较优势的形成，促

---

①　裴长洪、彭磊：《对外贸易依存度与现阶段我国贸易战略调整》，《财贸经济》2006 年第 4 期，第 3～8 页。

②　夏先良：《加快改革开放步伐：转变开放经济发展方式的基石》，《国际贸易》2013 年第 3 期，第 29～33 页。

进了对外贸易持续迅速增长。这种外贸规模增长的传统发展方式主要基于劳动力等要素禀赋的比较优势。中国提出把市场作为资源配置的决定性因素的新学说，必将推动要素配置进一步自由化，促进外贸发展方式的深刻转变。

李嘉图（David Ricardo，1817）作为古典经济学代表人物，曾提出完全市场竞争条件下劳动力要素的国际比较成本优势学说，它深刻影响后世的国际贸易理论体系，它是以市场机制形成和发挥作用为前提的。[1]赫克歇尔（Hecksher，1919）和俄林（Ohlin，1933）所提出的要素禀赋比较优势理论继承发展了李嘉图学说。[2] 里昂剔夫（Leontief，1953）对要素禀赋理论在美国外贸中的应用和解释产生怀疑，提出对要素禀赋理论的完全市场竞争、劳动与资本两种要素、劳动要素同质的前提假设进行修正，在传统贸易理论模型中加入国际科技差异以及劳动力技能和教育、培训促进劳动力要素转变形成人力资本要素差异等因素。[3] 范爱军等（2009）把劳动与资本作为基本要素禀赋，它们的变动会引起外贸增长方式转变；把教育与科技看作内生比较优势，它们的转变会促进外贸增长方式转变。[4]

知识教育、培训和生产实践的"干中学"经验积累可以形成人力资本（Uzawa，1965；Lucas，1988；Romer，1987，1990）。[5] 尽管新要素需要包含进来一起决定比较优势，但是传统要素在决定贸易结构上依然重

[1] Ricardo David, *Principles of Political Economy and Taxation*, Barnes & Noble Publishing, 2005.

[2] Hecksher E. F. , "The Effect of Foreign Trade on the Distribution of Income", *Economisk Tidskrift*, 1919; Ohlin Bertil, *Interregional and International Trade*, Harvard University Press, 1967.

[3] Leontief Wassily, "Domestic Production and Foreign Trade: the American Capital Position Re - Examined", *Proceedings of the American Philosophical Society*, 97, 1953, pp. 332 - 349.

[4] 范爱军等：《转变外贸增长方式研究：山东省例证》，经济科学出版社，2009。

[5] Lucas R. E. , "On the Mechanics of Economic Development", *Journal of Monetary Economics*, Vol. 22, 1988, pp. 3 - 42; Uzawa Hirofumi, "Optimal Technical Change in an Aggregative Model of Economic Growth", *International Economic Review*, Vol. 6, 1965, pp. 18 - 31; Romer Paul M. , "Growth Based on Increasing Returns Due to Specialization", *American Economic Review*, Vol. 77, 1987, pp. 56 - 62; Romer Paul M. , "Endogenous Technological Change", *Journal of Political Economy*, Vol. 98, 1990, pp. 71 - 102.

要，要素禀赋差异没有随时间而消失，劳动技能禀赋专业化水平提高了，那些"新"要素仍不是驱动贸易流动的新动力（Gourdon，2009）。[①] 近年来，格罗斯曼（Grossman，2013）研究了把异质劳动力引入国际贸易模型的理论文献，展现人才分布如何成为比较优势的来源，贸易开放如何影响工资分配等。他还引入劳动市场摩擦来研究贸易对结构性失业和工人与企业间不匹配的影响。[②] 人力资本完全不同于劳动力要素，从劳动力到人力资本的要素发生了深刻的转变，这种转变必将促进外贸优势和外贸发展方式的转变，从而影响要素价格或回报水平。

科技及管理要素是另一个重要的生产要素，比非熟练劳动力更具有出口竞争力，是改变国际贸易增长方式的重要因素。研发密集型产品贸易比其他产品贸易增长更快。波斯纳（M. V. Posner，1961）和费侬（Raymond Vernon，1966）提出了技术差距、产品生命周期理论，强调技术要素在国际贸易模型中发挥新的优势。[③] 苏特（Soete，1987）发现在单个产业水平上，技术最密集产业技术表现和出口表现之间存在密切关系，与其他国家特定资源变量相比，技术表现是最重要的贸易解释变量，其弹性随产业技术密度而递增。[④] 通过产业结构变化的适应、模仿和利用成本优势，技术扩散给经济技术发展水平较低的国家提供增加国际市场份额的机会，在这个变化过程中收入和成本较高而创新活动水平较低的国家是国际贸易竞争的失败者（Fagerberg，1987）。[⑤]

当前中国传统依赖要素禀赋规模扩张的外贸发展方式引起了与主要贸易伙伴的激烈摩擦与不和谐的贸易关系，中国必须转换到依赖要素质量提

① Gourdon Julien, "Explaining Trade Flows: Traditional and New Determinants of Trade Patterns", *Journal of Economic Integration*, Vol. 24, 2009, pp. 53 – 86.
② Grossman Gene, "Heterogeneous Workers and International Trade", *Review of World Economics*, Vol. 149, Issue2, 2013, pp. 211 – 245.
③ Posner M. V., "*International Trade and Technical Change*", *Oxford Economic Papers*, Vol. 13, 1961, pp. 323 – 341; Vernon Raymond, "International Investment and International Trade in the Product Cycle", *The Quarterly Journal of Economics*, Vol. 80, 1966, pp. 190 – 207.
④ Soete Luc, "The Impact of Technological Innovation on International Trade Patterns: The Evidence Reconsidered", *Research Policy*, Volume 16, Issues 2 – 4, 1987, pp. 101 – 130.
⑤ Fagerberg Jan, "Structural Changes in International Trade – Who Gain, Who Lose?", Working Papers Archives 1987, p. 107, Centre for Technology, Innovation and Culture, University of Oslo, 1987.

升形成比较优势的新外贸发展方式上来。特别是技术创新促进技术升级要能形成新的比较优势和竞争优势。这些促进要素优化升级的途径都会有助于外贸发展方式转变，避免成为国际贸易竞争的失败者。高虎城（2005）认为外贸发展方式转变关键在于鼓励技术创新和产品升级，大力发展服务业。[①] 邵望予（2006）提出通过加强知识产权保护，以激励自主创新，转变外贸增长方式。[②] 刘伟、黄桂田（2006）认为改变外贸增长方式首先要提高创新能力，应以经济增长方式的转变推动外贸增长方式的转变。[③] 李薇（2008）把增强自主创新，培育拥有自主知识产权的品牌产品，作为转变外贸发展方式的途径。[④] 张少杰（2009）提出基于自主创新机制实现外贸增长方式的转变。[⑤] 同样，胡江辉（2009）提出出口行业必须依靠科技创新和管理创新机制来提高产品质量和竞争力，增加研发投入，完善知识产权保护体系，在保持外贸稳定增长的基础上，加速实现外贸增长方式由粗放型向重视质量、效益和结构优化的集约型增长方式转变。[⑥] 全毅（2007）还提出，实施标准化战略是我国外贸增长方式转变的根本途径。[⑦] 汪素芹、周健（2012）认为，技术创新是影响中国外贸发展方式转变的最主要因素，技术创新变量每增加 1 个百分点，外贸发展方式转变水平最大将提高 1.91 个单位；R&D 投入强度对外贸发展方式转变过程中出现的波动性解释程度最大，达到 56.33%，远大于其他因素的解释程度，因此转变中国外贸发展方式必须加快技术创新步伐，尤其要加大 R&D 投入。[⑧]

---

① 高虎城：《我国出口增长方式转变的关键在于创新和发展》，新华网，http://news.xinhuanet.com/fortune/2005 - 11/20/content_ 3808042.htm。
② 邵望予：《试论中国外贸增长方式的转变》，《国际经贸探索》2006 年第 5 期，第 4 ~ 8 页。
③ 刘伟、黄桂田：《以经济增长方式的转变推动外贸增长方式的转变》，http://finance.sina.com.cn/20060331/09142463398.shtml。
④ 李薇：《我国外贸增长方式转变研究》，《江苏商论》2008 年第 2 期，第 85 ~ 87 页。
⑤ 张少杰：《基于自主创新的中国外贸增长方式转变》，《生产力研究》2009 年第 9 期，第 97 ~ 100 页。
⑥ 胡江辉：《科技创新推动我国贸易结构转型》，《经济问题探索》2009 年第 12 期，第 66 ~ 70 页。
⑦ 全毅：《标准化战略与我国外贸增长方式转变》，《世界经济研究》2007 年第 6 期，第 8 ~ 13 页。
⑧ 汪素芹、周健：《技术创新对中国外贸发展方式转变影响的实证研究》，《财贸研究》2012 年第 6 期。

二 生产环节因素与途径

影响外贸发展方式转变的生产环节因素包括生产分工细化、产业结构调整、产业转型升级、产业技术进步、产业政策与外商直接投资政策改善等。生产分工因素包括国际产业分工、产品内生产分工（产品差异化）、生产垂直分工和水平分工以及全球生产网络形成。产品差异化表现为产品品种、质量档次方面的差异。生产分工专业化可以带来规模经济、范围经济效果，不同行业、不同市场状况下可能产生规模递增、递减或常数的多种可能回报效果。国际生产环节的差异化是形成不完全竞争的主要因素，此外贸易环节因素（品牌策略）和国家贸易政策等也会导致不完全市场竞争。厂商构造不完全市场竞争结构就是为了规避市场过度竞争，转变外贸发展方式，谋求更高的投资回报率，提高经济效益。总之，通过生产专业化、产品差异化、生产技术创新，提高产品附加值、产品质量，是增强产品国际竞争优势，转变外贸发展方式的重要途径。

（一）国际产业分工和产业结构调整因素

国际产业间贸易仍是重要的贸易方式。国际产业结构调整和产业政策、外商直接投资政策调整都会引起各国外贸发展方式的变化，因为产业分工和产业结构调整主要取决于投资结构调整。例如，中国应摆脱以制造业为主的贸易方式，积极挖掘新产业的经济增长引擎，如服务业、文化产业、研发设计业等。调整产业结构、产品结构和出口目标市场结构，可以避免过度市场竞争，满足有效市场需求，提高竞争优势和贸易效益。关于产业结构调整引起贸易方式改变的文献很多。例如，裴长洪、林江（2006）把优化出口产品结构作为转变外贸增长方式的一个重要机制或途径。[①] 最近，纪布·邱（Ghibu tiu, 2013）探索了正在发生的结构转型对

---

① 裴长洪、林江：《经济全球化背景下国际贸易的新发展》，《求是》2006 年第 9 期，第 59～61 页。

国际贸易的塑造，甄别跨国公司全球生产网络和发展中国家进入世界经济的动态扩张，发现增加的垂直专业化与整合和通过跨国公司生产网络兴起的全球制造业引发国际贸易方式的显著变化，这种新的动态改变了国际贸易的范围和地理分布，改变了贸易增长的来源和全球贸易的国别排名，这些引起了贸易商品和服务种类的剧烈变化。[1]

巴斯涛和卡布瑞尔（Bastos and Cabral，2007）利用 1980~2000 年 20 个 OECD 国家数据的研究显示，与这些国家以前的专业化相反，产业间贸易方式变化经常是贸易扩张的主导形式，观察到的贸易方式变化可由初期人力资本禀赋、具体产业劳动生产力和劳动成本变化解释，贸易自由化引致具有规模递增回报产业的较大 OECD 经济体增加以前的专业化。[2] Cheng（2012）利用 2000~2006 年企业贸易和生产数据研究产品目的地组合和中国出口企业动态，并在四种企业和两种贸易方式中进行充分对比，发现所有权结构和贸易方式确实与中国出口企业的产品组合选择和出口目的地有关，外资企业出口和加工贸易使产品更加专业化，出口目的地更加特定，外资企业更加可能保持在一个特定的全球供应链内。[3]

（二）产业结构转型升级和产品差异化因素

国际生产分工在产业、产品层面上不断展现出持续的深化趋势，体现为产业结构转型升级和产品差异化的调整，引发国际贸易发展方式一轮接一轮的升级换代。兰卡斯特（Lancaster，1980）建立基于商品特征设计所形成的产品水平差异化的垄断竞争国际贸易模型，与斯潘赛（Spence，1976）基于商品品种所形成的产品水平差异化的垄断竞争国际贸易模型

---

[1] Ghibu tiu Agnes, "The Changing Landscape of International Trade", *Romanian Economic and Business Review*, Vol. 8, No. 2, 2013, pp. 104 – 116.

[2] Paulo Bastos, Manuel Caldeira Cabral, "The Dynamics of International Trade Patterns", *Review of World Economics*, Vol. 143, No. 3, 2007, pp. 391 – 415.

[3] Dazhong Cheng, "Product – destination Portfolio and Dynamics by Firm Ownership and Trade Mode: Evidence from Chinese Industrial Exporters", *China & World Economy*, Vol. 20, Issue 5, 2012, pp. 21 – 36.

是产品水平差异化贸易模型的典型代表。[①] 产品分解就是垂直一体化生产过程里部件生产或组装的跨境分布，是正在深化结构变化的世界经济的重要特征，产品分解贸易增长速度已经快于制造业总的世界贸易。东亚在这种新型国际专业化上的依赖程度成比例地大于北美和欧洲，结果是国际产品分解已经使东亚增长动态日益依赖区外贸易，增强对全球贸易投资规则的制定。[②] 法韦（Falvey，1981）假设各国资本品不同质，产品质量是资本密度的递增方程，认识到由资本差异所决定的产品质量垂直差异化贸易方式。[③] 石川（Ishikawa，1992）建立了一个具有一个初级要素、一个中间品和两个最终产品的贸易模型，中间品生产引入规模递增回报以便分析平均成本定价和垄断两种假设下中间品市场结构的贸易回报和贸易方式，发现自由贸易不必产生经济回报，可以获得专业化或者多种均衡，垄断会比平均成本定价更加首选。[④]

中国学者认为产业转型升级、产品差异化因素对外贸发展方式转变的影响同样深刻。姚铃（2010）认为要坚持以质取胜，使产品的国家标准与国际先进水平接轨，进一步加强对产品生产和出口环节的质量监管，注重技术创新、品牌创立和管理。[⑤] 彭金荣、胡燕霞（2011）提出转变外贸发展方式的途径之一是在继续稳定和拓展外需方面，发展自主知识产权和自有品牌的产品，增加产品附加值和创新优势，提高出口产品的质量，引导加工贸易延长产业链，从成本优势向综合竞争优势转变。[⑥] 黄建忠、张

[①] Lancaster Kelvin, "Intra – industry Trade under Monopolistic Competition", *Journal of International Economics*, Vol. 10, 1980, pp. 151 – 175; Spence A. M., "Product Selection, Fixed Costs, and Monopolistic Competition", *Review of Economic Studies*, Vol. 43, No. 2, 1976, pp. 217 – 235.

[②] Athukorala, Prema – chandra, "Product Fragmentation and Trade Patterns in East Asia", *Asian Economic Papers*, MIT Press, Vol. 4, No. 3, 2005, pp. 1 – 27.

[③] Falvey R. E., "Commercial Policy and Intra – industry Trade", *Journal of International Economics*, Vol. 11, 1981, pp. 495 – 511.

[④] Jota Ishikawa, "Trade Patterns and Gains from Trade with an Intermediate Good Produced under Increasing Returns to Scale", *Journal of International Economics*, Volume 32, Issues 1 – 2, 1992, pp. 57 – 81.

[⑤] 姚铃：《从国际贸易格局变化看加快外贸增长方式的转变》，《国际经济合作》2010 年第 3 期，第 24 ~ 29 页。

[⑥] 彭金荣、胡燕霞：《"入世"十年中国外贸"井喷式"增长的新挑战及应对》，《亚太经济》2011 年第 6 期，第 126 ~ 129 页。

明志（2011）提出通过提高出口产品的质量和附加值，加大自主品牌产品的出口力度，调整和优化出口产品结构，推动外向型产业由劳动密集型逐步向资本技术密集型转型升级，同时实现劳动密集型产业内部产品升级以及产品内部的价值链的升级，促进后危机时期福建外经贸转型发展。[①]

中国学者还认为产业转型升级体现在环保、循环、低碳和可持续发展上。王玉婧（2010）在深入分析中国对外贸易规模快速扩张引起主要出口行业的工业"三废"排放指标和主要出口口岸及地区的污染指标上升对资源和环境产生的负面影响基础上，指出在当前资源环境约束下，外贸发展方式应该从环境输出走向环境修复，用循环经济理念指导生产经营，激励环境技术创新，实施战略性的环境措施和贸易措施，实现环境、贸易、可持续发展的三赢。[②] 洪必纲、朱建华（2010）提出转变对外贸易增长方式走低碳发展道路，有利于突破我国经济发展过程中资源和环境的瓶颈性约束，有利于推动我国产业升级和企业技术创新。[③]

（三）产业技术进步、技术差距动态因素

产业技术变迁及其引起的产业转型升级促进了外贸发展方式的转变。世界经济中一些国家在低端技术产业上保持主导地位，其他一些国家在高技术产业上具有竞争力。传统贸易理论认为，发展中国家或新崛起国家专业化于低端技术产业，与发达国家之间的产业技术缺口较大，发展中国家各个产业均等工资率使低端技术产业具有比较优势。20世纪90年代中国迅速增加信息通信产品的市场份额，现在已经位列世界出口的前三名，从仅仅做进口料件组装升级到制造高科技中间品，进口依赖逐步减少，通过加工贸易有关的技术学习使某些可贸易部门发生了产业升级。起初由加工

---

① 黄建忠、张明志：《后危机时代福建外经贸的转型与发展》，《中共福建省委党校学报》2011年第1期，第12~15页。

② 王玉婧：《环境约束下转变我国外贸增长方式的机制与对策》，《当代财经》2010年第1期，第96~104页。

③ 洪必纲、朱建华：《基于低碳经济理念的我国外贸增长方式的转变》，《中国商贸》2010年第12期，第94页。

贸易主导的专业化模式可能支持一个国家的长期发展，一定程度上进入高科技领域的低端环节促进了国家在更先进的技术密集生产中的赶超。[1] 蔡尼（Zaghini，2005）研究了新欧盟成员贸易专业化方式演变，新欧盟成员显示了动态贸易方式，他们在转型之初仍落后的领域，特别是某些高技术产品领域里，所取得的比较优势相对较快；在那些世界需求扩张速度最快的 20 世纪 90 年代产品项目里发生了许多专业化改进。[2]

弗莱姆和赫尔普曼（Flam and Helpman，1987）假设先进国家生产顶尖质量产品，其他国家生产低质量产品，建立一个两国不同生产技术水平的垂直差异化产品贸易模型，如果南方国家技术进步快于北方国家，生产和贸易方式将发生逆转。[3] 在多个产业贸易模型中，强调跨国技术异质和差异化产品生产商的垄断竞争之间相互作用作为贸易模式的决定因素，产业内贸易的出现严重依赖于技术指标安排的塑造。[4] 斯泰惹和乌尔兹（Stehrer and Woerz，2009）认为，把自己定位于高技术产业谱系低端比定位于低技术产业高端更有利于长期发展，专业化于中等高度技术活动低端的国家也能获得高技术产业高端的更快生产力提升，相反，早期专业化于中等低技术活动产生正面溢出，主要是在低技术领域，不利于增加高技术产业活动。[5] 杨继军、范从来（2012）发现，中国外贸发展方式转变途径正由初级产品、劳动密集型产品出口向机电产品、高新技术产品转换，贸易品技术含量不断提升，出口商品结构较好地"响应"了包括劳动力要素在内的资源禀赋的蝶化。[6]

① Amighini Alessia, "China in the International Fragmentation of Production: Evidence from the ICT Industry", *European Journal of Comparative Economics*, Vol. 2, No. 2, 2005, pp. 203 – 219.

② Zaghini Andrea, "Evolution of Trade Patterns in the New EU Member States", *Economics of Transition*, Vol. 13, No. 4, 2005, pp. 629 – 658.

③ Flam H. and Helpman E., "Vertical Product Differentiation and North – South Trade", *American Economic Review*, Vol. 77, 1987, pp. 810 – 822.

④ Toru Kikuchi, Koji Shimomura, Dao – Zhi Zeng, "On Chamberlinian – Ricardian Trade Patterns", *Review of International Economics*, Vol. 16, Issues2, 2008, pp. 285 – 292.

⑤ Stehrer Robert, Julia Woerz, "Industrial Diversity, Trade Patterns, and Productivity Convergence", *Review of Development Economics*, Vol. 13, No. 2, 2009, pp. 356 – 372.

⑥ 杨继军、范从来：《刘易斯拐点、比较优势蝶化与中国外贸发展方式的选择》，《经济学家》2012 年第 2 期，第 22~29 页。

斯泰惹和乌尔兹（Stehrer and Woerz，2003）把产业技术发展和贸易整合的动态划分为连续收敛法、爬梯子法、跳跃法三种追赶过程，分析技术收敛、比较优势动态和贸易方式之间的联系。[①] 相对出口业绩直接与相对生产力、技术和资本密度增进相关，技术变量是总出口业绩的合理预测参数，改进一个国家生产力表现的努力是非常可能改进这个国家贸易业绩的。[②] 糟屋和冈田（Kasuya and Okada，2007）建立了一个部门贸易方式依赖于所有部门共同技术和每个部门特定技术两者的模型，共同技术水平的变化通过其影响跨期优化行为影响部门贸易方式，部门特定技术水平变化通过影响比较优势影响部门贸易方式，共同技术水平的意外增加恶化了部门贸易平衡，共同技术水平的预期增加改善了部门贸易平衡；给定其他国家部门技术水平，一个部门特定技术水平相对于其他部门的增加通过其运行的比较优势促进了部门贸易平衡。[③] 这些文献论证了发展中国家与发达国家之间技术缺口的缩减或收敛动态，体现出贸易发展方式的转变。

（四）利用外资和对外直接投资因素

邵望予（2006）、钟山（2010）、姚铃（2010）、张燕生（2010）认为要提高利用外资质量，鼓励有条件的企业"走出去"，转变外贸增长方式。[④⑤⑥] 徐强（2005）提出以"走出去"促进我国外贸增长方式转变。[⑦] 宋光辉、肖万（2006）认为，把外贸与跨国经营结合起来，鼓励广东企业积极"走出去"实施跨国经营，参与国际市场的全面竞争，以此带动

---

① Stehrer Robert, Julia Maria Woerz, "Technological Convergence and Trade Patterns", *Review of World Economics*, Vol. 139, No. 2, 2003, pp. 191–219.

② Wolff Edward N., "Technological Change, Capital Accumulation, and Changing Trade Patterns over the Long Term", *Structural Change and Economic Dynamics*, Volume 6, Issue 1, 1995, pp. 43–70.

③ Munehisa Kasuya, Toshihiro Okada, "The Effects of Technology Changes on Sectoral Trade Patterns", *Review of International Economics*, Vol. 15, No. 1, 2007, pp. 112–125.

④ 邵望予：《试论中国外贸增长方式的转变》，《国际经贸探索》2006年第5期，第4~8页。

⑤ 张燕生：《后危机时代：中国转变外贸增长方式最重要》，《国际贸易研究》2010年第5期。

⑥ 钟山：《坚定不移地加快外贸发展方式转变》，《求是》2010年第16期。

⑦ 徐强：《恰当的推进策略——以"走出去"促进我国外贸增长方式转变》，《国际贸易》2005年第4期，第9~12页。

外贸增长，寻找广东外贸增长方式的思路。① 张燕生（2011）也提出，实施"走出去"战略，加快转变外贸增长方式。②

三 外贸环节因素与途径

外贸产业资本与劳动力要素素质提升、外贸产业规模经济与范围经济效果、外贸产业技术能力与组织化水平、外贸结构调整、外贸管理体制、外贸制度与外贸战略、外贸政策措施、外贸融资等外贸服务支持体系、外贸（口岸、港口、海运、海关现代化）相关基础设施等因素都会影响外贸发展方式的转变及转变效果，影响贸易条件改善和外贸利益，影响外贸竞争力和非价格竞争优势，从而影响外贸质量效益的提升。

（一）外贸制度与外贸战略、外贸管理体制、外贸政策措施因素

贸易开放和贸易保护一直是西方学界长期争论不休的两种对立贸易制度。重商主义思潮一直体现在后世经济学家思想之中，在实践中表现为形形色色的保护关税政策、超保护贸易政策、战略性贸易政策、非关税壁垒措施等。外贸是发展中国家经济转型的重要手段，它会促进生产专业化和提高生产力。德丝等人（Dessy, Mbiekop, Pallage, 2010）以一个动态均衡模型展示，贸易开放实际上能引发农业社会结构转型，引致对人力资本累积的高度依赖，为经济带来必要的生产力进步。③ 李普森（Lipson, 1982）认为，制度可被作为解释的结果和影响国际交易的干预体制来分析，现代贸易的关税削减、新非关税法规的发展以及重要习惯、规则和制度的坚持等表明：制度保持的逻辑不同于制度开创，制度较强的产业里制度刺激同类产品的双向产业内贸易，制度较弱的产业里新的非关税壁垒减

---

① 宋光辉、肖万：《促进企业跨国经营带动广东外贸增长》，《特区经济》2006 年第 5 期，第 25 ~ 27 页。
② 张燕生：《实施"走出去"战略，加快转变外贸增长方式》，《国际贸易》2011 年第 4 期，第 4 ~ 12 页。
③ Dessy Sylvain, Mbiekop Flaubert, Pallage Stéphane, "On the Mechanics of Trade – induced Structural Transformation", *Journal of Macroeconomics*, Volume 32, Issue 1, 2010, pp. 251 – 264.

少，贸易也增长。[①]

中国改革和完善外贸管理体制是转变外贸发展方式的重要方面。自改革开放以来，中国一直自觉地推动外贸发展方式转型，通过外贸管理方式改革、开放外商投资，推动科技兴贸，集聚新的综合竞争优势。外贸管理体制改革促进外贸管理体制转型和政策转型，促进外贸开放和生产力发展。李雨时（1996）把转变外贸发展方式的影响因素主要归结为体制和生产经营两个方面，认为一方面直接的行政干预在进出口贸易管理中起着相当大的作用，地方政府大量沿用指令性计划经济体制管理外贸；另一方面生产领域的劳动生产率低下。[②] 刘新民（2006）主张采取推进体制改革实现外贸发展方式转变。范爱军等（2009）把贸易制度与战略看作增长方式转变的前提与保障。朱庆华等（2011）在其著作中分析了制约外贸增长方式转变的五个方面因素：粗放的经济增长方式、创新动力不足、外贸管理体制、国际分工地位的制约、贸易保护主义。[③] 季开胜（2011）认为当前加快外贸发展方式转变有五个制约因素：外贸体制，政策，出口商品结构不合理，效益低下、服务贸易处于比较劣势地位，服务贸易逆差逐年扩大。[④] 他们都意识到外贸制度、体制和政策创新在外贸发展方式转变中的重要地位。

（二）外贸结构调整因素

外贸结构调整是影响外贸发展方式转变的重要因素和途径。国内学者对此认识比较类似和接近。多数学者主张采取优化进出口结构，支持具有自主品牌和高附加值的产品出口，控制高能耗、高污染和资源性产品出口；调整进口结构，积极扩大进口，提高进口质量，增加能源、原材料以及先进技术设备、关键零部件进口，努力促进贸易平衡；推动加工贸易转

[①] Lipson Charles, "The Transformation of Trade: the Sources and Effects of Regime Change", *International Organization*, Volume 36, Issue 2, 1982, pp. 417 – 455.

[②] 李雨时：《转变中国对外贸易方式》，《国际贸易》1996 年第 4 期，第 13~15 页。

[③] 朱庆华等：《加快转变山东省外贸增长方式研究》，经济科学出版社，2011。

[④] 季开胜：《当前外贸发展方式转变的制约因素及促进对策》，《当代经济》2011 年第 7 期。

型升级，实现外贸增长方式转变（刘新民，2006；裴长洪、林江，2006；陈文玲，2007；钟山，2010；姚铃，2010）。[1][2][3][4] 钟山（2010）和张国庆（2011）均提出了要不断优化外贸的商品结构、市场结构、主体结构和方式结构。[5] 李未无（2010）对我国外贸结构调整效果的实证研究发现：从总体上看，2005 年以来中国对日本出口增长源自旧产品种类的贡献在不断减少，而来自新产品种类的贡献在加速增长，外贸调控政策产生了明显的效果；从细分部门看，外贸调控政策对机电类等高技术部门出口产品转型升级具有明显效果，对于动物类等初级产品效果较差，对于劳动密集型、资源型和耗能型产品产生了一定的效果，但是影响力度不够大，政策作用随时间衰减较快。[6]

在外贸结构调整中要努力扩大服务贸易，大力发展国际服务外包（陈文玲，2007；邵望予，2006；李虹，2010；姚铃，2010；黄建忠、张明志，2011；冀东新，2011）；[7][8] 特别要大力发展技术贸易，重视引进先进技术，积极促进技术和高新技术产品的出口，强调技术出口在转变外贸发展方式中的关键途径（李虹，2010；胡景岩，2007；彭金荣、胡燕霞，2011）。[9][10][11]

---

① 刘新民：《四大措施实现外贸增长方式转变》，《中国经济周刊》2006 年 2 月 26 日。
② 裴长洪、林江：《经济全球化背景下国际贸易的新发展》，《求是》2006 年第 9 期，第 59～61 页。
③ 陈文玲：《中国如何转变外贸增长方式》，《人民日报》（海外版）2007 年 3 月 13 日。
④ 姚铃：《从国际贸易格局变化看加快外贸增长方式的转变》，《国际经济合作》2010 年第 3 期，第 24～29 页。
⑤ 张国庆：《进一步提高对外开放水平》，《国际贸易》2011 年第 3 期，第 4～9 页。
⑥ 李未无：《中国外贸政策调整效果研究——基于 2005～2008 年对日出口产品种类变动的视角》，《财贸经济》2010 年第 3 期，第 79～84 页。
⑦ 黄建忠、张明志：《后危机时代福建外经贸的转型与发展》，《中共福建省委党校学报》2011 年第 1 期，第 12～15 页。
⑧ 冀东新：《加快转变外贸发展方式努力提高外贸发展的质量和效益——2011 年外贸形势展望》，《中国经贸导刊》2011 年第 1 期，第 56～59 页。
⑨ 李虹：《后危机时代发展我国技术出口的思考》，《财经问题研究》2010 年第 12 期，第 119～123 页。
⑩ 胡景岩：《提高技术引进水平，转变外贸增长方式》，《国际贸易》2007 年第 2 期，第 22～28 页。
⑪ 彭金荣、胡燕霞：《"入世"十年中国外贸"井喷式"增长的新挑战及应对》，《亚太经济》2011 年第 6 期，第 126～129 页。

（三）外贸产业技术能力与组织化水平以及外贸融资等外贸服务支持体系因素

除了外贸管理体制、政策以及外贸结构调整之外，外贸产业要素升级、外贸产业技术能力、外贸产业组织体系发展、外贸产业规模经济、外贸产业融资等服务体系、外贸产业相关基础设施等都会从不同侧面影响外贸发展方式转变的效果。研究如何发展贸易，从而获得更大贸易所得、贸易效益和贸易福利问题，也是国际贸易理论研究的重要议题。

夏先良（2013）分析了中国国际贸易产业组织体系的结构，认识到我国外贸面临着过于依赖外国中间商渠道而缺乏自主贸易渠道和网络的问题，渠道劫持问题严峻，建立了我国自主国际贸易产业组织体系发展的理论基础，实证发现缩小体制和文化距离能促进中间商渠道发展，制造商让步更大利益才能使外国中间商保持渠道忠诚和可持续，建立自主的一体化内部贸易渠道，主张我国需要转变外贸发展方式，构建一个面向全球的自主的国际贸易产业组织体系，特别要构建自主的、一体化的内部贸易渠道和网络体系。[①]

以前实证文献显示，金融约束会减少出口的机会，金融约束是国际贸易方式的重要决定因素。陈卫华（2011）认为，南通转变外贸发展方式的制约因素有外贸企业资金短缺、贸易融资难度大。[②] 高克塞（Goksel，2012）建立了一个具有金融约束和非相似偏好的基于新贸易理论的国际贸易模型，研究发现金融约束起贸易障碍作用，最大的贸易是在具有能接触贷款的较健康金融体系国家之间，金融约束能引起单向或者零贸易。[③]

---

① 夏先良：《论国际贸易产业组织体系发展：聚焦国际贸易渠道和网络建设》，《财贸经济》2013年第11期。
② 陈卫华：《加快转变南通外贸发展方式的思考及对策》，《经济研究导刊》2011年第35期。
③ Goksel Turkmen, "Financial Constraints and International Trade Patterns", *Economic Modelling*, Vol. 29, Issues 6, 2012, pp. 2222–2225.

四 改变消费与市场需求结构因素与途径

外贸利益不仅受各国生产、贸易因素影响，而且受国际市场需求和消费结构变化因素的影响。消费需求不仅有特征、品种偏好，而且有需求分层和需求结构差别。约翰·穆勒（John Stuart Mill，1848）提出相互需求理论，认为在两国互惠贸易范围内贸易条件、贸易利益是由两国相互需求对方产品的强度决定的，对对方产品需求强度变化就会引起贸易条件变化，直至双方需求总量相等，贸易达到均衡。[1] 阿尔弗里德·马歇尔（Alfred Marshall，1890）修改穆勒侧重需求对贸易的决定作用的观点，强调供求因素对贸易利益的影响，揭示国际相互需求之间的供求关系。[2] 林德（Linder，1961）认为，厂商在按照国内市场需求选择其生产模式并且已经发生固定成本之后，才去开拓国际市场和进行国际贸易，人均收入与需求产品质量直接正相关，国际需求的相似性创造类似但差异化产品的贸易，两国消费需求水平越相似，双边贸易越繁荣。[3] 艾腾和克斯考斯基（Eaton and Kierzkowski，1984）分析一个国家同时生产供应同质产品和水平差异化产品两类需求分层产品的贸易模型，发现开放贸易后消费更多品种商品的需求推动产业内贸易，各国短期和长期生产福利效果部分地取决于贸易前后各国所具有的厂商数量。[4]

当前多边贸易体制面临许多挑战，国际经济秩序处于新旧更替之际，国际治理体系改革步履维艰，世界市场被分割成壁垒或准入条件各有差异的不同区域板块，全球市场分割和贸易体系分化已成事实。世界经济发展不确定性、风险性时刻存在。一些国家为摆脱国际金融危机以及国内长期

---

① John Stuart Mill, *The Principles of Political Economy with Some of Their Applications to Social Philosophy*. C. C. Little & J. Brown, 1848.

② Marshall, Alfred, *The Principles of Economics*, 8th ed. London: Macmillan, 1890.

③ Linder, S. B., *An Essay on Trade and Transformation*. New York: Wiley, 1961.

④ Eaton, J. and Kierzkowski, H., "Ologopolistic Competition, Product Variety, and International Trade", In Kierzkowski, H. (ed.), *Monopolistic Competition and International Trade*, Oxford: University Press, 1984, pp. 156–172.

经济低迷的影响，施行贸易投资保护主义政策和过度量化宽松金融政策扰乱国际经济金融秩序，给世界经济稳定恢复增添不确定因素，影响了消费信心和投资信心恢复，从而影响世界贸易增长动力。我国学者对于世界市场结构、消费需求结构影响外贸发展方式变化具有基本类似的看法。邵望予（2006）、李薇（2008）均提出推进市场多元化，开展双边、多边贸易合作以便促进外贸发展方式转变。①② 范爱军等（2009）把市场与需求看作竞争及创新的动力，认为它们是影响外贸增长方式转变的四个方面基本因素之一。钟山（2010）也提出了优化市场结构，巩固传统市场，开拓新兴市场，培育周边市场，实现外贸发展方式转变。

第三节　外贸发展方式转变的目标与政策措施

外贸发展方式转变的目标与政策措施的文献都是国内的。国外没有直接研究外贸发展方式转变目标与政策措施方面的文献。

一　外贸发展方式转变的目标

外贸发展方式转变的目标多元多样，既要增加外贸效益，改善外贸环境，又要提高外贸发展水平，提高外贸国际地位。这些多元目标都有不同程度的关联性。归纳一下，大致有如下五种外贸增长方式转变目标。

（一）提高外贸质量、效益

我国外贸增长方式要从单纯依靠数量扩张转向规模、质量与效益同步增长（夏申，1996；霍建国，2006）。③ 这是多数学者认同的外贸发展方

---

① 邵望予：《试论中国外贸增长方式的转变》，《国际经贸探索》2006 年第 5 期，第 4 ~ 8 页。
② 李薇：《我国外贸增长方式转变研究》，《江苏商论》2008 年第 2 期，第 85 ~ 87 页。
③ 霍建国：《外贸增长方式的转变路径》，《中国对外贸易》2006 年第 3 期。

式的转变目标。这个目标就是外贸不走过去价格竞争的老路，不陷入"贫困化增长"的陷阱。金泽虎（2006）从另一个侧面强调外贸要走质量效益型发展方式的道路，他认为，我国外贸增长方式的转变目标是实现从"价格接受者"到"价格制定者"的角色转变，以合法正当的手段，绕开甚至最终填平"贫困化增长"陷阱。[①] 魏金山（2010）认为，转变外贸发展方式的目的是促进外贸从要素投入外生驱动向要素最优整合配置内生驱动转型，从机械抢占国际市场向自觉、自然占有国际市场份额转型。[②] 何传添（2010）研究发现，广东等沿海地区的外贸发展存在以数量增长为导向、贸易结构失衡、商品贸易的质量较低、服务贸易所占比重低且集中在传统领域及出口市场结构失衡等局限性，指出中国沿海地区外贸发展方式转变的目标是提高对外贸易的质量、效率和竞争力。[③]

（二）优化出口产品结构，增强国际竞争力

本质上，优化和改善出口贸易结构与提高贸易质量的目标是一致的，只是目标的两个不同的侧面。一部分学者把外贸增长方式转变的目标指向实现出口产品结构优化（夏申，1996；江小涓，2006；简新华、张皓，2007）。[④][⑤][⑥] 裴长洪（2005）认为我国转变外贸增长方式的目标是既要保持我国中低端产品和生产环节的国际竞争力，保持出口贸易的数量增长；又要提高和实现中高端产品和生产环节的国际竞争力，达到改善贸易结构、提高贸易质量的目的。[⑦]

---

① 金泽虎：《中国外贸产业层面的"贫困化增长"及其矫正》，《经济理论与经济管理》2006 年第 11 期，第 12～17 页。

② 魏金山：《东亚经济一体化与福建外贸发展方式转变》，《亚太经济》2010 年第 5 期，第 93～96 页。

③ 何传添：《广东外贸发展转型如何可能——广东与新加坡外贸发展竞争力比较研究》，《学术研究》2010 年第 6 期，第 81～89 页。

④ 夏申：《外贸第二次创业：质量、效益、结构调整——外贸增长方式转变的若干理论思考》，《国际贸易》1996 年第 10 期，第 27～29 页。

⑤ 江小涓：《"十一五"：中国外贸增长方式将现"拐点性"变化》，新华网。

⑥ 简新华、张皓：《论中国外贸增长方式的转变》，《中国工业经济》2007 年第 8 期，第 32～40 页。

⑦ 裴长洪：《外贸增长方式的转变与政策思路》，《改革》2005 年第 1 期。

（三）提高外贸国际地位

隆国强（2007）认为我国转变外贸增长方式的主要目标是提升在全球产业价值链中的地位。[①] 李健（2009）强调转变外贸发展方式的目标应是由大国向强国转变。[②] 张钱江（2008）认为，转变外贸发展方式的目的是培育本土跨国公司与国际知名品牌。

（四）增加就业

赵英奎（2008）把增加就业看作转变外贸发展方式的目标之一，认为在加快转变外贸发展方式过程中，必须坚持效益与就业并重的方针，抓住国际分工和经济全球化深入发展的机遇，将劳动力数量优势转化为产业的国际竞争优势；在外贸领域走出一条类似于新型工业化那样的道路：既转变外贸发展方式，提高外贸的质量与效益，又发挥我国人力资源丰富的优势，实现劳动者比较充分就业的两全其美目标。[③] 他提出要大力发展劳动密集型出口加工业，大力发展外贸中小企业，大力承接全球服务外包，同时提高工人工资、福利。李健（2009）也认为外贸发展方式应当适应推动广大人民就业，收入、消费水平和生活质量的不断提高的要求。

（五）消除和缓解贸易摩擦

白云、许冀艺（2011）认为我国转变外贸发展方式的重要目的之一是消除和缓解贸易摩擦，应对贸易保护主义形势。[④]

以上各位学者的见解可能或有侧重，或有偏颇。我国外贸发展方式的主要目标就是从贸易大国转变为贸易强国，从目前粗放的规模扩张转变到

---

① 隆国强：《外贸增长方式转变从何着手》，《人民日报》（海外版）2007 年 1 月 24 日。
② 李健：《金融危机下中国外贸发展的中长期思考》，《国际贸易》2009 年第 1 期，第 15～18 页。
③ 赵英奎：《对转变外贸发展方式与扩大就业相结合问题的思考》，《理论学刊》2008 年第 3 期，第 39～42 页。
④ 白云、许冀艺：《外贸发展方式与贸易摩擦的形成及改善措施》，《河北学刊》2011 年第 6 期，第 205～207 页。

追求效益、竞争力提高和价值分配控制权增强上来。货物贸易从主要出口低附加值、低技术含量、高耗能和高污染的初级资源性产品，转变到高附加值、高技术含量、低成本代价的先进制造业、高科技产业、先进服务业上来。传统产业和加工贸易得到转型升级，有更多自主知识产权和品牌的出口产品，其出口比重提高。

二 外贸发展方式转变的政策措施

加快转变外贸发展方式的政策措施涉及面广。学术界提出的措施各有侧重，仁者见仁，智者见智。归纳起来，外贸发展方式转变的政策措施主要包括以下几个方面。

（一）完善外贸政策措施

在贸易政策上，调整优化出口商品结构，提升外贸质量效益，进一步提高劳动密集型和资源密集型出口商品的技术含量和加工深度，严格检验检疫，提升出口产品质量和食品安全，扩大自主知识产权、自有品牌、高新技术产品出口，严格控制高耗能、高排放和资源性产品出口；完善进口政策体系，促进外贸平衡发展，继续鼓励有利于我国技术进步、产业升级和环境保护的先进技术、关键设备及零部件进口，进一步推动消费品市场开放；深入推进市场多元化，推进多、双边和自贸区谈判；进一步减少行政审批事项，强化政府公共服务功能，营造各类经营主体发挥所长的制度环境，培育更多有较强核心竞争力的中国本土跨国公司；进一步完善促进加工贸易转型升级的政策措施；加大产业区域转移政策扶持力度，提高贸易便利化水平，优化中、西部外贸发展环境；继续实施科技兴贸战略，培育各类型外贸转型升级示范基地，支持基地内产业上下游配套、研发创新能力建设和品牌建设，建立完整的价值链、产业链和贸易链，完善技术引进与创新的各项制度，加快建设企业技术引进和创新促进体系，综合运用经济手段鼓励技术引进和创新，形成强大的自主创新和产业集聚能力，积极支持具有知识产权、品牌、营销渠道和良好市场前景的战略性新兴产业开拓国际市场；打造一批有较强影响力的境内外国际经贸展会，形成全球布局合理、重点突出、专业门类齐全、具有品牌效应的重点经贸展网络，培育一批技术强、服务优、信誉好的外贸电子商务平台，提高企业利用电子商务开展对外贸易的能力；鼓励产能过剩产业加快"走出去"步伐，转移过剩产能，拓宽国际经济合作途径，推进境外经贸合作区建设，提升对外承包工程水平，带动中国技术标准和相关产品"走出去"；完善对外贸易预警体系建设，积极应对国际贸易摩擦（王受文，2012）。①

（二）完善与外贸有关的宏观政策措施

林发彬（2006）提出利用出口退税及配套政策措施促进我国外贸增长方式转变的思路。② 钟山（2010）提出在财税政策上，稳定财政对外贸的支持力度，重点支持外贸结构调整和转型升级；保持出口退税政策的连续性和稳定性；进一步优化关税结构，发挥关税的宏观调控作用。在货币政策上，钟山认为应保持人民币汇率基本稳定；扩大跨境贸易人民币结算试点地区和规模，积极开展海外人民币业务，稳步推进人民币区域化、国际化进程。在金融政策上，钟山认为应完善金融政策，支持外贸发展；扩大出口信用保险规模，提高出口信用保险覆盖率，降低保费费率水平，扩大对风险国别和市场的承保范围。

（三）采取循环经济的新发展模式

实现循环经济的发展模式是我国的必然选择，要以循环经济理念转变外贸增长方式；完善限制国内紧缺资源及高耗能产品出口的政策，积极引进、消化、吸收国外先进的循环经济技术，完善提高循环经济技术支撑能力和创新能力的政策；借鉴国外循环经济的法律法规，建立和健全我国对

---

① 王受文：《转变外贸发展方式，推动对外贸易稳定平衡发展》，《国际贸易》2012 年第 1 期，第 4～7 页。
② 林发彬：《出口退税政策对我国外贸增长方式转变的影响效应及建议》，《亚太经济》2006 年第 5 期，第 46～49 页。

外贸易中有关循环经济的法律法规；重视对外贸易中的标准化工作，制定和完善促进循环经济的标准体系；制定我国对外贸易贯彻循环经济理念的实施纲要（施用海，2006）。①

第四节　中国进口战略与进口政策理论文献回顾

一　我国现行进口政策的主要特点

王海峰（2011）的研究认为，我国现有进口政策的主要特点：一是与国际贸易体系接轨，符合 WTO 规范；二是积极鼓励先进技术和关键零部件的进口；三是通过加工贸易等相关政策鼓励生产型和出口型产品进口；四是通过汇率管理制度改革来促进进口；五是通过降税等相关政策鼓励能源与资源等初级或中间产品的进口；六是对最终消费品总体上实行限制性进口政策；七是通过多边或双边的自由贸易协定，对某些国家和经济体大幅削减进口关税。②

杨长湧（2011）的研究认为，"十五"以来我国进口的主要特点如下。一是进口目标开始由单一走向二元化。除了满足国内对先进技术、能源、资源和消费品的需求外，实现国际收支平衡、减少贸易顺差也逐渐成为进口的目标。二是外商投资企业仍为进口第一大主体，但进口占比呈先升后降态势。三是初级产品进口占比明显上升，工业制成品进口占比下降。四是机电产品进口占比总体上升，但近年来有所下降。五是高技术产品进口显著增加，但进口技术外溢效应有待进一步提升。六是能矿资源进口对国际社会的影响日益显著。③

---

① 施用海：《循环经济：实现外贸增长方式转变的战略选择》，《国际经贸探索》2006 年第 22 卷第 1 期，第 8~10 页。
② 王海峰：《实施积极的进口战略——总量和结构并举，将关税调整作为政策着力点》，《国际贸易》2011 年第 7 期。
③ 杨长湧：《"十五"以来我国进口特点、成就及未来发展趋势》，《中国经贸导刊》2011 年第 16 期。

二　进口对经济增长的贡献、机械设备进口与技术进口

关于进口对经济增长的贡献，传统的国际贸易理论重视出口的作用，认为进口不利于经济增长，而王娟、何长江（2011）根据 2007 年投入产出表，实证研究了进口对出口和经济增长的影响。[①] 结果发现，从整体上看，2007 年中间产品进口对浙江省总产出的贡献率为 15.1%；从行业贡献率来看，进口贡献率较高的部门包括金属类资源性、化学部门、装备制造部门以及高技术部门。他们根据研究结论的启示并结合浙江省中间产品进口的实际状况，提出了加大中间产品进口、优化进口结构和方式的政策建议。具体建议包括积极扩大中间产品的进口；优化中间产品进口结构，提高其在价值链中的地位；加大对服务业中间产品的进口比例。

关于我国的机械设备进口及其技术结构，王林辉等（2011）的研究认为，1985 年以来我国进口机械设备的技术结构不断升级，近年来呈现"中间多，两头少"的纺锤形特征，中高技术含量和中等技术含量的机械设备进口比重逐年增加，且主要以进口中等技术含量的机械设备为主。[②] 此外，源于资金和人力资本优势，发达国家往往引进高技术含量的机械设备，而发展中国家受资金、技术水平和人力资源的约束，以进口中等技术含量的机械设备为主。而进口机械设备的技术溢出效应检验结果显示，我国进口机械设备存在体现式技术溢出效应但主要作用于非中性技术进步，中性技术进步的体现式技术溢出效应存在于 1996 年之前，而 1996 年后则不明显。

关于我国的技术进口，李春顶（2010）的研究指出，近年来，我国技术进口合同数及进口额增长较快，专有技术许可、技术咨询与服务是技术进口的主要方式，欧盟、美国和日本等发达国家是我国技术进口的主要来源地，外资企业和国有企业是技术进口的主体。[③] 日本在技术进口方面

---

① 王娟、何长江：《中间产品进口对经济增长的贡献》，《经济纵横》2011 年 11 期。

② 王林辉、苏碧娟、董直庆：《我国进口机械设备的技术结构及其资本体现式技术溢出效应》，《财经研究》2011 年 第 12 期。

③ 李春顶：《"后危机时代"我国技术进口战略分析》，《经济理论与经济管理》2010 年第 7 期。

的主要经验是：第一，慎重选择进口的技术；第二，注重对进口技术的消化和改进；第三，重视技术消化吸收的自主性及自身技术能力的积累。韩国在技术进口方面的主要经验是：第一，重视消化吸收，提高国内技术开发能力；第二，加强自主创新，实现技术追赶；第三，通过技术出口带动进口，巩固自主创新的地位和能力。

三　我国现行进口政策存在的主要问题

宋泓（2008）的研究认为，我国现行进口管理体制存在的主要问题如下。第一，偏重防范进口对比较劣势产业的冲击。第二，在"出口创汇 - 设备进口 - 国内生产"的战略下，一方面，我们更多地关注出口促进；另一方面，严格限制进口，控制外汇的使用。我们的进口管理体制高度行政化。第三，从总量上看，中国地大物博，资源丰富。进口管理中很少关注矿产等初级产品的进口保障问题，也没有形成一套有效的保障重要矿产进口供应并防范相关进口风险的机制。第四，管理权限分散，部门之间的相互协调困难。①

关于中国大宗进口商品国际定价权缺失的原因及优化，吴朝阳（2011）的研究认为，中国大宗进口商品国际定价权缺失的原因，在于需求表达渠道不畅、买方力量未得到有效整合、缺乏战略回旋余地、需求信息泄露、自身供给有限、产业结构调整缓慢、跨国矿业公司控制全球主要矿产资源、世界大宗商品行业组织更多地维护供方利益、外方控制甚至是捏造供给信息等方面。进一步优化中国大宗商品国际定价权的途径在于：建立信息中心和报价中心，积极利用期货市场，建立健全中国紧缺能源和原材料储备体系，构建中国海外矿产资源开发战略，强化政府调控，通过多边机制进行协调与规制。②

关于我国技术进口方面存在的问题，李春顶（2010）的研究认为，

---

① 宋泓：《中国进口战略的实施与进口管理体制的改革》，《国际经济评论》2008 年第 2 期。
② 吴朝阳：《中国大宗进口商品国际定价权缺失原因及优化》，《现代经济探讨》2011 年第 11 期。

第一，国外的技术封锁和技术出口管制形成了垄断；第二，我国技术进口水平较低，核心技术和关键装备少，存在"三重三轻"问题，即重引进轻消化、重硬件轻软件、重数量轻质量；第三，缺乏国家宏观政策层面的统筹协调；第四，知识产权保护制度体系不健全；第五，企业的技术进口主体地位不明确，消化吸收与创新能力差；第六，技术进口的融资环境差，资金配置不合理。

四　我国进口面临的国内外环境和发展趋势

杨长湧（2011）的研究认为，"十二五"期间，我国进口面临的国内经济环境可以概括为：加快转变经济发展方式要求提高进口综合效应；我国国际收支状况良好为扩大进口提供了有利条件；人民币价值坚挺对扩大进口具有一定促进作用；"走出去"步伐加快将带动进口。国际经济环境可以概括为：全球经济再平衡要求我国扩大进口；美国通过扩大出口带动经济增长的战略为我国扩大进口创造了有利的条件；人民币国际化为我国扩大进口提供一定有利的条件。

李大伟（2011）的研究认为，未来我国进口环境将发生重大变化。首先，在国际经济形势方面：第一，经济全球化将在曲折中进一步深入发展；第二，全球经济失衡调整的压力进一步加大；第三，全球贸易保护主义势头将显著强于金融危机前；第四，全球经济面临新一轮的产业结构调整；第五，大宗商品价格大幅度震荡的风险依然存在。其次，在国内经济形势方面，第一，我国经济将保持长期稳定增长态势；第二，经济结构战略性调整的步伐进一步加快；第三，汇率形成机制改革进一步深化，人民币国际化进程进一步加快；第四，国内产业升级和自主创新将进一步推进；第五，能矿类大宗商品仍将在经济发展中发挥重要作用；第六，消费结构将呈现多元化趋势。[1]

关于未来我国进口的变化趋势，杨长湧（2011）的研究认为包括以

---

[1]　李大伟:《"十二五"我国进口环境和发展趋势》，《中国经贸导刊》2011 年第 18 期。

下几个方面。一是进口增速预计进一步提高,贸易顺差将逐步缩小。二是进口主体结构预计发生变化,外商投资企业在进口中的比重下降,内资企业特别是国有企业在进口中的比重上升。三是进口产品结构预计发生变化,先进技术设备和关键零部件进口比重上升,能源、原材料比重下降。四是进口贸易结构预计发生变化,加工贸易进口比重进一步降低,一般贸易和其他贸易进口比重上升。五是进口来源地结构预计发生变化,美国、欧盟、日本等技术发达国家和地区在我国进口中的地位上升,中东、澳大利亚、加拿大等能矿资源富集地在我国进口国别和地区中的地位下降。六是人民币在进口中将发挥更大作用,特别是在我国与周边国家及东亚、东南亚国家的进口贸易中。李大伟(2011)的研究则认为未来我国进口的发展趋势将表现在以下几个方面:进口增速将高于出口速度,有助于实现贸易平衡目标;加工贸易进口所占比重将进一步降低;技术和核心零部件进口规模将显著增长,技术外溢效应进一步加强;进口对部分重点产业结构调整的作用将明显加强;大宗商品仍将在我国进口中占据重要地位;我国进口分散度将会进一步提高;消费品进口规模将适度增长。

五　我国进口战略的调整与方向

宋泓(2008)的研究认为,我国应实施"安全发展"的进口战略。第一,分步骤、分阶段降低劳动密集型产品的进口关税水平,削减非关税措施约束,并在多边和双边领域中,积极促进劳动密集型产品的贸易自由化。第二,为实现初级产品的进口保障,对能源和矿产品等大宗资源性产品的进口,要加强国内的协调。第三,对弱势产业的产品进口,积极运用 WTO 允许的贸易保障措施进行保护。第四,高技术产品的进口开拓,既要努力突破西方发达国家对中国高技术出口的管制和限制,实现高技术产品进口的多样化,适当降低这类产品的进口关税;同时更要大力推动和鼓励国内企业和产业的自主创新,逐步实现高技术产品的进口替代。第五,优化进口结构,适度扩大进口,促进长期贸易平衡的实现。第六,在第三国建立中国企业分布集中的出口加工区,并以该国的名义出口加工区中生产的产品到其他国家，尤其是发达国家市场，减少贸易盈余，规避目前中国所面临的各种出口限制，减少贸易摩擦。第七，建立进口产品监测预警体系，时刻关注重点产品、重点地区和重点企业的进口变化。

陈建奇（2011）关于进口战略与贸易平衡的研究认为，进口战略促平衡的理论含义是扩大内需的一种表述。[①] 他认为，在某种程度上进口战略与扩大内需具有一致性。通过扩大内需增加消费和投资需求，从国外进口更多的商品，促使进口商品比出口商品更快增长，以此降低贸易顺差。扩大内需还蕴含另一种含义，即投资和消费的增长要求消化更多的国内产品，吸收国内企业的过剩产能，从而降低出口增长，推动贸易平衡目标的实现。因此，进口战略是扩大内需的一种表述。中国进口战略的实施重点应该是高新技术及消费品的一般贸易。

关于我国进口战略的目标，王海峰（2011）的研究认为，首先，在总体目标方面：将实现贸易进出口动态平衡、减少社会福利损失、提升国际竞争力和完善社会主义市场经济作为我国进口战略对策的总体目标。具体而言，就是要充分发挥市场的主体地位，通过贸易政策、产业政策、消费政策和货币政策调整改革尽可能减少进口限制，释放进口能力。将实现贸易平衡作为进口战略的总量目标，既不是要人为地限制出口，也不是要人为地增加进口，更不是为了平衡而平衡。其次，在结构目标方面，一是通过调整关税，减少一般产品的进口限制；二是扩大消费品进口比重，减少社会福利损失；三是改变生产型和进口替代型的关税政策体系；四是把握好先进技术、核心零部件和关键设备进口支持的时效和力度；五是建立"引进－消化－吸收－再创新"一体化政策体系；六是加快汇率改革和金融改革。

关于调整进口战略与转变外贸发展方式的关系，王海峰（2012）认为，实施积极的进口战略是全面转变发展方式的需要：一是国际环境变化的需要；二是发展阶段演进的需要；三是贸易发展方式转变的需要；四是提升核心竞争力的需要；五是维护国家经济利益和产业安全的需要。我国

---

① 陈建奇：《中国进口战略与贸易平衡分析》，《国际贸易》2011 年第 6 期。

进口战略调整应当把握四个重心：第一，以进口关税作为重心，着力扩大消费品进口；第二，以消费税为重心，降低消费品的总体税赋水平；第三，以人民币汇率改革为重心，减少市场扭曲；第四，以市场开放度为重心，建立长效机制。根据《鼓励进口技术和产品目录》，设计一套有利于"引进－消化－吸收－再创新"政策体系。

关于收入分配差距对我国进口贸易的影响，文洋、张振华（2011）的研究表明，首先，收入差距扩大造成奢侈品进口增加，人均收入水平提高并不是奢侈品进口增加的原因。[①] 收入差距对奢侈品进口的作用明显大于必需品，奢侈品和必需品进口的比例随收入差距扩大而升高，如此看来，收入分配差距造成了对必需品的进口需求向奢侈品转移。其次，商品来源国经济越发达，我国收入分配差距对其奢侈品进口的影响越大。发展水平越高的国家，产品的价格和质量也相应更高，其生产的奢侈品可以说是"奢侈品中的奢侈品"，收入分配的差距对这类产品进口的影响作用更大。可见，收入分配差距的加大会增加高端奢侈品的进口。这给我们的启示如下：一是我国的奢侈品进口贸易十分不合理，我国作为一个发展中国家，进口的产品应是那些能推进我国经济发展的产品，如先进的技术设备等，而不是供富裕阶层挥霍的奢侈品；二是收入差距所带来的奢侈品消费增加，意味着少数的富裕阶层用大量的财富进行奢侈性消费，而大多数的中低收入阶层却没有能力进行消费，弱化了整体消费能力。

六　我国进口战略调整的政策建议

王海峰（2011）认为，与新形势下的进口战略相适应，我国进口政策应在以下几个方面做出调整，第一，对进口产品实行年度暂定税率的方式，下调消费品进口关税。第二，统筹进口关税和消费税，有针对性地降低一般消费品的总体税负水平。第三，全面推动人民币汇率改革，尽快实现人民币自由浮动。第四，建立"引进－消化－吸收－再创新"的一体化

---

① 文洋、张振华：《收入分配差距对我国进口贸易的影响》，《国际贸易问题》2011 年第 11 期。

政策体系。第五，协调进口和利用外资政策，促进产业结构升级。第六，通过国内结构性政策调整，减少对进口能源资源的过度依赖。第七，全面提高国际化水平，提升我国在国际市场上的议价能力。第八，积极实行自贸区战略，通过各种形式的制度化安排，逐步取消主要贸易伙伴间的关税限制。

杨长湧（2011）认为，调整我国进口政策需处理好四个问题。第一，进口双重目标的主次关系问题。下一步进口工作主要有两个目标：有利于国内经济结构调整和优化；有利于国际收支平衡。下一步进口应以前者为主要目标。第二，进口产品结构问题。应优先鼓励进口先进技术设备与关键零部件等有利于改造提升传统制造业、发展战略性新兴产业、提升自主创新能力的产品。鼓励进口能矿资源，进口重点可从原材料转向半成品和产成品。对消费品进口只应适度扩大，而对奢侈品进口则不应进行鼓励。第三，扩大进口与提升自主创新能力的关系问题。需要加大对进口先进技术设备的消化吸收再创新，提高进口的技术外溢效应，变"拿来"为"自有"。在此过程中，要尊重国外知识产权，对国外先进技术的再创新，要在保护知识产权的前提下进行；要加大国内知识产权保护力度，完善知识产权保护法律体系，形成鼓励自主创新的有利环境。第四，进口政策与国内产业政策的对接问题。根据国内产业发展的需要，制定相应的进口鼓励政策，重点鼓励有利于装备制造、船舶、汽车、钢铁、有色金属、建材、石化、轻工和纺织等传统制造业提升技术水平和生产效率、提高节能环保水平的先进技术与设备，重点鼓励有利于节能环保、新一代信息技术、新能源、新材料、生物、高端装备制造和新能源汽车等战略性新兴产业发展的技术设备，重点鼓励有利于提升农业现代化水平、增强农业生产能力的先进技术与装备。

陈建奇（2011）认为，进口战略促贸易平衡的政策措施应包括：加大力度扩大内需增长；促进高新技术及消费品进口增长；防范进口增长对贸易条件的负面影响。

在奢侈品进口的政策调整与缩小收入差距方面，文洋、张振华（2011）提出以下政策建议。第一，应征收奢侈品消费税。在我国成为奢侈品消费大国的背景下，征收奢侈品消费税的时机已经成熟。对奢侈品消费征收高比例的税收，一方面使富人多缴税，通过收入再分配以提高穷人的收入，重新调节分配；另一方面引导合理消费，限制炫耀性、奢侈性消费。第二，进行收入分配改革才能真正提振内需。"内需之需"是何种商品？应该是与民生息息相关的必需品，绝不是富裕阶层消费的奢侈品，如果不解决收入分配差距问题，仅仅依靠投资来扩大内需，不能从根本上解决内需不足的问题。只有进行收入分配改革，通过提高劳动者报酬，增加居民财产性收入，以及加大财政、税收在初次分配和再分配中的调节作用等方式，缩小收入分配差距，才能真正扩大内需。

为促进我国技术进口的发展，李春顶（2010）认为，应从以下几个方面做出政策调整。第一，加强国际合作与协调，打破技术垄断，提高技术进口的质量和水平。第二，建立专门的技术进口管理部门，健全技术进口统筹协调机制。第三，进一步完善技术进口的配套政策、法律和法规。第四，政府设立专门的技术消化创新基金，建立相关科研机构。第五，建立行业性的技术进口与创新协会。第六，建立技术进口信息共享系统，组建相关综合性服务机构。第七，加大技术进口的扶持，减免税收，优化融资环境。第八，扶持企业建立技术进口和创新的促进体系，鼓励企业成为进口主体。第九，建立和实施国家知识产权战略。第十，设立科学高效的风险预警系统。

第五节　建设有中国特色的外贸发展方式转变理论体系

当前一些国内文献虽然对策性、实用性较强，但是研究论点分散，论证深度不够，学术性、理论性不足。我国一些研究外贸发展方式转变的文献更像工作经验总结，类似工作报告，虽然操作性、对策性强，但是学术深度不够。

外贸发展方式转变是一项长期的、重大的、复杂的战略工程，各国都在追求外贸发展方式的转变，以适应新的发展需要。过去我国几代学者不懈努力，试图探索我国特色外贸发展道路，取得了大量的成果，增进了我们对转变外贸发展方式的理解，丰富了我国外贸发展的理论体系，它必将随着我国外贸从大国到强国发展的每个新阶段、新形势和新问题而不断深入研究和日益完善。未来我国外贸理论研究需要继续深化，更加深刻揭示外贸发展的规律和趋势，促进我国外贸发展方式随着新形势不断转变。

未来外贸发展方式转变研究仍然应该突出引起转变的因素和转变途径的重点，国际产业分工、技术创新、市场化改革、组织优化、消费结构变动等许多议题都值得深入细致探索，与外贸产业相关的技术创新、组织建设、品牌声誉培养等方面发展尤其需要深入研究。研究方法要侧重调研数据实证分析方法、典型案例分析法、模拟或实验研究法等。

加快改革开放步伐是转变开放经济发展方式的关键性基础工程。中国仍是一个市场经济不够发达和不够开放的国家，加快改革开放步伐直接影响开放经济发展方式转变，因此中国仍需继续加快新一轮改革开放步伐。

贸易技术创新是技术创新的重要组成部分，是促进外贸发展方式转变的重要途径之一。贸易技术创新丰富了技术创新的内涵，扩大了技术创新范围。随着竞争的加剧和新技术的涌现，国际贸易日益成为一项技术成分很高的经济活动环节。贸易技术创新对于国家经济、科技、信息安全同样具有重要意义。长期以来贸易技术创新没有受到重视，创新开支根本无法与工业技术创新开支规模相比，导致贸易技术创新进展非常缓慢，理论方面的研究和突破较少。贸易技术创新与工业技术研发创新同等重要。创新必须体现在工业技术和贸易技术两个方面，两者都是推动生产力、财富和经济发展成长的重要动力来源。不可复制的贸易技术创新的商业化应用将产生领先优势，形成不利于竞争者进入市场的不相容技术障碍。因此，国际市场竞争力不仅来自生产领域的各种优势和技术创新，而且来自贸易领域的各种优势与技术创新。贸易技术创新促进贸易自动化、信息化和现代化，体现贸易发展大方向、大趋势。当前，国际贸易技术创新是转变外贸发展方式的重要手段之一。没有国际贸易技术持续深刻创新，单靠生产技术创新，难以推动外贸发展方式持续深刻转变。中国制造业产品出口价格竞争力因劳动力和原材料价格上涨日益削弱，这种成本上涨是经济发展的必然结果，不可遏制，也不应阻止。维持强劲的竞争力，中国企业必须转变经济及外贸发展方式，促进外经贸转型升级，从生产和贸易两个环节加强技术与管理创新，以技术和管理创新增强市场竞争力。中国出口价格竞争力不仅来自劳动力与原材料的低成本，而且来自生产规模经济、大市场和优质交通及出口设施条件，并非其他国家短期内能够替代的。更重要的是我国外贸发展方式不能再走过去大规模低价竞争的老路，需要依靠技术进步和加强管理提高外贸发展质量和效益。如果说经济发展方式转变的关键手段是依靠科技进步和提高管理水平，以创新驱动经济发展，那么作为经济发展一个重要方面的外贸发展方式转变的关键仍是外贸技术创新、管理创新和制度创新，提高单位贸易量、单位贸易成本和单位贸易投资额的收益，创造更高的外贸价值和外贸效益。所以，加强贸易技术创新是转变外贸发展方式的重要途径，具有重要的现实经济意义。

国际贸易产业组织体系体现为从事国际贸易的企业之间的关系及其构成渠道与网络生态关系。国际贸易渠道和网络是贸易的基础设施和组织保障，它们的治理主权结构及能力已经成为一国国际贸易发展的重要影响因素。一国自主的国际贸易渠道和网络化组织建设对于一个国家国际贸易产业组织建设及其能力发展、外贸发展方式转变以及参与全球竞争具有重要的意义。对外贸易组织及能力建设是转变外贸发展方式的重要方面。完善国际贸易产业组织体系是促进外贸发展方式战略转变的关键手段。我国外贸发展方式转型升级必须要从专注于制造业扩展到研发设计、贸易及服务环节的全产业链。我国提高外贸产业竞争力和外贸效益，转变外贸发展方式，必须从加强国际贸易产业组织体系发展入手，激励有实力的企业"走出去"，扩大海外贸易公司投资，实现跨国公司化经营，加强自主国际贸易渠道和网络建设，提高国际贸易渠道整合力量和渠道控制力。我国企业要加快"走出去"步伐，着力跨国公司网络组织建设，构造自主、一体化、全球分布的贸易渠道和网络，同时鼓励我国自主的非一体化贸易渠道和网络发展，专业外贸公司也应向实业化、跨国化经营转变，优化整合产业链，做大做强自主国际贸易产业，提高渠道组织化水平和渠道控制力，提高一体化渠道比重。

　　国际贸易产业成功转型升级和发展壮大对促进经济及外贸发展方式战略转变具有重大意义。国际贸易产业转型升级是外贸发展方式战略转变的途径之一。只有国际贸易产业成功转型升级，发展壮大，才能实现外贸发展方式的战略转变，才可以避免过去粗放的、"贫困化"的增长方式导致增长利益流入发达国家，从而使我国尽快摆脱"中等收入增长陷阱"。我国应将国际贸易产业提高到国家战略产业高度，加快国际贸易产业转型升级，促进外贸发展方式战略转变。我国要鼓励有实力的企业加速海外目标市场的销售公司投资和销售网络建设步伐，发展自主的全球销售渠道；每个行业培育出二三家大型专业外贸公司，涌现出一大批世界知名的大型跨国贸易公司，培育一大批享誉世界的品牌；加大对国际贸易产业相关服务业的扶持，加大贸易融资支持力度；加强国际贸易产业中介组织以及制度建设。

　　世界各国市场需求多样性和层次化是事实。每个国家市场上的消费需求都是多元的。它们的消费偏好可能是质量稳定、时尚外观、完备功能、物美价廉等，千差万别。消费者对品种多样化的选择是一种权利。消费偏好应受到尊重和得到满足。企业供给可以引导目标消费群偏好形成与变化的过程。消费者的需求偏好足够多，可以让大量企业开展竞争并以最优质量和价格的产品满足他们。一直以来，我国多数出口商进入外国市场都被动地跟着消费风尚走，做标准化的产品满足大众化需求，做不到满足多样化、多层次的消费需求偏好，产品价值评价受大众消费潮流风向影响，出口供应商对产品价值评价没有主导权。我国绝大多数企业都是采取这种追随战略和模仿战略。然而，现在成功的跨国公司都在采取引导消费潮流进行战略营销。影响消费偏好对于外贸出口增长和市场供给结构合理配置，以及有效转变外贸发展方式至关重要。出口供应商要转变市场营销思路，转变外贸出口发展方式，设计新的营销策略，主动干预和引导消费时尚、消费模式和消费文化，积极引导和干预消费者选择和效用评价行为，优化出口结构，满足市场多元化、多层次需求，开发出适合不同消费偏好、消费层次、消费口味的新产品，既有高端奢侈品、享乐消费品，也有大众化、标准化的功利性消费品，还有低收入人群需要的物美价廉商品，增强出口竞争力和目标针对性。外贸出口市场多元化战略不仅体现在地理和国别分布广度上，而且体现在每个市场的多种消费群及其消费层次的分布结构上，改变以前主要靠数量、低价竞争扩张的传统贸易发展方式，积极通过满足外国高端消费需求的方式提升外贸效益。中国出口商要学习模仿外国跨国公司的成功经验，加快外贸发展方式转变步伐，做世界消费潮流的引领者。外贸工作要适应需求变化，及时调整供给结构，满足新需求和新变化，营销上要引导消费潮流向合理方向发展，不仅要以国际市场消费动向被动地调整研发和出口产品结构，而且要主动以新技术、新时尚、新潮流引领世界消费走势，走质量、效益型外贸发展道路。所以，出口商迎合消费趋势，引导消费潮流，满足消费需要，赢得消费者忠诚，是促进外贸发展方式转变的重要方面。引领世界消费时尚潮流需要在世界主要时尚之都和当地市场建立营销机构，特别是跨国公司地区总部，发挥产品设计、研发、生产工艺、营销战略和服务的消费时尚领导作用。未来我国有实力的企业要打破外国市场准入限制，在全球范围内建立合理的营销渠道和贸易网络，采取领先战略，做创新型、开拓型和引领型企业。我国企业要调整投资和生产结构，引领消费走向，转变外贸发展方式。我国产业结构、产品结构调整要建立在对国内、国际市场需求动向调研分析和科学判断之上，努力使我国产业结构、产品结构调整到更加适应消费的需求上来，适当发展国内高档消费品和奢侈品产业，减少从外国进口的依赖，增加对国内市场供给，同时加强国际营销，占领一定的国际高端消费市场份额，而且要预先准确判断消费动向，加强消费引领，主动地满足国内外市场需要，降低营销成本，提高经济效益，转变经济及外贸发展方式。

中国是一个地域辽阔、人口众多、城乡与地区发展不平衡的大国。各地区对外经济结构和外向程度存在明显差别，对待外贸发展方式的转变内涵、意义、途径与内容都有不同程度的差别，各有转型升级的特征和规律可循。各地区应结合本地区实际情况，制定适宜的对策，探索转型的新途径、新方式、新思路。国家在推动经济及外贸发展方式转变上不能不分地区差异地一刀切。地区间外贸发展方式转变要因地制宜，区别对待。

当前我国对外贸易发展受国际经济整体低迷和国内要素成本上升造成

传统竞争优势削弱等因素的影响，面临诸多困难和挑战。总体来看，我国经济发展正处于重要战略机遇期，各方面的有利条件、内在优势和长期向好趋势没有改变。从目前看，支撑和推进我国对外贸易发展和转型的主要增长点包括以下几个方面。

第一，以贸易发展模式转型为主导，实现由贸易大国向贸易强国的转换。在经济高速增长期，我国对外贸易发展更多依赖数量扩张，虽然进入世界贸易大国行列，但由于处在国际贸易分工价值链低端，自主知识产权、自主品牌、自主营销渠道和高技术含量、高附加值、高效益的产品比重低，与贸易强国还有较大差距。

党的十八大以来，我国加快了经济转型步伐，对外贸易进入了稳增长、调结构、增效益阶段，外贸发展的主要动力由数量扩张转变为质量提升。在这种新的对外贸易发展方式下，外贸增速虽然降下来了，但获取的贸易利益不降反升，标志着中国对外贸易由外延发展进入了内涵发展的实质性发展时期，这也是中国由贸易大国走向贸易强国的必由之路。

第二，以拉动内需为动力，带动出口扩大。自 20 世纪 90 年代中期后，我国对外贸易基本处于顺差状态。随着我国出口规模的不断扩大，贸易摩擦也日益增多，贸易环境开始恶化，出口受到重重阻碍。近年来我国政府开始将促进贸易收支平衡、扩大进口、推进外贸多元平衡增长作为政策重点加以推进，取得了积极效果。

从目前看，我国拉动经济的"三驾马车"中，出口与投资功效由于长期开发和释放，动力已显不足，消费依托 13 亿人口市场的支撑，不仅尚存巨大的能量，而且潜力无限。因此，今后中国的经济增长中，内需的拉动将成为主要力量。

内需包括生产性需求和生活性需求两个方面。从生产性需求来看，为满足经济结构调整和产业升级需要，会对国际尖端技术、高端产品、先进设备、关键零部件、能源和矿产等产品形成旺盛的进口需求。从生活性需求来看，为满足人们对物质和文化产品的多重需求，促进人们生活更为丰富多彩，提升全民消费质量，今后扩大与人民群众生活密切相关消费品的进口，将是对外贸易政策的一个重要和长期取向。进口的扩大，同时也会促进出口的扩大，形成进出口双向互动效应。

第三，以产业结构调整和升级为契机，大力发展服务贸易。我国服务贸易发展起步较晚，但发展迅速。加入世界贸易组织后，中国政府加大了对服务贸易的促进力度，贸易规模迅速扩大，结构逐步优化。2001～2012年，中国服务贸易总额（不含政府服务）增长了5倍多，从世界排名第10位上升到第3位。2014年，我国服务贸易进出口总额为6043亿美元，比上年增长12.6%。其中，服务贸易出口2222亿美元，增长7.6%；服务贸易进口3821亿美元，增长15.8%；服务贸易进出口逆差为1599亿美元。

党的十八大以来，在产业结构调整中，服务业无论是规模还是地位都有明显提升，这为服务贸易的快速发展提供了有利条件。目前，中国货物贸易进入平稳增长时期，服务贸易的后发优势越来越显现出来，特别是随着中国产业高位化的快速推进，服务贸易将成为对外贸易保持持续和适度发展的推进力和亮点。

第四，以对外直接投资为先导，为对外贸易发展拓展新空间。目前从我国经济发展阶段来看，正处于对外直接投资的快速增长期。对外直接投资规模由2004年的不到20亿美元，发展到2012年的近800亿美元。2014年，我国共实现全行业对外直接投资1160亿美元，同比增长15.5%。其中，金融类投资为131.1亿美元，同比增长27.5%；非金融类投资为1028.9亿美元，同比增长14.1%。全国对外直接投资规模与同期我国吸引外资规模仅差35.6亿美元，这也是我国双向投资按现有统计口径首次接近平衡。我国已经跨入全球对外直接投资大国行列。

特别是金融危机以来，欧、美、日等发达国家的大型跨国公司正处于战略调整时期，面向全球扩张的势头明显减弱，甚至出现产业回流现象。近年来越来越多的中国企业利用这一有利时机，加快"走出去"步伐，到境外进行收购、并购、合作经营、绿地投资等活动；转移国内过剩产能及为过剩资本寻求增值渠道；开办企业，就地生产，就地销售，开展装配生产，带动零部件和中间产品出口；建立稳定的境外能源资源供应渠道；等等。对外直接投资的快速扩张既缓解了贸易摩擦不断升级的压力，又使中国经济更大程度上融入全球分工体系之中，同时也促进了中国经济结构和贸易结构的转型和升级。从目前看，我国对外直接投资正处于探索和成长阶段，今后随着经验的积累，随着国家推进"一带一路"战略，对外投资的质与量都会有一个大的提升，也将推动外贸获得广阔的发展空间。

第五，以积极参与区域经济合作为着力点，为对外贸易发展注入新的活力。进入 21 世纪以来，在经济全球化深入发展的同时，区域经济一体化出现加速发展态势，以自由贸易区为主的各种区域贸易安排不断涌现。2001 年，中国加入世界贸易组织，在多边贸易体系中获得了十年持续高速增长的巨大利益。而在贸易增速逐步放缓的今天，需要通过积极参与区域经济合作，为贸易稳定和持续发展提供新的动力。

据有关机构测算，目前正在推进的中日韩自由贸易区如果建成后，能拉动我国 GDP 提高 2.9%，这只是初步的成果。以后，随着过渡期时间的推移，自由贸易区的内在能量将被更大地释放出来，三国间生产要素的自由流动和高新技术贸易管制大幅度松动甚至全面取消，会对中国经济转型和贸易发展模式转换起到强大的推进作用。

目前，中国已经与 20 多个国家和地区建立了自贸协定，涵盖了中国近 30% 的进出口贸易额。2014 年，中澳、中韩结束自贸区谈判并在 2015 年签署。2015 年，中国争取完成与东盟的自贸区升级谈判，力争结束《区域全面经济伙伴关系协定》（RCEP）谈判。在广泛参与周边地区及世界各国的区域合作外，还应重点考虑与传统重要贸易伙伴开展区域经济合作，通过政府间协商和民间组织沟通等多种渠道，尽快将中美、中欧、中日韩自由贸易区谈判纳入议事日程。

参考文献

白云、许冀艺：《外贸发展方式与贸易摩擦的形成及改善措施》，《河北学刊》2011 年第 6 期。

陈文玲：《中国如何转变外贸增长方式》，《人民日报》（海外版）2007 年 3 月 13 日。

陈卫华：《加快转变南通外贸发展方式的思考及对策》，《经济研究导刊》

2011 年第 35 期。

范爱军等：《转变外贸增长方式研究：山东省例证》，经济科学出版社，2009。

何传添：《广东外贸发展转型如何可能——广东与新加坡外贸发展竞争力比较研究》，《学术研究》2010 年第 6 期。

黄建忠、张明志：《后危机时代福建外经贸的转型与发展》，《中共福建省委党校学报》2011 年第 1 期。

胡景岩：《提高技术引进水平，转变外贸增长方式》，《国际贸易》2007 年第 2 期。

胡江辉：《科技创新推动我国贸易结构转型》，《经济问题探索》2009 年第 12 期。

黄建忠、张明志：《后危机时代福建外经贸的转型与发展》，《中共福建省委党校学报》2011 年第 1 期。

江小涓：《"十一五"：中国外贸增长方式将现"拐点性"变化》，新华网。

简新华、张皓：《论中国外贸增长方式的转变》，《中国工业经济》2007 年 8 期。

冀东新：《加快转变外贸发展方式努力提高外贸发展的质量和效益——2011 年外贸形势展望》，《中国经贸导刊》2011 年第 1 期。

金泽虎：《中国外贸产业层面的"贫困化增长"及其矫正》，《经济理论与经济管理》2006 年第 11 期。

李健：《金融危机下中国外贸发展的中长期思考》，《国际贸易》2009 年第 1 期。

李虹：《后危机时代发展我国技术出口的思考》，《财经问题研究》2010 年第 12 期。

李未无：《中国外贸政策调整效果研究——基于 2005～2008 年对日出口产品种类变动的视角》，《财贸经济》2010 年第 3 期。

林发彬：《出口退税政策对我国外贸增长方式转变的影响效应及建议》，《亚太经济》2006 年第 5 期。

刘新民：《四大措施实现外贸增长方式转变》，《中国经济周刊》2006 年 2 月 26 日。

隆国强：《外贸增长方式转变从何着手》，《人民日报》（海外版）2007 年 1 月 24 日。

罗志松：《对转变我国外贸增长方式的几点思考》，《世界经济研究》2007 年第 2 期。

裴长洪：《外贸增长方式的转变与政策思路》，《改革》2005 年第 1 期。

裴长洪等：《后危机时代中国开放型经济研究：转变外贸发展方式与对外经贸合作新趋势》，社会科学文献出版社，2010。

裴长洪、林江：《经济全球化背景下国际贸易的新发展》，《求是》2006年第9期。

裴长洪、彭磊、郑文：《转变外贸发展方式的经验与理论分析——中国应对国际金融危机冲击的一种总结》，《中国社会科学》2011年第1期。

裴长洪、彭磊：《对外贸易依存度与现阶段我国贸易战略调整》，《财贸经济》2006年第4期。

彭金荣、胡燕霞：《"入世"十年中国外贸"井喷式"增长的新挑战及应对》，《亚太经济》2011年第6期。

全毅：《标准化战略与我国外贸增长方式转变》，《世界经济研究》2007年第6期。

施用海：《循环经济：实现外贸增长方式转变的战略选择》，《国际经贸探索》2006年第22卷第1期。

宋光辉、肖万：《促进企业跨国经营带动广东外贸增长》，《特区经济》2006年5月。

王受文：《转变外贸发展方式，推动对外贸易稳定平衡发展》，《国际贸易》2012年第1期。

魏金山：《东亚经济一体化与福建外贸发展方式转变》，《亚太经济》2010年第5期。

夏申：《外贸第二次创业：质量、效益、结构调整——外贸增长方式转变的若干理论思考》，《国际贸易》1996年第10期。

夏先良：《加快改革开放步伐：转变开放经济发展方式的基石》，《国际贸易》2013年第3期。

夏先良：《论国际贸易产业组织体系发展：聚焦国际贸易渠道和网络建设》，《财贸经济》2013年第11期。

徐强：《恰当的推进策略——以"走出去"促进我国外贸增长方式转变》，《国际贸易》2005年第4期。

杨继军、范从来：《刘易斯拐点、比较优势蝶化与中国外贸发展方式的选择》，《经济学家》2012年第2期。

张国庆：《进一步提高对外开放水平》，《国际贸易》2011年第3期。

张燕生：《后危机时代：中国转变外贸增长方式最重要》，《国际贸易研究》2010年第5期。

张宁：《我国进口贸易管理体制研究文献综述》，中国社会科学院财经战略研究院创新工程项目"中国外贸发展方式战略转变研究"的中间成果（未发表），2012。

赵英奎：《对转变外贸发展方式与扩大就业相结合问题的思考》，《理论学刊》2008年第3期。

钟山：《坚定不移地加快外贸发展方式转变》，《求是》2010年第16期。

朱庆华等：《加快转变山东省外贸增长方式研究》，经济科学出版社，2011。

王海峰：《我国进口战略初探》，《国际贸易》2011年第11期。

宋泓：《中国进口战略的实施与进口管理体制的改革》，《国际经济评论》2008年第2期。

杨长湧：《"十五"以来我国进口特点、成就及未来发展趋势》，《中国经贸导刊》2011年第16期。

陈建奇：《中国进口战略与贸易平衡分析》，《国际贸易》2011年第6期。

吴朝阳：《中国大宗进口商品国际定价权缺失原因及优化》，《现代经济探讨》2011年第11期。

李大伟：《"十二五"我国进口环境和发展趋势》，《中国经贸导刊》2011年第18期。

王林辉、苏碧娟、董直庆：《我国进口机械设备的技术结构及其资本体现式技术溢出效应》，《财经研究》2011年第12期。

文洋、张振华：《收入分配差距对我国进口贸易的影响》，《国际贸易问题》2011年第11期。

王娟、何长江：《中间产品进口对经济增长的贡献》，《经济纵横》2011年第11期。

王海峰：《实施积极的进口战略，推动发展方式转变》，《宏观经济管理》2012年第2期。

李春顶：《"后危机时代"我国技术进口战略分析》，《经济理论与经济管理》2010年第7期。

刘厉兵、汪洋：《新时期完善我国进口策略再思考》，《中国经贸导刊》2011年第12期。

王海峰：《对调整我国进口战略的思考》，《宏观经济管理》2011年第10期。

王利平：《关于扩大进口优化外贸结构有关问题的思考》，《浙江金融》2011年第10期。

朱春兰：《进口贸易对技术进步影响：基于浙江的测度与分析》，《开发研究》2011年第2期。

李玉娟：《进口替代与出口导向战略的实证分析》，《云南财经大学学报》2011年第4期。

涂远芬：《我国进口商品结构变动及其优化》，《江西社会科学》2011年第 9 期。

王洪春、汪小燕：《中国进口为世界经济走出危机做出贡献的定量分析》，《河北大学学报》（哲学社会科学版）2012 年第 1 期。

戴翔、张二震：《中间产品进口、出口多样化与贸易顺差》，《国际经贸探索》2010 年第 7 期。

Athukorala, Prema – chandra, "Product Fragmentation and Trade Patterns in East Asia", *Asian Economic Papers*, MIT Press, vol. 4, No. 3, 2005, pp. 1 – 27.

Bastos Paulo, Manuel Caldeira Cabral, "The Dynamics of International Trade Patterns", *Review of World Economics*, Vol. 143, No. 3, 2007, pp. 391 – 415.

Cheng Dazhong, "Product – destination Portfolio and Dynamics by Firm Ownership and Trade Mode: Evidence from Chinese Industrial Exporters", *China & World Economy*, Vol. 20, Issue 5, 2012, pp. 21 – 36.

Dessy Sylvain, Mbiekop Flaubert, Pallage Stéphane, "On the Mechanics of Trade – induced Structural Transformation", *Journal of Macroeconomics*, Volume 32, Issue 1, March 2010, pp. 251 – 264.

Eaton, J. and Kierzkowski, H., "Ologopolistic Competition, Product Variety, and International Trade", In Kierzkowski, H. (ed.), *Monopolistic Competition and International Trade*, Oxford: University Press, 1984, pp. 156 – 172.

Falvey, R. E., "Commercial Policy and Intra – industry Trade", *Journal of International Economics*, Vol. 11, 1981, pp. 495 – 511.

Jota Ishikawa, "Trade Patterns and Gains from Trade with an Intermediate Good Produced under Increasing Returns to Scale", *Journal of International Economics*, Volume 32, Issues 1 – 2, February 1992, pp. 57 – 81.

Lancaster Kelvin, "Intra – industry Trade under Monopolistic Competition", *Journal of International Economics*, Vol. 10, 1980, pp. 151 – 175.

Leontief Wassily, "Domestic Production and Foreign Trade: The American Capital Position Re – examined", *Proceedings of the American Philosophical Society*, 97, September, 1953, pp. 332 – 349.

Linder, S. B., *An Essay on Trade and Transformation.* New York: Wiley, 1961.

Lipson Charles, "The Transformation of Trade: the Sources and Effects of Regime Change", International Organization, Volume 36, Issue 2, 1982, pp. 417 – 455.

Lucas, R. E., "On the Mechanics of Economic Development", *Journal of Monetary Economics*, Vol. 22, 1988, pp. 3 – 42.

Marshall Alfred (1890), *The Principles of Economics.* 8thed. London: Macmillan, p. 1920.

Mill John Stuart, *The Principles of Political Economy with Some of Their Applications to Social Philosophy*, C. C. Little & J. Brown, 1848.

Munehisa Kasuya, Toshihiro Okada, "The Effects of Technology Changes on Sectoral Trade Patterns", *Review of International Economics*, Vol. 15, No. 1, 2007, pp. 112 – 125.

Ohlin Bertil (1933), *Interregional and International Trade*, Harvard University Press, 1967.

Posner, M. V., "International Trade and Technical Change", *Oxford Economic Papers*, Vol. 13, 1961, pp. 323 – 341.

Romer, Paul M., "Growth Based on Increasing Returns Due to Specialization", *American Economic Review*, Vol. 77, 1987, pp. 56 – 62.

Romer, Paul M., "Endogenous Technological Change", *Journal of Political Economy*, Vol. 98, 1990, pp. 71 – 102.

Spence, A. M., "Product Selection, Fixed Costs, and Monopolistic Competition", *Review of Economic Studies*, Vol. 43, No. 2, 1976, pp. 217 – 235.

Stehrer Robert, Julia Maria Woerz, "Technological Convergence and Trade Patterns", *Review of World Economics*, Vol. 139, No. 2, 2003, pp. 191 – 219.

Toru Kikuchi Koji Shimomura, Dao – Zhi Zeng, "On Chamberlinian – Ricardian Trade Patterns", *Review of International Economics*, Vol. 16, Issues 2, 2008, pp. 285 – 292.

Uzawa Hirofumi, "Optimal Technical Change in an Aggregative Model of Economic Growth", *International Economic Review*, Vol. 6, January 1965, pp. 18 – 31.

Vernon Raymond, "International Investment and International Trade in the Product Cycle". *The Quarterly Journal of Economics*, Vol. 80, 1966, pp. 190 – 207.

Wolff Edward N., "Technological Change, Capital Accumulation, and Changing Trade Patterns over the Long Term", *Structural Change and Economic Dynamics*, Volume 6, Issue 1, March 1995, pp. 43 – 70.

Zaghini Andrea, "Evolution of Trade Patterns in the New EU Member States", *Economics of Transition*, Vol. 13, No. 4, 2005, pp. 629 – 658.

第三章
中国外贸发展方式转变的
战略定位、阶段与重点

本章着重从战略层面上探讨我国新型外贸发展方式的战略定位，应该具有明显的贸易强国特征。新型外贸发展方式的战略重点首先应着眼于进口与出口的平衡发展；其次应着眼于国内外两种资源的平衡利用；再次应着眼于对环境的有效保护；最后应着眼于寻求贸易规模、结构与效益之间的平衡发展。本章还分析了转变外贸发展方式的两个战略阶段，即重点调整出口贸易阶段和重点调整进口贸易阶段以及两个阶段之间的互动关系。

第一节　中国外贸发展方式转变的战略定位

外贸发展方式转变是中国经济发展趋势和世界经济环境变化的需要。新型外贸发展方式必须适应中国从贸易大国走向贸易强国、从经济大国走向经济强国的战略需要。新型外贸发展方式的战略定位应该是贸易强国的模式。贸易强国的诉求与贸易大国的诉求有较大的差异。

一　对外贸易强国战略定位追求国民经济的发展质量

贸易大国的实现路径在于贸易规模的扩张，追求在国际市场上的贸易排名。随着贸易规模以高于国民经济增长速度的步伐迅速扩张，外贸提升了国民经济对外贸的依存度，在我国这一数字曾经达 60% 以上。从积极的角度来看，它融入了世界经济，符合经济全球化趋势，但是，国民经济的自主性也受到削弱。如果这种情形伴之以对硬通货的追求，这恰恰是我国在以往 30 年的贸易发展中或多或少的一个潜在诉求，那么，宏观经济政策的运行空间就更为有限了。而贸易强国的战略定位追求国民经济发展的质量，贸易规模的扩张本身并不构成宏观经济政策的一个刚性目标。对外贸易成为调节本国国民经济的一个政策手段，甚至可以成为压制贸易伙伴的有效筹码。这个筹码显然不是出口，而是进口，是国内市场对他国产品的潜在吸引力。

二　对外贸易强国战略定位追求利用国际资源为本国的国民经济服务

贸易强国对国内资源的利用有较强的选择性和可供选择的空间。成就贸易大国的地位得益于贸易规模的扩张，贸易规模的扩张又以出口为突出的特点。出口的增长主要来源于国内资源的供给，一方面是劳动力成本低廉的比较优势，另一方面是有限的国内资源在政策引导和驱使下密集地流向了外向型经济部门。在没有形成市场价格条件下的国内资源成为国际市场竞争力的一个重要来源，在"低价资源投入—国际竞争力提高—贸易规模扩张"之间形成了恶性循环，导致国内资源的过度消耗。然而，为了实现经济起飞过程中出口对国民经济的促进作用，又不得不持续这种不合理的消耗循环。而贸易强国更多的是通过进口来充分利用他国的资源，通过对外投资节省本国的资源。

我国外贸发展方式的贸易强国和经济强国战略定位对外贸发展提出了一些深层次的问题。新的外贸发展方式应该更加注重出口与进口的平衡发展，更加注重与贸易伙伴之间的互利共赢格局；应该更加注重资源的合理利用和环境保护方面的要求；应该在规模与效益之间、规模与结构之间、结构与效益之间寻求均衡发展。

第二节　中国外贸发展方式转变的战略阶段

我国外贸发展方式的转变应按照两个战略阶段实施：第一个阶段以出口贸易的调整为重点；第二个阶段以进口贸易政策的调整为重点。两个阶段有着不同的战略重点，实现不同的战略目标。

一　重点调整出口贸易的阶段

这一阶段的战略目标是，实现出口贸易与进口贸易的平衡发展。这是当前我国转变外贸发展方式所处阶段的本质特征。

对外贸易的平衡发展并非单纯指出口与进口在规模上的平衡甚至相等，而是指出口与进口在较为公平合理的国内外经贸环境中实现的均衡发展。在不平等的国际贸易环境中，通过我国自身政策的调整，或约束出口，或扩大进口，所实现的贸易平衡，本质上是畸形的，是不符合国际资源的合理配置的。

在美国等发达国家放宽对华高技术产品出口的背景下，我国的进口将会有一个高速的发展；我国经济发展对全球能源的需求也会极大地推动进口规模的增长。新的国际贸易环境将改变我们对贸易顺差状况的基本判断，1000亿~2000亿美元的贸易顺差只是一个表象，将会很快被高技术产品进口和经济发展所需要的能源及资源产品的进口所吞噬。

我们所追求的应该是在一些具有标志性特征的国内外环境下实现的贸易平衡。

国际的标志性特征：第一，在相对较为公平的贸易环境中的平衡，即在影响贸易发展的重要变量上获得公平的国际环境，突破明显具有歧视性的贸易限制；第二，投资是影响贸易规模和贸易结构的一个重要参数，突破明显的投资歧视；第三，我国"入世"三大不利条款在制度层面上的消除。

国内的标志性特征：第一，消费、投资和贸易在拉动国民经济增长上的均衡分布；第二，产业结构调整不再主要受外部需求的引导，换言之，外向型经济在国民经济发展中的地位相对下降。

二 重点调整进口贸易的阶段

这一阶段的战略目标是，基本掌握统筹配置国内市场和资源、国际市场和资源的主导权，以适应我国国民经济发展的需要。

重点调整进口贸易的含义在于：在我国国民经济发展的过程中更有效地汇总和配置国际资源。因此，要掌握国际资源的话语权，在国际经贸制度框架中，如在世界贸易组织、世界银行、国际货币基金组织中确立相应的地位，在大宗商品的国际贸易体制中掌握有关贸易规则及价格的发言权。

我国产业结构的调整和升级需要国际技术的支撑，作为转变贸易发展方式进而转变经济发展方式的一个重要方面，技术进口（包括高新技术的进口和适用技术的引进）占据利用国际资源中的高端地位。

三 两个战略阶段的互动关系

（一） 出口方式转变与进口方式转变的互动关系

转变外贸发展方式的战略定位是推动我国从贸易大国向贸易强国发展。根据这一战略定位，转变外贸发展方式就需要分别推动出口方式的转变和进口方式的转变。

所谓出口方式的转变是指，立足国内产业结构调整的基础，实现出口贸易的发展，转变我国过度依赖劳动力资源优势、在资源和环境上付出巨大代价、片面追求出口规模的发展模式，从贸易大国的发展方式中走出来，代之以贸易强国的贸易发展模式。

所谓进口方式的转变是指，改变巨大贸易顺差所带来的国际经贸关系紧张的局面，实现进口在充分合理利用国际资源方面的积极作用，实现国民经济发展在国内外资源配置方面的积极作用。

在成为贸易大国的过程中，进口所扮演的角色，往往受到某种程度上的压制或压抑，因为进口的过度增长，会抵消出口规模的增长，即贸易大国的出口增长主要是以追求净出口的扩大为目标，而非进出口基本平衡条件下的出口规模增长。在这种导向下，进口对国民经济发展的作用无法得到充分发挥。

（二）出口方式和进口方式的转变与国民经济发展方式的互动关系

出口方式的转变与进口方式的转变，对我国走向贸易强国的贡献有所不同，前者更具有贸易大国的阶段性特征，后者更具有贸易强国的阶段性特征。

在出口方式的转变过程中，作为贸易平衡的重要因素之一，进口的增长主要以平衡贸易为目的，为出口发展方式转变提供良好的内外部条件；在进口方式的转变过程中，作为国内外两个市场与两种资源配置的重要因素之一，进口的发展内在于国民经济发展方式的转变，进口的增长要适应国民经济发展方式的特征。

（三）外贸发展方式转变的两个战略阶段对出口贸易与进口贸易有着不同的要求

第一个阶段的战略重心是，对外贸易要满足国民经济的发展需要，出口贸易作为经济增长的发动机，为经济增长提供国际市场空间。第二个阶段的战略重心是，对外贸易要适应国民经济的发展需要，进口贸易具有更为重要的作用，成为全面配置国内资源和国外资源、国内市场和国际市场的重要手段。

第三节　中国外贸发展方式转变的战略重点

一　进口与出口的平衡发展

转变外贸发展方式需要促进进口与出口的平衡发展，构建与贸易伙伴间的互利共赢格局。

进口与出口的平衡在新的外贸发展方式中有两个层次的含义：一是进口规模与出口规模的平衡发展；二是进口与出口在国民经济中均衡地发挥作用。

所谓进口规模与出口规模的平衡发展是指二者在发展的规模上保持大体的平衡，避免顺差和逆差的大起大落，长期的、大规模的顺差积累必然引起贸易伙伴间的摩擦，过度的逆差也会伤及自身经济的发展。进出口的大体平衡是在贸易中实现互利共赢的基础性条件。

所谓进口与出口在国民经济中均衡地发挥作用是指，国民经济的发展要从主要在数量上更多地依赖出口的增长，向注重从质量上依赖出口的结构优化、依赖进口的潜在作用转变，作为贸易强国更应该注重进口在国民经济发展中的作用。

二　注重资源的合理应用

转变外贸发展方式需要依据资源的国情，一方面实现国内资源的合理利用，另一方面在国内和国际两种资源间取得平衡。

曾几何时，农产品贸易议题悄悄地被各种资源（尤其是能源和矿产资源）的话语权所替代，正在成为国际经贸活动争夺的一个焦点。伴随着经济全球化的进程，出于对资源的战略考虑，发达国家正在把越来越多的制造业转移到发展中国家，发达国家投入的主要是与智力有关的要素，而消耗发展中国家的资源。当发展中国家资源出现短缺的时候，发达国家又通过以各种方式掌控的国际资源从发展中国家的制造过程中再一次分割利润。

我国是一个资源相对短缺的国家，在国民经济的高速发展中，对各种资源的需求很大。我国钢铁产量世界第一，不但消耗国内的，还需要进口大量的铁矿石；50%以上的石油需要进口。因此，对各种稀缺资源的合理利用，降低单位产值的能源消耗，提高资源的使用效率，是关系到我国国民经济和对外贸易可持续发展的关键。

就贸易本身来看，进口与出口对资源消耗的意义截然不同。一般说来，出口主要利用国内的资源，进口主要利用国际的资源。从贸易政策的作用方向和程度来看，一国利用国内资源的自主性较高，而利用国际资源的自主性较低，难度较大，对于我国来说，难度尤其大，因为一些发达国家通过所谓的"巴统"①和"瓦森纳协议"对我国进口高技术产品实行某种程度的限制。因此，从资源的合理利用来看，贸易政策的着重点尤其应该放在进口贸易的发展上。

三　注重环境的有效保护

环境因素成为贸易的关注焦点在乌拉圭回合谈判中表现得尤为突出。尽管当时大多数发展中国家反对把环境因素纳入谈判的议程，作为发达国家制约发展中国家发展本国经济和对外贸易的权利，然而，经济发展与对外贸易中的环境因素是一个无法回避的问题。从本质上讲，发展中国家所面临的环境问题完全不同于发达国家在贸易谈判中所主张的环境因素。

发展中国家的环境问题是国民经济与对外贸易发展的可持续性问题。发展本国经济和对外贸易不能以损害甚至破坏环境为代价，这种损害或破坏在很大程度上是由发达国家主导的国际分工以及国际产业转移所造成的。发达国家产业升级过程的一个重要方面就是把高度污染环境的产业或生产环节转移到发展中国家，由发展中国家承担环境污染的后果。

我国在利用外商直接投资、承接国际产业转移的过程中，必须不断调整外商投资的产业目录，同时严格管理国内企业生产经营行为对环境的负面影响，对所谓的"三高一低"企业进行规范，淘汰落后的技术和生产工艺。

---

① "巴黎统筹委员会"的简称。

四 寻求规模、结构与效益之间的平衡发展

转变外贸发展方式需要协调对外贸易的发展规模、结构与效益之间的互动关系，提升三者对国民经济中长期发展的推动力。

通过对外贸易的规模、结构和效益，发掘赢得国际市场的深层次因素，在生产成本与流通成本、出口价格与国际市场价格、决定一国产品国际竞争力的关键因素，即表现为一国产品的国际价值的社会劳动生产率上，解决我国外贸发展方式的转变路径。

通过贸易政策的调整管理国内资源在对外贸易的发展规模、结构及效益上的配置，创造有利于要素在实现外贸发展规模、结构和效益目标过程中流动的体制框架。

参考文献

冯雷：《中国新型外贸发展方式的战略研究》，《国际贸易论坛》2012 年秋季号。

冯雷：《新外贸发展方式的战略定位与战略重点》，中国社会科学院财经战略研究院《专报》2012 年第 8 期。

冯雷：《转变外贸发展方式的两个战略阶段》，中国社会科学院财经战略研究院《专报》2012 年第 26 期。

第四章
中国外贸发展战略转变

第一节　对外贸易发展战略类型

外贸战略是一种外贸发展的战略指导思想。外贸政策就是具体体现和实施战略思想的行动措施。外贸战略主要分为自由贸易战略和保护贸易战略两种常见的基本形态。刘军梅（2008）在这两种基本战略类型之外把公平贸易战略、双边贸易战略看作发达国家外贸战略的另外两种类型，并按照对贸易的鼓励程度划分发展中国家不同的贸易"赶超"战略。[①] 我们认为，外贸战略只有自由贸易战略和保护贸易战略这两种基本类型，其他外贸战略都是各国根据实际需要对贸易的自由开放或限制保护所取态度、思想的不同表达，都是两种基本战略的衍生类型，没有超出这两种基本类型的范围。因此，我们不能够把它的衍生种类与其并列看作新的战略类型。

自由贸易战略和政策依据传统自由市场竞争的贸易理论，是一种基于自由市场经济和传统常数回报、完全竞争的国际贸易模型，与政府干预和保护相对立。从古典自由市场学说到新自由主义，都强调市场自由，放松管制。自由贸易战略可以划分为独自自由贸易战略和协议自由贸易战略。只有处于世界产业最强、贸易地位最高的少数国家采取独自自由贸易战

---

① 刘军梅：《世界经济中的贸易战略与贸易政策：历史视角的国际比较》，《复旦学报》（社会科学版）2008 年第 5 期，第 58~65 页。

略，它只是自己采用自由贸易战略，不要求贸易伙伴采取同样的战略。协议自由贸易战略在当代最为流行，表现为多边自由贸易协议、区域自由贸易协议、双边自由贸易协议等。

近两个世纪以来世界贸易历史证明，自由贸易促进发展的思想植根于人们的心中，它是经验法则，无论贸易公平与否。最早实行工业化的发达国家长期鼓吹自由贸易占据世界市场。它们认为，自由贸易思想没有过时（Krugman，1987）[①]，依然是世界经济繁荣的基础，是人们不否认的最大公约，让各国避免贸易保护主义、贸易报复、贸易战、贸易遏制等行为。自由贸易能够使处于优势地位产业的发达国家进一步获得发展空间，使处于产业弱势的发展中国家出现贸易赤字，打击其工业、服务业，增加其失业人口，减少其国民收入和税收。实行自由贸易战略并不否认当政府运用干预能够带来巨大贸易利益时去做出适当政策努力获得这些贸易利益。例如，政府对不完全竞争产业的出口鼓励和支持可以使本国企业从外国企业获得经济租金，增强产业，增加就业和国民收入；政府面对外国的保护贸易会做出回应，减轻本国利益的损失（Irwin，1991）。[②] 处于强势的国家在自由贸易中获得更多利益；处于弱势的国家只能获得较少的利益。

绝大多数国家（包括发达国家、发展中国家以及最不发达国家）对外贸易战略和政策都是采取保护贸易战略的某种形式。保护主义贸易最初形式就是重商主义，后来演变为保护关税形式的幼稚产业保护贸易理论、超保护贸易理论以及战略性贸易理论、公平贸易理论。当今最常见的保护贸易理论就是公平贸易理论。

无论是发达国家还是发展中国家，都在不同程度和方式上采取保护幼稚产业和促进产业成长的保护关税或战略性贸易政策。发展中国家由于经济发展落后，在对外贸易中常常处于弱势，多数采取保护贸易战

① Krugman Paul R., "Is Free Trade Passe ?", *The Journal of Economic Perspectives*, Vol. 1, No. 2, 1987, pp. 131 – 144.

② Irwin Douglas A., "Retrospectives Challenges to Free Trade", *Journal of Economic Perspectives*, Vol. 5, No. 2, 1991, pp. 201 – 208.

略。为了让发达国家向自己开放市场，发展中国家多采取出口替代战略、进口替代战略和出口主导战略等战略类型，政府贸易管理采取鼓励出口、限制进口的政策。产业处于弱势的发展中国家本能地采取保护幼稚产业的关税和非关税措施，采取进口替代和出口导向战略，扶持和鼓励国内产业发展。

当前采取出口导向战略的发展中国家很多，但这种外贸战略并不完美，也有局限性。出口导向战略没有将成本效益、技术进步、产业发展、和谐贸易关系、贸易平衡等因素考虑到战略之中。出口导向战略可能导致经济增长过度受制于世界经济景气，导致反倾销等贸易摩擦频发、产能过剩、资源错配、环境恶化、贫困化增长和陷入"中等收入陷阱"，本国人没有享受到经济增长的多少益处。处于全球价值链低端的国家同时采取出口导向战略会使战略趋同，加剧世界市场恶性价格、数量竞争，贸易条件日益恶化，在国际贸易利益分配中处于不利地位，而且将出口补贴的好处送给了发达国家，增加了发展中国家的财政负担，加重了"二元经济结构"，拉大了贫富差距。

新古典经济学强调递增回报和不完全竞争的国际贸易模型，认为许多国际市场是不完全竞争的，公平贸易可以修正市场的不完美，纠正市场缺陷。经济学家们认为，市场不能自动解决一些问题，比如环境污染、收入不平等与贫穷、不同劳动标准的竞争前提等。所以，自由市场客观存在失灵，市场不能解决这些公平问题。因此，现代国际贸易已经不是一个完全自由竞争的市场，自由贸易战略和政策失去存在的前提条件。凯恩斯主义不仅强调自由市场体系，同时强调有管制的资本主义对于公共与私人之间的平衡，政府要提供公共产品，干预分配公平、生态环境、社会安全、教育卫生资源配置、人权、公正和可持续发展。凯恩斯主义学说更加强调以国家利益为由，通过出口补贴、进口配额、反倾销、反补贴、反垄断、非关税壁垒、绿色环保、人权、动物保护、气候变暖等对进出口贸易施加政府干预。许多国家的公平贸易机构不仅负责贸易救济，而且采取反垄断、反价格联盟等行为。然而，凯恩斯所提倡的对贸易的政府干预会引起贸易伙伴采取同样的动作阻碍贸易发展，其至会引起以邻为壑的贸易报复和贸易战等国际政治经济问题，而且会招来国内利益寻租集团或企业影响政府理性决断，难以判断政策损益，造成国内政治寻租和低效分配问题。

发达国家面对大量产业外移和业务外包的形势试图采取公平贸易战略，减缓产业流失速度，同时发展服务业对外贸易。工业衰落的发达国家同样采取贸易保护战略，虽不否认自由贸易思想，但推崇凯恩斯主义，采取攻守兼备的公平贸易战略，提倡贸易要对自身有利，有损于自身利益的贸易就是不公平贸易。目前西方最发达经济国家的对外经济已经走过了外贸扩张的阶段，进入了货物贸易守成、服务贸易扩张和对外直接投资勃兴的新阶段，战略上强调货物公平贸易、服务自由贸易和开放直接投资。

公平贸易、战略贸易就是对自由贸易的修正，它们建立在新古典贸易理论上，实质是保护贸易的两种表现形式。公平贸易就是一种基于对话、透明和尊重而寻求更大的国际贸易平等的伙伴关系，它已经成为一种社会运动和思潮，它通过向南方国家提供更好的贸易条件，确保被边缘化的生产者和工人的权益，对可持续发展做出贡献。公平贸易战略本意就是有意帮助被边缘化的生产者和工人从易受伤害地位转变到安全、自足状况，增强其生存能力，积极谋求国际贸易更大的平等。赖斯（Rice，2010）认为，公平贸易经常被看作一种对自由贸易的替代，减轻全球不平等和贫穷，比自由贸易更加有效地分配财富。[1] 韩德孙（Henderson，2008）却认为，公平贸易对落后国家商品支付一个溢价不是基于质量而是基于就业和其他条件，是不公平和反生产力的，消费者得到低质量商品，福利受到损害，对消费者和第三世界生产商的较好解决方案就是废除所有现存的贸易障碍。[2] 对（农业）生产补贴和（农产品）公平贸易的支持超越了市场的可持续性，都是不公正的。

① Rice Julie Steinkopf, "Free Trade, Fair Trade and Gender Inequality in Less Developed Countries", *Sustainable Development*, Volume 18, Issue 1, 2010, pp. 42-50.
② Henderson David R., "Fair Trade is Counterproductive - and Unfair", *Economic Affairs*, Vol. 28, Iusses 3, 2008, pp. 62-64.

　　自由贸易战略寻求确保完全实现自由贸易的经济利益。公平贸易战略寻求自由贸易利益与其他价值之间的平衡，不仅要贸易自由，而且要贸易公平。可是，贸易公平性的标准很有争议，学术上对公平与效率向来分歧很大。怎样才算贸易公平？发达国家虽然从自由贸易中获得经济利益，但面对自由贸易带来的产业转移、离岸外包、就业流失等伤害，也试图以公平贸易战略要求贸易伙伴降低竞争压力，提出把环境、劳动标准加入多边贸易谈判议题。

　　实际上，世界经济存在分工差异是贸易的前提，这种分工差异所带来的优势地位促进了贸易，贸易促进了价值和财富分配，这种价值分配是按照贸易实力和地位来划分的，不平等价值分配是由不平等经济地位决定的，这是客观存在的，贸易本身改变不了。要求贸易兼顾其道德性、社会公平性，增添了贸易的附加目标和附加价值，给本来障碍重重的贸易更大阻力。虽然贸易不能不讲道德性、公平性、社会责任性，例如反对毒品贸易，打击违禁品走私，但贸易的本性要求自由而不受其他阻碍，否则贸易就消失了，贸易的价值分配功能就失去了，这对社会经济的打击比自由贸易更大。公平贸易常常造成市场的扭曲和资源浪费非常严重，而且可能危害伙伴国的资源配置效率。

　　与出口主导型外贸战略相反，近年来进口主导或内需主导型外贸战略引起了一些学者（金柏松，2004；孔祥敏，2007；牛艳红，2007；傅毅夫，2009；孙玲、陶士贵，2009）的追捧。[1][2][3][4][5] 这种外贸战略也是对自由贸易战略的修正，而且强调进口扩张或进口导向激励，积极扩大进

①　金柏松：《向内需主导型过渡——适时调整我国开放式加外向型经济发展战略》，《国际贸易》2004 年第 12 期，第 9～13 页。
②　孔祥敏：《从出口导向到内需主导——中国外向型经济发展战略的反思及转变》，《山东大学学报》（哲学社会科学版）2007 年第 3 期，第 50～56 页。
③　牛艳红：《从出口导向到内需主导：我国外贸战略的调整》，《南昌高专学报》2007 年第 4 期（总第 71 期），第 29～31 页。
④　傅毅夫：《出口导向型经济向内需主导型经济转变的研究》，《中国商贸》2009 年第 9 期，第 171～172 页。
⑤　孙玲、陶士贵：《确立中国"进口导向"发展战略》，《全国商情（经济理论研究）》2009 年第 2 期，第 103～104 页。

口，减轻外汇储备资产过大的压力，改善对外宏观经济发展状况，优化产业结构，改善资源环境状况。

第二节 对外贸易发展战略选择的决定因素

一个国家外贸战略的选择会受到国内和国际两方面相关因素的制约。这些影响因素包括国内产业发展水平和实力、产业价值链地位及全球贸易地位、市场规模及发育水平、国际收支平衡状况等国内因素和主要贸易伙伴的战略和政策、国际贸易体制与政治环境等国际因素。

国内产业发展水平和实力决定着劳动生产力水平、产品国际竞争力和贸易优势地位，由此也决定产业价值链地位及全球贸易地位。一个国家产业发展水平越高，其产业分工在全球价值链中的地位越高，产业实力和国际竞争力越强，国际竞争优势越明显，其产业贸易在全球贸易中的地位也越高，可以采取更加开放和自由的贸易战略。反之，产业水平和分工地位较低，产业实力较弱，缺乏国际竞争力和竞争优势，就应采取更加防守和带有限制成分的贸易战略。大国贸易战略更多考虑产业发展和生产力提升，与小国贸易战略更加明显追求现实贸易利益不同。世界上大国崛起的历史事实无不证明，实体产业实力决定对外贸易实力，对外（货物与服务）贸易实力和地位决定贸易战略。产业落后，贸易地位低，就要采取带有保护主义色彩的保护贸易战略和政策。总体产业强盛，在世界贸易中地位高，就会对外推行自由贸易战略和自由贸易政策措施。

一个国家产业实力和贸易地位基本可以确定一个国家国际收支平衡状况。但是，产业实力强，在国际市场上竞争力未必强，贸易地位高未必不会遇到贸易伙伴采取严格的贸易壁垒，从而导致其国际收支状况恶化，这会促使这个国家改变贸易战略。国际收支平衡状况好，保持平衡或盈余，就会使其采取继续开放的自由贸易政策。国际收支状况恶化就会迫使它调整贸易战略，转而更加保守。

国内市场规模及发育水平对贸易战略的选择有重要的影响。当一个国家市场规模相对于贸易规模来说较为狭小，市场化、商品化程度不高，市场发育水平较低，贸易更多依赖国际市场，这样的国家就需要采取奖出限入的保护贸易战略。产业或地区间市场发育差异会引起对贸易政策的不同意见。市场开放程度低、市场封闭的产业或地区可能形成一个利益集团，与受益于开放的产业或地区所形成的其他利益集团展开政治利益迥异的贸易战略博弈。每种贸易战略和政策都会引起不同的政治声音。社会经济发展越不平衡，外贸战略和政策的分歧就会越明显。不同的政治团体会游说和倡导不同的贸易战略（Grossman and Helpman，1994）。[①] 当一个国家市场规模相当大，市场发育程度相当高，产业规模大，产业分工精细，对外贸易竞争力强，各种社会政治力量具有较为统一的对外开放诉求，这个国家就会采取更加开放的自由贸易战略。

一个国家外贸战略总要考虑与其贸易关系密切的伙伴所采取的贸易战略和政策。制定损害贸易伙伴的战略会招致伙伴的抵制和反制。如果主要贸易伙伴采取开放性高的自由贸易战略，各国自然会在贸易战略上与其他伙伴保持一致。如果一些贸易伙伴在自由贸易战略中没有得到好处，甚至损害了产业利益和贸易利益，这些国家可能会采取保护性更强的贸易战略，这种动作可能引起连锁的战略调整效应。

现有国际贸易体制与国际政治关系对贸易战略选择影响明显。国际贸易制度的供给与维护是外贸战略制定的重要外部环境因素。WTO 及其前身 GATT 是当今时代促进世界贸易的制度框架。这种多边贸易体制对成员和非成员贸易战略制定都有重要的制度环境约束。国际政治关系影响多边贸易体制、区域或双边贸易协议的谈判与实施情况。国际政治关系和谐会促进多边贸易协议谈判与实施，保持成员更大程度地采取自由贸易战略；国际政治关系不和谐会导致多边贸易体制谈判陷入僵持，各国贸易战略会带有浓烈的保护主义气息。

---

① Grossman, G. M. and E. Helpman, "Protection for Sale", *American Economic Review*, Vol. 84, No. 4, 1994, pp. 833 – 850.

第三节　中国外贸发展战略的历史轨迹

一　旧中国开放贸易战略归于失败

鸦片战争打破了中国几千年封建独立的对外贸易制度，开始演变为西方列强控制的带有半殖民地半封建性质的对外贸易体制，中国成为西方资本主义经济掠夺和控制下的附庸。1840 年英国通过鸦片战争打败大清帝国，1842 年迫使清政府签下中英《江宁条约》这一丧权辱国条约，割让香港，赔款 2100 万银元，开放广州、厦门、福州、宁波、上海五处通商口岸，准许英国在五处口岸派驻领事，中国海关税率由中英共同议定。次年英国又取得了在华建立租界的权利和"领事裁判权"以及单边的"最惠国待遇"。1856 年英国对华发动第二次鸦片战争，1858 年导致清政府与英国、法国、俄国、美国分别签署了《天津条约》，全面打开了中国对外的门户。1861 年中德签署《中德通商条约》；1898 年中德签署《胶澳租界条约》，将山东变成德国的势力范围。

1872 年日本入侵中国属国琉球，1874 年入侵中国领土台湾，还通过《北京专约》迫使清政府间接承认琉球为日本属国，并于 1879 年正式吞并琉球国，改设为日本的冲绳县。1894 年中日爆发甲午战争，中国战败签下《马关条约》，增开沙市、重庆、苏州、杭州为通商口岸，中国割让台湾岛及其附属岛屿、澎湖列岛与辽东半岛，赔偿日本 2 亿两白银。1931 年日本侵略了中国东北，1937 年"七七"事变后，日本又占领了中国沿海的大部分地区，日本操纵着东北和关内沦陷区的经济，把这些地方变成了它的殖民地和势力范围。

1851 年中俄签署《伊犁塔尔巴哈台通商章程》，1858 年签署《天津条约》，1860 签署《北京条约》，1881 年签署《伊犁条约》，1898 年签署《中俄旅大租地条约》和《续订旅大租地条约》，1911 年签署《满洲里界约》，1915 年签署《中俄蒙协约》，俄罗斯一步步夺取在华特权，侵占中国领土，分割中国。

民国时期美国和国民党政府缔结了所谓"友好通商条约""航空协定""船坞协定""双边协定"，美国在华一步步掠夺了土地权、驻军权、领空权、领海权、内河航行权、设厂权、油矿权、农业经营权和贸易上的优惠权等。美国作为后起的帝国主义国家一直觊觎着在华贸易、经济和政治特权。在国民党战败退守台湾之后，美国不仅与当时苏联共产主义阵营对垒支持台湾和制造台湾海峡两岸长期对峙状况，对大陆进行贸易禁运，而且妄图恢复对华殖民统治，在中国周边接连发动了朝鲜战争和越南战争，继续扩大包括菲律宾在内的亚洲殖民地版图。美国学老殖民帝国的做法都没有成功，后来，美国就改变了策略，采用更加隐蔽的新殖民方式，即接触和贸易遏制战略①，从而从对华贸易中攫取更大的巨额利益。

在一系列丧权辱国条约下列强在华划分殖民地和势力范围，旧中国全面沦为列强的半殖民地，丧失外贸管理和关税自主权，中华大地满目疮痍，四处"流血"。列强掠夺和奴役中国的主要经济目的就是通过不平等贸易从中国攫取最大利益。西方列强对华不平等贸易一方面体现在买办低价收购中国资源性产品、初级产品输出，另一方面又表现为外国商品不受限制地对华倾销。外国侵略者与中国封建主义和官僚资本相勾结，把中国变成了一个四分五裂的半殖民地半封建的贫弱国家。

洋务运动和资产阶级"实业救国"一定程度上促进了工商业和对外贸易发展。可是，西方殖民国家控制海关、口岸、租界、洋行、领事裁判权等对外贸易体系，导致中国失去外贸自主性、独立性。清政府、北洋军阀政府和南京国民政府面对列强入侵、军阀割据和长期持续战争动荡暴露出无能、贪腐和软弱，甚至连海关自主权都讨不回来，国门洞开。旧中国对外贸易带有明显的半殖民地性质，中国国内市场不断开放直至毫无保护，各国商品和资本潮水般涌入中国市场，成为洋货倾销地，对外贸易发展所需要的自主稳定的政治、经济和安全条件从来没有出现，造成外贸严重入

---

① 宫旭平：《近年来国内关于美国对华经济遏制史研究述评》，《世界历史》2005 年第 1 期，第 102～108 页。

超，财富大量外流，产业资金不足，幼稚产业没有成长的市场空间，打击和削弱了中国民族工业的成长与发展。19世纪70年代起至1949年间中国出现超过70多年的贸易逆差，失去19世纪70年代之前对外贸易一直处于贸易顺差的地位，国力日益衰弱。当时中国对外贸易的发展虽然发挥推动经济发展的一定作用，但这种殖民地贸易对现代产业资本积累、幼稚产业成长和技术进步却是致命打击，实际上没有真正帮助经济恢复和发展。

第二次世界大战结束后，南京国民政府曾主张开放贸易，参与建设国际贸易组织，签署《关贸总协定》，但开放贸易政策最终失败。旧中国对外贸易没有系统的国家战略可言，隐约混杂着出口替代和进口替代战略，那只是存在于理论探讨中，现实中从来没有政府主观上积极实施过有意义的外贸战略。

二　新中国改革开放之前采取进口替代战略是当时国际政治环境的结果

新中国成立之后，国家政治上得到独立，废除了一切不平等条约，新中国对外经济贸易关系发生了历史性的变化，真正掌握了国家对外贸易主权，要求建立平等互利的经贸关系。但是，新中国经济受到西方国家的围堵、封锁和遏制，而且日益走上封闭、集中的计划经济道路。国务院设立中央贸易部对外统制贸易，没收国民党政府和官僚资本的外贸企业，改造私营外贸企业，确立国有外贸的统制地位，制定"互通有无、调剂余缺"的对外贸易方针，实行对外贸易发展次序政策，优先发展与苏联、东欧等社会主义国家间的贸易往来，粉碎西方的贸易禁运；发展与非帝国主义国家，特别是亚非拉地区发展中国家间的贸易关系；与西欧、美国、日本等发达国家开展贸易关系；积极争取苏联援助和开展对亚非拉地区发展中国家的援助，既促进了国民经济恢复发展，又增进了国际友谊，冲破了西方的贸易遏制与封锁，跻身世界政治舞台，重返联合国。

截至1957年，中国与世界上82个国家建立贸易关系，其中与24个国家签订政府间贸易协议，外贸取得了快速发展。1957年，外贸进出口额达到 31.03 亿美元，比 1950 年进出口总额 11.35 亿美元增加了 1.73 倍，外贸在世界贸易中的占比由 1950 年的 0.95% 增加到 1957 年的 1.85%。1958 年，外贸进出口发展也出现"大跃进"，规模达到 38.71 亿美元；1959 年，继续这种增长势头，达到 43.81 亿美元。"大跃进"、人民公社、浮夸风、宏观治理紊乱和中苏关系破裂等因素叠加造成 1960～1962 年外贸出现大滑坡，1963～1965 年外贸才开始逐渐回升。1966 年开始的"文化大革命"严重影响外贸发展。1971 年中国恢复在联合国的地位，1972 年先后与日本、联邦德国、美国建立外交关系，外交取得突破，在一定程度上促进了外贸发展。

由于坚持"独立自主、自力更生"经济政策，对外贸易在经济中不占重要地位，外贸只是社会主义计划经济扩大再生产的补充手段，外贸活动由自主生产和供应的余缺决定进口或出口，外贸发展受到很大的限制，对外贸易战略近乎是极端的进口替代战略。这种战略是当时国际和国内经济环境与条件决定的，虽然对经济发展和工业化发展做出一定的积极贡献，但是它抑制了对外贸易发展速度，降低了生产力提高和经济发展速度。

三　中国改革开放之后出口创汇和出口导向战略取得成功

1978 年中央召开十一届三中全会，做出改革开放的重大决策，把经济作为工作重心。外贸体制改革主要表现为逐步减少指令性计划控制，增加地方外贸自主权。经过 20 世纪 80 年代初的改革，具有外贸经营权的企业数目从原有的 12 家国有专业外贸公司扩展到数千家。在改革开放初期，国民经济近于崩溃，国际收支状况恶化，外汇短缺，迫切需要在出口方面采取鼓励出口创汇的外贸发展战略和政策，提高国家对外支付的能力。

虽然外贸计划控制比例下降，但是 1992 年之前中国进口关税和非关税壁垒一直较高，没有降低，仍存在相当程度的进口替代政策。外贸政策调整为在自力更生基础上积极发展同世界各国平等互利的经济合作关系，利用两种资源，打开两个市场，努力采用国际先进技术和先进设备。随着我国探索有计划的商品经济和社会主义市场经济体制，外贸管理体制改革逐步深化，双边经贸合作关系不断取得进展，对外贸易伙伴不断增加，并积极努力重新加入《关贸总协定》，营造日益开放的国内国际环境，保持良好的外贸增长势头，外贸结构日益改善，外贸创汇取得巨大成就。

随着我国改革开放的逐步深入，特别是1992年邓小平南方谈话，促进了经济体制改革与对外开放。此后我国大幅度削减关税，减少非关税措施，扩大开放范围，加快引进外资步伐，加强知识产权保护。1993年11月11～14日，中共召开十四届三中全会，通过了《中共中央关于建立社会主义市场经济体制若干问题的决定》，提出建立社会主义市场经济体制，使市场在国家宏观调控下对资源配置起基础性作用，深化对外经济体制改革，进一步扩大对外开放。到20世纪90年代中后期，中国市场商品供应短缺状况基本扭转，开始从短缺型经济向基本供求平衡或过剩型经济转变。

国家先后设立经济特区、沿海开放城市、经济开发区、高新技术产业园区、文化产业园区、保税区、仓储加工区、自由贸易试验区等多层次、多种形式的对外开放格局，赋予更加开放、更加灵活的政策。截至2013年，我国实际吸引外资超过1.3万亿美元，外商投资企业和加工贸易企业在工业和外贸发展中发挥了重要的带动作用。在大力引进外资、外国技术设备和外国经营管理经验及方法的基础上，中国多种所有制企业迸发出生机活力，中国制造业在"人口红利"带来的成本比较优势下得到迅猛发展，物美价廉的商品披荆斩棘地开拓一个个国际市场，逐渐占据相当份额的世界市场。

2001年，中国正式被重新接纳为WTO成员，关税和非关税壁垒做出重大减让，积极参与和推动多哈回合谈判进程，有力地推动中国对外贸易自由化。中国实施自由贸易区战略，与东盟等一系列经济体和国家签署自由贸易区协议，先后加入APEC、20国集团、金砖国家等国际经济组织，推动南南合作，积极参与全球经济治理体系改革和建设。

改革开放30余年来，中国外贸战略逐步从进口替代战略与出口创汇战略并存过渡到出口导向战略。中国鼓励和扶持出口的出口导向战略具有本国特色，不同于日本采取的出口导向战略，日本一向严格限制外国直接投资企业准入。中国虽然对进口产品仍实行关税壁垒和非关税措施，但是已不限制外商直接投资，而且近似不顾代价地鼓励吸引外商直接投资。

改革开放以来我国外贸取得了巨大的成就。2012 年中国已经成为货物贸易第一大国，2013 年进一步巩固这个地位。1978 年，中国货物进出口总额只有 206 亿美元，在世界货物贸易中排名第 32 位，所占比重不足 1%。据海关统计，2013 年，中国货物进出口总额为 41603.3 亿美元，扣除汇率因素比上年同期增长 7.6%，比上年增速提高 1.4 个百分点，比 1978 年增长了 200 倍。2013 年，货物进出口总额首次突破 4 万亿美元的大关，35 年里从第 32 位上升到第 1 位是一个不平凡的足迹。据商务部统计，2013 年，中国服务进出口总值为 5396.4 亿美元，比上年同期增长 14.7%，比上年增速提高 2.4 个百分点，比 1982 年服务进出口总额 45.3 亿美元增长了 118 倍。

由此可见，中国出口导向战略取得了显著成就，扩大了产品国际市场，积累了产业资本，引进了先进技术，进口了生产生活所需的资源、原材料、机械设备、消费品等，积累了大量外汇储备资产，改善了产业结构，增强了产业竞争力，推动经济长期快速、持续、稳定发展。需要指出的是，虽然中国对外贸易取得了巨大进步，但是中国外贸不平等关系没有根本改变，外贸在全球价值链中的地位仍较低，价值分配的份额偏低。无论从贸易的价值链增加值统计，还是从所有权贸易统计角度看，中国货物外贸规模仍不能算作第一大国，或者说有点勉强。同时我们应当看到，我国出口导向战略也产生了一系列宏观经济问题，难以持续下去，已经到了战略转型的时候了。

第四节　当前中国外贸发展战略要转变为自由贸易战略

世上没有永恒适用的贸易战略和政策。只有根据自身发展需要不断调整的能够促进自身发展的政策，才是科学的贸易战略和政策。历史经验发现，世界主要经济贸易强国崛起与有效的成功贸易战略都是由各国所处不同历史时期的不同发展阶段上的社会经济条件决定的。超越历史阶段的社会经济条件限制的贸易战略没有成功的先例。

　　我国是从一个工业落后的发展中国家一步一步走过来的。新中国成立65年以来，曾经历过初级产品出口战略、出口替代战略、进口替代战略、出口导向战略等一系列战略阶段。目前我国"出口导向型"对外贸易是现有国际分工和世界市场机制共同作用的结果（金京、戴翔，2013）。[①]尽管目前我国实行的出口导向外贸战略取得了一定的成就，但是为此付出的代价和成本较高，造成资源过度消耗、环境污染、宏观经济失衡和国际贸易摩擦频发，不利于我国经济可持续发展。2012年中国货物进出口总额已经超过美国，成为世界货物贸易第一大国，2013年中国进一步巩固了这一地位，已经引起竞争者的担忧和纠结。中国外贸在世界贸易中的地位变了，贸易伙伴对中国的期待和要求也会随之而变，要求中国做出更多的贡献和让步。因此，中国一直沿用至今的外贸战略需要适时转型，而且我们面临的贸易对抗、摩擦损害我们的贸易利益和国家形象。从目前我国外贸形势来看，过去20年发展中国家通过出口廉价产品支撑经济增长所采取的出口导向外贸战略日益不合时宜，已经导致严重的"两高一资"和产能过剩问题，不适应内陆地区社会经济发展（张鸿，2005）[②]和多元平衡发展的现实需要，必须转变外贸发展战略和发展方式。

　　作为世界第二大经济体，中国经济和国际贸易地位发生了变化，贸易优势明显，能够保持经常账户盈余，拥有大规模外汇储备，具备转变贸易战略的条件，具备放弃目前采取的"出口导向战略"的条件。中国在世界经济中的地位在变化，在世界贸易与投资中的地位也在变化，正在从一个发展中国家向发达经济国家转变。当前中国正处于走向中等发达直至发达国家的道路之上。中国对外贸易、投资、经济技术合作相对其他发展中国家具有成本、效率、技术、人才等多种综合优势，与其他发达国家之间的优势差距缩小，竞争力地位逐步拉平，甚至已经赶超。因而我国外贸战略需要调整到与当今发达国家所采取的外贸战略相似或一致的战略上来，我国外贸政策、立场和做法也要随之而变。所以，新形势下中国对外贸易

---

　　① 金京、戴翔：《国际分工演进与我国开放型经济战略选择》，《经济管理》2013年第2期，第1～11页。

　　② 张鸿：《关于中国对外贸易战略调整的思考》，《国际贸易》2005年第9期，第4～9页。

战略到了做相应调整的时刻，应选择多元平衡的自由贸易战略。

此前我国学者提出过多种外贸发展战略，比如进口替代战略、比较优势战略、出口导向战略等。这些作为一个发展中国家所采用的外贸战略或多或少发挥过一定的历史效果。关于当前中国外贸战略究竟如何选择，许多学者也曾提出过多种战略，比如内需导向战略、竞争优势战略、科技兴贸战略、市场主导的非对称出口促进战略（李春顶，2009）[1] 等。我们认为，当前中国外贸发展兼有多种优势，既不必要强调出口优先地位、出口促进或出口刺激，更不能忽视进口重要地位，外需与内需对经济增长同样重要，外贸多元平衡发展具有重要现实意义，不必继续追求贸易顺差，多元平衡的自由贸易战略符合当前现实需要。

目前欧、美、日外贸战略全面倾向于贸易保护主义，但它们都不反对自由贸易政策，更加强调对自身利益保护的公平贸易原则。中国作为后起国家，要打开国际市场就需要反对贸易保护主义，要求外国开放市场就要自己先开放市场，倡导自由贸易。我国与欧、美、日的情况完全不同，不应跟随欧、美、日搞所谓对等的公平贸易战略。我国积极支持以 WTO 为代表的多边自由贸易体系，我国领导人多次在国际场合反对贸易投资保护主义，主张互利共赢与平衡和包容增长。所以，依据国际经验和本国国情，中国对外经贸应采取多元平衡的自由贸易战略。

当前我国不具备搞欧美的公平贸易战略的基础条件。第一，欧美关于劳工标准等市场体制机制，在我国的条件下仍不成熟，无法要求贸易伙伴按照国际劳工标准开展国际竞争。第二，欧美市场内需很大，大多数发展中国家依赖欧美出口市场带动经济增长，欧美发出的贸易制裁要求具有威慑力。第三，欧美许多制造业因内部生产成本偏高而通过直接投资进行国际产业转移，欧美制造业流失和空心化严重，产业竞争处于守势，希望借助公平贸易战略攻击外国贸易伙伴的不公平贸易，以达到保护国内制造业的目的。我国与欧美情况不同，我国制造业处于上升

---

[1]　李春顶：《中国外贸发展战略调整与政策选择——来自新－新贸易理论的启示》，《当代经济研究》2009 年第 8 期，第 47～51 页。

期，要求拓展国际市场空间而不是为了保护国内产业。所以，当前我国外贸不会选择公平贸易战略，而应选择自由贸易战略，既不要求出口扩张，也不必保护国内市场。

早前在学术界就有声音提出中国要像美国那样采取内需主导型外贸战略，以内需扩张拉动经济增长，主张取消政府干预外贸，完全由市场机制形成贸易流动力量，而且通过进口扩张形成一定的经常账户赤字，减少外汇资产储备，推动人民币进入国际市场，成为主要世界货币。

美国采取内需主导型外贸战略，让世界上许多国家经济依赖美国市场而维持增长，其可持续性的条件是成熟完善的市场机制、存在"美元霸权"和大规模海外投资收益足以长期平衡经常账户赤字。在美国没有掌握世界经济霸权之前，贸易保护主义一直是美国崛起的秘诀；在美国掌握世界经济霸权之后，美国学派坚持的保护主义思想依然变换成不同表现形式的保护贸易政策。今天美国成熟完善的市场机制能够确保资源优化配置，正常市场机制下没有大规模失业劳动力和闲置资金，市场机制具有充足的调节能力，无须政府贸易政策过分干预，但政府时刻都在护卫着美国利益。正是由于"美元霸权"地位，美国大规模印刷和发行的美元才能从世界各国无所顾忌地购买或进口商品、服务及技术等，因而才可以采取进口扩张的内需主导型外贸战略。美元世界第一货币的霸权地位是由美国高度发达的丰满的产业体系、开放的金融与贸易投资市场体系、长期可预期的稳定政治体系及强大的国家安全体系综合保障的。同时，美国在全球的国际投资效率高，投资规模大，国际投资收益远远超过外国资本从美国市场投资获得的收益，每年美国国际资本平衡都获得巨大的国际投资收益盈余。从长期来看，美国国际资本收益盈余要能够覆盖经常贸易赤字，才能保持经济可持续。但是，实际上美国经常贸易的过大赤字增加了以国际资本收入盈余平衡整个国际收支的难度。为此，美国凭借国际金融中心的地位从世界各国外汇储备资金中廉价融资，提高国家财务杠杆率，扩大在全球的直接投资和证券投资规模，获取巨大的投资收益与融资成本之间的差价收益。

然而，中国不具备实行内需主导型外贸战略的基本经济条件。首先，中国市场机制调节能力较弱，政府在资源配置中发挥较大作用，存在大规模劳动力处于不同程度的失业、半就业之中，资本匮乏和资金闲置同时并存。假如国家从出口主导型外贸战略转换到内需主导型外贸战略上来，不仅面临贸易逆差、货币贬值、资金外逃的严峻国际收支问题，而且会出现大规模劳动力失业、经济增长下滑和财税锐减等宏观经济问题。其次，我国金融产业结构不合理，金融制度不完善，金融体系不健全，没有建立世界一流的国际金融中心，人民币没有成为世界第一货币。而且当前人民币的货币主权独立性遭受美元霸权的控制，中国经济深陷"美元霸权"的陷阱，"美元霸权"在某种程度上削弱了我国货币的主权和独立性（贾根良，2012）。[①] 人民币与美元完全隔离和脱钩是不现实的，但人民币必须走向世界，参与全球化竞争与分工。当前我国与主要贸易伙伴开展本币互换，减少贸易结算对美元的依赖，逐步扩大人民币贸易结算，同时建立人民币离岸金融中心，是正确的人民币国际化道路。在人民币没有成为世界第一货币之前，我国外贸战略都不能一下子跨越到内需主导型外贸战略上来，否则战略不会成功，只有失败。最后，我国海外直接投资规模相对较小，投资效益不高，投资效率相对较低；相反，外国在华投资效益较好，投资效率较高。当前我国国际资本收益平衡难以承受覆盖大规模经常贸易赤字的压力。保持经常贸易略有盈余或基本平衡是一个长期任务。在我国国际资本收益盈余不能够覆盖经常贸易赤字之前，我国不具有实施进口扩张的内需主导型战略所要求的以国际资本收益盈余弥补经常贸易赤字的支付能力的可持续性。

可见，多元平衡的自由贸易战略应当是今后几十年中国必须坚守的贸易战略，绝不可以跳跃到超越我国经济贸易发展条件的进口扩张的内需主导型外贸战略上去。目前我国照搬美国发展模式只有失败。实际上世界大国中只有美国在"美元霸权"支撑下岌岌可危地采用进口扩张战略的模式，但它也在千方百计缩小贸易赤字，通过再产业化、购买国货政策改变贸易失衡的不利影响。中国作为后起的经济大国，工业化、信

---

① 贾根良：《美国学派与美国内需主导型发展道路的借鉴研究（专题讨论）》，《学习与探索》2012 年第 12 期，第 81~87 页。

息化发展水平较低，工业发展高度不够，工业基础也不够坚实。未来半个世纪我国仍要坚持不懈地走工业化道路，不走西方工业化空心之后再工业化的老路。发展工业化是我国实行多元平衡的自由贸易战略的基础，是保障国家安全的基础。

第五节　中国自由贸易战略内涵

改革开放以来，我国外贸战略逐步从进口替代战略转型到出口创汇和出口导向战略上来，我国外贸发展取得了巨大的成就，成为货物贸易第一大国。但是我国的出口导向战略也产生了一系列宏观经济问题，难以继续下去，已经到了战略转型的时候了。随着我国外贸发展日益以市场机制在资源配置中起决定性作用，减少政府对外贸发展的不合理干预和负面影响，我国外贸发展战略需要适时转型到追求多元平衡的自由贸易新战略上来，突出贸易自由、开放、平衡、可持续发展的特色。世界形势需要我国采取自由贸易新战略，向世界更加开放市场，减少世界贸易竞争溅起的火花，缓和世界局势，促进世界经济平稳恢复。

一　自由贸易战略目标是成为贸易强国

中国所采取的多元平衡的自由贸易战略不完全是独自自由贸易战略，也不是协议自由贸易战略，而是根据发展需要自主逐步提高开放程度的自由贸易战略，它不要求贸易伙伴的对等条件，它会积极通过多边、双边自由贸易协议推进贸易自由化进程。

自由贸易战略的目标是多元的，比如促进长期稳定可持续经济增长，高水平就业，促进产业高端化，促进多种贸易结构的综合平衡，促进科技进步和文化繁荣，成为贸易强国，增进国民福祉。

贸易强国是相对于贸易大国的概念。贸易强国是一个战略目标。贸易强国带有一系列特征，包括产业经济技术水平高、产业国际竞争力强、产品价值分配能力强、由跨国公司掌握的全球贸易控制力强、贸易规则和技术标准制定的影响力大等。

实现贸易强国是一个长期战略目标。这种实现贸易强国战略目标路径完全不同于过去实现贸易大国的出口导向战略路径，将着力依靠转变经济发展方式，发挥技术创新和品牌声誉对贸易竞争力的关键性作用，提高出口产品的技术和品牌附加值，大力发展中国跨国公司并带动贸易渠道建设，制定技术标准和贸易规则，规避贸易摩擦风险等能力。

二 实行自由贸易战略的措施

（一）深化市场和外贸体制改革，扩大对外开放，促进对外贸易多元平衡增长

与自由贸易战略要求相适应，中国市场体制和外贸宏观管理体制都必须做深刻的改革，进一步推进外贸自由化，扩大对外开放。市场体制改革将促使汇率、利率、土地资源价格、劳动工资、资本回报率更加取决于市场形成；促使税率、补贴的制定更加公平、透明；加快知识产权制度、劳动标准、政府采购、环境标准等与市场体制相关领域改革，早日与国际水准接轨。同时，国家要加快外贸、外资管理体制改革，把发改委管理的外贸、外资工作统一归口到商务部负责，减少部门间掣肘、沟通和协调成本，加强上海自由贸易试验区改革成效与问题的总结分析，把负面清单管理模式在有关涉外宏观管理上推广应用，促进对外开放，加快建立基于市场机制的政府外经贸管理体制和服务支持体系，给外经贸发展提供更大的自由空间，促进外贸发展方式的逐步转变。

加快转变外贸发展方式，推动外贸发展从规模扩张向质量效益提高转变，从成本优势向综合竞争优势转变。优化外贸结构，继续稳定和拓展外需，提升劳动密集型出口产品质量和档次，着力扩大机电产品和高新技术产品出口；加速进口增长，特别是要扩大国内没有的外国成熟实用技术、

软件、书籍、技术装备进口和专利技术许可，适度扩大消费品进口，促进进口来源地多元化，简化进口管理和进口付汇手续，完善进口促进体系，提高进口便利化程度，调降能源原材料、关键零部件、部分生活消费品进口关税，清理进口环节不合理收费和不合理限制，完善进口商品质量安全风险预警与快速反应监管体系。采取政策措施抑制顺差过快增长，努力缩小贸易顺差规模，保持外贸进出口基本平衡。继续提高一般贸易比重，促进加工贸易转型升级，促进加工贸易从组装加工向研发、设计、核心元器件制造、物流等环节拓展，延长国内增值链条，限制高耗能、高污染和资源性商品的出口。继续保持边境贸易增长势头。重视和促进国际电子贸易。大力发展服务贸易，优化服务贸易和引进外资结构，推动服务贸易扩规模、上水平、增效益。另外，外贸结构调整的工作重点之一是优化外贸国际市场布局和国内区域布局，推进外贸产业基地、贸易平台和国际营销网络建设。

外贸发展不能只看到外贸这一个领域，要放眼更宽广的领域，立体地看待事物之间的联系，要把功夫下在外贸之外，运用贸易之外的手段解决贸易问题。我们不仅要推进国内市场开放，特别是更多服务领域的开放，引进外国跨国公司来华投资，同时要重视促进对外直接投资，更加依靠对外直接投资和海外跨国公司推动外贸发展，发展外贸融资、保险和国际消费信贷。在提高利用外资质量基础上，我国将着力发挥好海外投资的五大功能：第一，开展境外技术研发投资合作，投资和收购海外战略资产；第二，开展国际能源资源开发合作，确保能源资源进口满足国内需求；第三，发展我国大型跨国公司，创建国际营销网络和知名品牌，打造国内国际安全、顺畅、可控的一体化流通渠道；第四，扩大海外农业、制造业和加工装配业国际投资与合作，带动国内高附加值中间品和装备出口；第五，扩大海外服务业投资，开展海外大型项目建设、工程承包和劳务合作，带动人员、资金、技术、产品输出。这样才能够形成货物贸易进口与出口之间、服务贸易进口与出口之间、技术进口与出口之间、外资流入与中资流出之间的多元平衡局面。

（二）　推动多边贸易体系健康发展，构建全方位互利合作的经贸关系

中国全面崛起和繁荣不仅取决于国内全面改革开放，走向全面自由、民主、公正与法治，更取决于致力于推动全球经济、政治与外交的自由、合作、融合的努力，推动世界持久和平与繁荣。

WTO 在当今世界贸易中占据主导地位，它是推动世界贸易自由化的平台。WTO 所有成员通过对等或交换协议达成某种承诺的贸易自由和市场开放，各国采取有限的自由贸易政策，而非传统意义的独自自由贸易。WTO 是当今世界自由贸易的多边平台，是历史发展的伟大成果，要继承和继续发展这项历史成果。

中国加入 WTO 以来，一直是一个负责任的成员，对 WTO 做出积极贡献。中国从加入 WTO 中获得了利益。但是经过加入 WTO 十几年来的发展，中国从中获得的贸易利益开始日益递减。中国作为多边贸易体制的受益方，作为货物贸易大国，要继续重视多边贸易体制和 WTO 平台的价值，坚定其未来不可替代的前景。

当前以美国为首的西方国家开始转向搞更高层次的小集团贸易平台，加紧推动美国主导的区域一体化或自由贸易区协议。虽然它们没有完全抛弃 WTO，但它们认识到不可能继续完全操控 WTO 事务，难以得到它们想要的 WTO 新协议，它们对此前景不看好。

中国要在全球倡导和推行自由贸易战略就必须发挥 WTO 谈判、改革转型的领导力，推动 WTO 继续发挥活力，成为全球自由贸易与投资的平台。中国要深入参与和推动世界贸易组织多哈回合谈判，努力维护多边贸易体制的权威性，兼顾和平衡各方利益，在世界贸易组织规则和体制内，利用多双边渠道，通过对话、协商和谈判来解决争议。在 WTO 谈判上，中国在大体平衡权利与义务基础上，可以把眼光放长远，做出一些非根本性的让步，推动谈判取得实质性进展。

（三）　加快实施自由贸易区战略，促进国际经济合作

中国十分重视双边和区域经贸合作的机制化建设。目前与中国签订双

边贸易协定或经济合作协定的国家和地区已超过 150 个。截至 2013 年底，中国进行了 18 个自由贸易安排或紧密经贸关系安排谈判，签订和实施了 12 个自由贸易协定或紧密经贸关系安排（包括与东盟、巴基斯坦、智利、新加坡、新西兰、冰岛、瑞士、秘鲁、哥斯达黎加、中国香港、中国澳门、中国台湾），贸易份额占到我国外贸总额的 1/4 以上，正在进行的自由贸易协定谈判还有 6 个。中国正加快实施多层次、多样化自由贸易区战略，大力推动中韩、中日韩自贸区和区域全面经济伙伴关系协定（RCEP）谈判，积极倡议打造中国 – 东盟自贸区"升级版"，推动丝绸之路经济带和 21 世纪海上丝绸之路建设。

中国与发达国家贸易持续稳定增长，实现了优势互补和互惠互利。中国与美、欧、日、英、俄等主要经济体均建立和保持着经济高层对话机制，探讨与美国达成投资保护协议以及加入 TPP 协议的可能性，与欧盟讨论建立双边自由贸易区的可行性。TPP 是美国在世界大国贸易关系中博弈的新杠杆。美国在亚太推行 TPP 的战略目的是引发多米诺效应，吸引除中国大陆和台湾地区外的所有亚太成员参与。这样的多米诺结果是不确定的。美国可能放弃 WTO 的努力，希望借 TPP 重新确立在亚太的地位，开启瓜分世界贸易体系的进程，或者以 TPP 为杠杆施压中国、欧盟在多哈回合谈判中满足美国要求。目前 TPP 成员对美国外贸市场准入来说不具有经济上的显著效果。美国输往与美国具有双边自由贸易区协议和 TPP 协议地区的出口量仅占整个出口量的 6.2%，对韩国的出口就占到这个比例的一半以上，8 个 TPP 伙伴中 4 个国家已经与美国签署自由贸易区协议。美国在双边自由贸易区谈判中取得的成果并不领先，相比欧盟、日本、中国而言没有体现出优势。双边谈判达成更高水平的自由贸易区协议成本高昂，时间冗长，效率并不高。21 世纪以来，国际投资自由化比国际贸易自由化更有吸引力，关税减让谈判似乎不那么重要。可以说 TPP 命运极不确定。

中国积极参与亚太经济合作组织、东盟与中日韩（10 + 3）领导人会议、东亚峰会、中非合作论坛、中拉合作论坛、大湄公河次区域经济合作、中亚区域经济合作、"大图们倡议"等区域和次区域经济合作机制。

中国与周边国家和地区建立和发展多种形式的边境经济贸易合作，继续加强国际市场多元化、多层次化努力，与新兴市场和发展中国家贸易增长强劲，重视高端消费群的市场开拓，同时不应小看海洋岛屿国家、小国、穷国的长期市场需求潜力和贸易利益。

呼应对周边国家外交政策转变，中国要调整对邻国外经贸政策，在促进双边贸易继续增长的前提下努力缩小对周边邻国的顺差规模，促进双边贸易平衡增长。虽然中国单方面无法改变贸易平衡关系，但可以对邻国更大开放市场，让邻国优势产品更大规模准入，扩大从邻国进口，满足内需。由于中国产品具有超强竞争力，中国与许多贸易伙伴谈判达成自由贸易区协议的难度加大，我们在一个过渡期内应该给伙伴国更多让步。

当今世界少数强国极力在世界贸易规则制定和博弈中强调自身利益，制定只适合自身利益诉求的全球贸易秩序，限制他国发展利益。中国等大多数发展中国家不希望世界贸易规则过分拔高，那样不利于落后经济体的发展。可是，欧、美则希望把贸易规则制定到与其经济发展水平相一致的标准上，限制落后国家经贸发展和追赶。一些贸易强国正在世界市场上拉帮结派，跑马圈地，试图瓜分和割裂全球市场，经营自己的自留地和后花园，增强在世界市场上展开竞争的主导权和话语权。

我国要积极推动建立国际经济新秩序，既保持稳定传承，又注重新制度、新机制、新平台的建设与改革，重塑国际经济新秩序，促进国际经济秩序朝着更加公正合理的方向发展。通过 20 国集团、亚太经合组织、金砖国家、上合组织等机制，积极推动全球经济治理机制完善，推动国际金融体系改革，促进国际货币体系合理化，积极参与国际规则和标准的修订制定，推动建立均衡、普惠、共赢的多边贸易体制，反对各种形式的保护主义，防止个别国家破坏世界市场的整体性，独霸或瓜分世界市场。

三　中国自由贸易战略特色

中国外贸要适时转变到自由贸易战略上，突出贸易自由、开放、平衡、可持续发展的特色。中国将进一步扩大开放，以开放促改革，以开放促发展，以开放促创新，努力发挥自身优势，加强全方位国际合作，在更大范围、更广领域、更高层次上融入世界经济。中国愿意与贸易伙伴一起，共同应对世界经济和贸易发展面临的各种挑战，推动全球贸易实现更平衡、更协调和更加可持续的发展，与贸易伙伴共享繁荣，实现互利共赢。中国不追求大额的贸易顺差，积极扩大进口，加快进口增长速度，多次呼吁欧、美放开对华高科技产品的出口管制。

中国将继续提高贸易自由化程度，引进国际竞争，提高经济效益，增加消费者利益；实现对外贸易的可持续发展，继续转变经济贸易发展方式，努力培育外贸发展的综合竞争优势，确保外贸平衡、快速和可持续增长，实现从贸易大国向贸易强国的转变，服务于中国复兴与崛起的宏伟战略。外贸型企业要紧跟快速变化的新形势、新技术、新潮流，不断变革和创新，转变外贸发展方式，培育以技术、品牌、质量、服务为核心的新的竞争优势，创造新优势，适应新变化。政府要做好各种引导、服务、支持，搭建平台，做好咨询和参谋。

中国作为欣欣向荣的贸易大国应旗帜鲜明地高举自由贸易大旗，反对贸易伙伴的贸易投资保护主义和不公平贸易政策，制止割裂、瓜分和分化全球市场的一切做法，反对逆全球化行为。涉及全球市场一体化的区域行为、联盟行为都不能违背 WTO 基本精神，保持自由开放的状态。我们希望推动国际服务贸易与投资的自由市场准入、公共采购的开放、知识产权保护协定的完善和知识产权执法、能源和原材料不受限制供应的协议谈判，推动世界贸易继续朝着可持续的方向发展。

参考文献

邓峰、王军：《美国对外贸易政策的历史考察》，《东北师范大学学报》（哲学社会科学版）2005 年第 5 期。

傅毅夫：《出口导向型经济向内需主导型经济转变的研究》，《中国商贸》2009 年第 9 期。

宫旭平：《近年来国内关于美国对华经济遏制史研究述评》，《世界历史》2005 年第 1 期。

贾根良：《美国学派与美国内需主导型发展道路的借鉴研究（专题讨论）》，《学习与探索》2012 年第 12 期。

金柏松：《向内需主导型过渡——适时调整我国开放式加外向型经济发展战略》，《国际贸易》2004 年第 12 期。

金京、戴翔：《国际分工演进与我国开放型经济战略选择》，《经济管理》2013 年第 2 期。

孔祥敏：《从出口导向到内需主导——中国外向型经济发展战略的反思及转变》，《山东大学学报》（哲学社会科学版）2007 年第 3 期。

李春顶：《中国外贸发展战略调整与政策选择——来自新－新贸易理论的启示》，《当代经济研究》2009 年第 8 期。

刘军梅：《世界经济中的贸易战略与贸易政策：历史视角的国际比较》，《复旦学报》（社会科学版）2008 年第 5 期。

《马克思恩格斯全集》，人民出版社，第 12 卷，1975，第 584～587 页。马克思：《鸦片贸易史》，写于 1858 年 8 月 31 日，载于 1858 年 9 月 20 日《纽约每日论坛报》第 5433 号。

牛艳红：《从出口导向到内需主导：我国外贸战略的调整》，《南昌高专学报》2007 年第 4 期（总第 71 期）。

孙玲、陶士贵：《确立中国“进口导向”发展战略》，《全国商情（经济理论研究）》2009 年第 2 期。

夏先良：《中国崛起要从出口导向战略转到自由贸易战略上来》，中国社科院财经院《专报》2014 年 3 月 4 日第 8 期。

夏先良：《当前中国外贸面临战略转型研究》，《国际贸易》2014 年第 9 期。

张鸿：《关于中国对外贸易战略调整的思考》，《国际贸易》2005 年第 9 期。

蒋相泽主编《世界通史资料选辑》（近代部分）上册，商务印书馆，1964。

Bonfatti, Roberto, "Trade and the Pattern of European Imperialism, 1492 – 2000", Research Paper 2013/01, University of Nottingham.

Henderson, David R., "Fair Trade Is Counterproductive – And Unfair", *Economic Affairs*, Vol. 28, Iusses3, 2008, pp. 62 – 64.

Grossman, G. M. and E. Helpman., "Protection for Sale", *American Economic Review*, Vol. 84, No. 4, 1994, pp. 833 – 850.

Irwin, Douglas A., "Retrospectives Challenges to Free Trade", *Journal of Economic Perspectives*, Vol. 5, No. 2, 1991, pp. 201 – 208.

Krugman, Paul R., "Is Free Trade Passe?" *The Journal of Economic Perspectives*, Vol. 1, No. 2, 1987, pp. 131 – 144.

Rice, Julie Steinkopf, "Free Trade, Fair Trade and Gender Inequality in Less Developed Countries", *Sustainable Development*, Volume 18, Issue 1, 2010, pp. 42 – 50.

第五章

中国外贸发展方式转变的战略途径

外贸发展方式转变的途径多种多样。本章主要讨论中国外贸发展方式转变的六大战略途径，分析每种战略途径的必要性和重要性及对外贸发展方式转变的贡献。

第一节　加快改革开放步伐　建立完善的开放型经济体系

经济全球化是大的趋势，开放的市场经济是新的时代特征。与西方发达经济体相比，中国距离发达的市场经济还有相当长的一段道路，任务非常艰巨。在西方主要经济体受国际金融经济危机和欧债危机长期化困扰的严峻形势下，世界各国都在促进经济的深度调整和转型，准备进行新一轮战略博弈，中国也要加快改革开放步伐，继续深化改革，扩大开放，转变开放经济发展方式，不断提升开放经济发展水平。

一　中国仍是一个市场经济不够发达和不够开放的国家

实践证明，市场体制是当今世界最广泛采用的有效经济体制。虽然我国社会主义市场经济体制机制不断完善，可是目前我国仍处在市场经济发展不够完善、不够发达、不够开放的初级阶段，发展中不平衡、不协调、不公平、不透明、不稳定、不可持续性、不确定性问题和矛盾突出。

（一）商品及服务市场发育和开放水平仍不高

我国商品及服务市场发育相对完善，但仍不够发达，存在相当多的问题。在粮食、能源、交通、电信、医疗、教育等领域，政府定价发挥着主导作用。政府关系型定向采购仍存在，招投标常常走过场。房地产市场化改革后退，政府提供的比重日益增大。

商品差异化、品牌化不明显，误导消费者选购的欺诈时有发生，消费者知情权和消费者保护机制不健全，市场主体诚信缺失，商业欺诈、勒索、垄断没有有效机制可以限制。消费者被欺诈和勒索的投诉得不到解决，或解决成本极高，很不经济。

各省市区、各行业存在严重的贸易限制和障碍，各种不透明的补贴、罚没、减免税和优惠等政策扭曲了市场机制，竞争政策没有发挥应有效果。尤其是奢侈品的国内外价格差距较大。地区不平衡或差别以及地方保护主义明显，地区差距、城乡差距、行业差距和贫富差距没有缩小，城乡市场体系严重隔离。

（二）资本地位不平等、自由度不高仍是面临的主要问题

在资本市场和金融市场上，国内金融市场主要由国有银行等金融企业主导，民营银行和外资银行份额很小，利率形成仍由中央银行控制，国内企业利用外国银行提供的信贷服务仍相当困难。

证券市场和金融市场中政府办市场的色彩浓厚。银行、证券监管机制不健全，市场自由度低，虚拟经济体系和运作机制完全空白。针对不同性质资本投资的差别待遇和歧视等不公正做法仍然存在。

国有、外资、集体、股份以及个体私人等市场主体在市场准入、行业准入政策以及接触信贷资源、政府服务等方面存在歧视性差异，市场主体地位不平等。国企领导人由党和政府任命，具有政府背景和关系。

国有资本由于特殊的历史情况获得超级待遇，控制着重要行业，拥有政策、人才、融资等多种资源，具有垄断优势。国有企业凭借政府的支持

获得丰厚的利润和巨大的市场。其他资本或被禁止进入，或被设立门槛阻挡进入，例如内资私人资本不能进入银行、保险、证券等金融服务业以及教育、医疗、通信、文化、科研等行业。

（三）劳动力市场差异大、流动性低

劳动力自由迁徙相当困难，户籍制度是最大的绊脚石，它在一定程度上限制了人口和劳动力的地域间移动。

各地区劳动力市场的供求形势差别很大，国内劳动力市场被分割成区域劳动力市场，各地劳动力市场差异巨大，东部劳动力相对缺乏，中西部劳动力就业困难，在不同企业、不同机构或单位劳动就业的交易条件、协议周期、工资及福利待遇等存在巨大差别。

农民工工资、社保、医疗和养老基本没有按照平等的市场原则得到法律保障，法律维权成本相对很高。劳动条件、劳动报酬、劳动权益和福利待遇差别很大，劳动市场机制基本不起作用。

在引进外国人才和智力资源上，我国绿卡控制较严，引进机制不够开放。外资企业基本按照《劳动法》《税法》以及有关法律支付工资、保险、养老等福利，可是一些国有企业、民营企业常常不遵守法律，用工成本和条件不平等，导致市场主体的竞争不公平。

（四）土地市场化水平较低

土地市场缺乏明晰的产权，城市土地产权属于国家，土地使用权流转通过招投标方式实现；农村土地为集体所有，土地承包权流转和产权出让受到严格限制。征地补偿制度不能代替土地公平交易制度；土地产权不够分散和明晰；土地交易主要由地方政府主导。政府常以土地优惠吸引外资，一方面以无偿土地资源招商引资，另一方面又以高价土地增加地方财政收入，鲜明地表现在推高房地产价格上。在这片土地上赖以生存的百姓却没有土地买卖权，唯独政府有权。土地产权的政府化导致市场交易失序，价格信息不透明。

（五） 市场对内对外开放仍不够

虽然货物和服务对外贸易日益以市场为导向，但在引进外资、引进外智以及先进技术和对外投资上仍然主要由政府力量推动，企业行为受政府审批制度的严格控制，市场配置资源的作用受到极大限制，不过地下经济削弱了政府的控制力。政府涉外政策透明度不高。外汇是政府长期严格控制的资产，目前已经大幅度放松管制，但仍没有达到自由买卖的水平。人民币仍不是世界基础货币，人民币汇率仍未由市场形成。资本账户没有自由开放，国内外资本跨境投资仍要受到政府审批、外汇管制、资本开放政策等限制，外资来华投资证券、金融以及许多其他服务业仍受到一定的限制。政府采购招投标不够规范。

（六） 政府力量过强，压制市场调节功能

政府占有和配置资源的比重很高，财税及其他收入占到 GDP 总额的1/3 以上，市场配置资源的比重不到 2/3。政府审批领域越广，市场调节的范围就越小，腐败和权力垄断的经济问题就越严重，收入分配的市场机制就越扭曲。行政权力滥用及由此产生的贪污腐败已经成为市场经济发展的最大公害。私人财产权，包括知识产权不能完全得到保护。侵权和物业强拆损害了百姓利益。法制不健全、不完善，法制不张和司法不公是市场经济体制不成熟、不完善和不发达的最主要原因。

（七） 全国仍是一个各自为政、差别明显的分割市场

市场制度或政策各地区差别很大，全国不统一。地方和部门贸易保护主义仍很严重。各省区市在税费政策、土地分配及交易政策、劳动工资及福利政策、社会保障以及贸易投资政策方面都存在或多或少的差异。地区、城乡和行业的收入分配调控机制不完善。我国内地与港澳台地区在市场制度和政策方面存在很大的差异。

二　加快改革开放步伐直接影响开放经济发展方式转变

（一）加快改革开放步伐与开放经济发展方式转变紧密联系

加快改革开放步伐，促进国内市场体制机制的完善和发育，与转变开放经济发展方式紧密联系。我国国内市场经济体制机制的缺陷对开放经济发展产生的不利影响，表现在开放经济的各层面上，对于转变开放经济发展方式和外贸发展方式起着阻碍作用。市场经济体制完善程度影响、制约和决定着转变开放经济发展方式的进程以及开放经济发展水平。市场经济体制越完善，转变开放经济发展方式越快，开放经济发展水平就越高。我国国内市场经济体制机制的不完善、不发达，阻碍着开放经济发展方式的转变，严重制约和限制了开放经济发展水平的提升。

商品及服务市场分割、市场扭曲和市场机制失灵，导致进出口贸易的商品流动失去价格约束，国内市场与国际市场商品流动脱节，同样商品的价格差距拉大，不利于转变外贸发展方式，严重制约了商品及服务市场的开放水平。尽管我国在外商投资和对外投资方面放宽了政府审批、投资领域和额度，但资本跨境流动仍没有做到自由开放，外商投资和对外投资不完全由市场机制引导，限制了我国进一步提高资本市场的开放水平。在劳动力市场上，劳动力市场分化分割不利于充分发挥劳动力比较优势。在土地市场上，外商在华投资的用地成本差别较大。在技术市场上，模仿和抄袭情况仍很严重，知识产权执法不力，限制了技术创新和技术贸易的积极性，制约了外资来华投资的积极性，技术引进和对外直接投资发展受到一定程度的不利影响。在外汇市场上，汇率波幅受限，市场在汇率形成中没有发挥充分作用，不利于商品进出口贸易和资本跨国流动的进一步发展，阻碍开放经济发展。

（二）加快改革开放步伐直接影响开放经济发展方式转变

加快改革开放步伐，促进市场体制机制生成、发育和发展，推动经济管理体制、经济运行机制和市场经济体系同世界主流经济接轨，将直接影响开放经济发展方式的转变程度，直接影响我国参与经济全球化的能力、效率和效益。

要转变方式，就必须深化改革。政府要减少经济的行政管控，增加市场的自发调控程度和范围，增强市场的调节功能，促进国内市场经济体制的健康发育，有助于促进开放经济发展方式转变，有助于扩大开放和提高开放水平，有助于推动开放经济发展。30 多年改革开放的实践经验证明，过去计划经济体制色彩越少，政府直接指挥经济工作就越少，市场经济体制的调节作用就越大，开放的领域、范围、幅度就越大，外贸发展逐渐从粗放的追求数量扩张向提升质量、效益的集约方式转变；利用外资日益从注重引资规模向重视提高外资质量水平的方式上转变；对外直接投资开始从一味地重视投资规模增长逐步向关注优化投资结构、提高投资效益、降低投资风险的发展方式转变。继续加快改革开放步伐，必将促进我国开放经济发展方式的深度转变。

同时，促进市场经济发展，暴露市场经济发展的弱点和问题，反过来也促进市场体制机制的发育和完善，最终促进开放经济发展方式转变和开放经济水平提升。开放可以促进竞争和交流，提高经济增长质量和效益。闭关锁国政策和保护主义政策将导致经济技术日益落后。虽然我国已经跃升为世界第二大经济体和最大的进出口贸易国家，但是国内商业和国际贸易的发展水平仍不是世界领先的，在商业组织、商业模式创新、商业品牌、营销技术等方面仍然远远落后于西方。开放引进外国跨国贸易公司，有助于促进国内商业企业和贸易公司在学习和竞争中成长，重视组织建设、品牌培育和创新，有助于加快外贸发展方式转变步伐。

第二节　促进国际贸易产业组织变革与转型升级

本节分析了中国国际贸易产业组织体系的结构，认识到我国外贸面临着过于依赖外国中间商渠道而缺乏自主贸易渠道和网络的问题，渠道劫持问题严峻，建立了我国自主国际贸易产业组织体系发展的理论基础，实证发现缩小体制和文化距离可以促进中间商渠道发展，治理文化相近的渠道成员整合相容度高，制造商让渡更大利益才能使外国中间商保持渠道忠诚和可持续。未来应建立自主的一体化内部贸易渠道，应转变外贸发展的组织方式，构建一个面向全球化的自主的国际贸易产业组织体系，特别要构建自主的、一体化内部贸易渠道和网络体系。

一　国际贸易产业应提高到国家战略产业高度

（一）国际贸易产业概念有待科学界定和厘清边界

国际贸易产业概念迄今未见到公开的学术性阐述。其大意是指专门从事国际贸易业务活动的企业以及相关联的一系列行业企业构成的、完成国际贸易功能的产业组织形态或生态群体，包括全体专业外贸公司和生产企业的外贸部门。

作为一种客观存在的产业，国际贸易产业与其他的国民经济各产业一样，由一大批相关企业或企业部门组成，专门经营进出口业务及相关业务，吸引一定规模的资金、人才，占用必要的经营场所、贸易物流通道以及通信、金融等资源，组织和推动商品实现国际价值形态变化。

国际贸易产业的主要功能是完成国际商品交换，附属功能有商品包装、物流、展览等，这样才能把工厂里的产品送到客户手里，把工厂产品变成完整的国际商品。因此，从狭义上讲，国际贸易产业是由进出口企业构成的，广义来讲还应包括国际航运企业、港口及口岸服务企业、有关物流企业、包装企业、国际广告企业、金融保险企业、汇兑企业、国际电子商务企业等。

特别要指出的是国际贸易产业不是指国民经济中对外开展贸易的各部门、各产业，也不同于西方经济文献中常常把国民经济划分为贸易部门、非贸易部门的贸易部门，因此，不能把有对外贸易业务的企业都归入国际贸易产业，它是指专业从事外贸以及与其有相关业务活动的职能型企业或外销部门的群体。口语中会经常用外贸产业代替国际贸易产业，需要注意的是外贸产业不能与有对外贸易的产业混为一谈。

过去，有国际贸易就是国内贸易延伸的提法，那么，国际贸易产业与国内贸易产业应该非常接近，紧密联系，有时甚至内外贸产业不分，形成一体。现实中一大批企业的内外贸都是合二为一的，在两个市场上相互补充。然而，国际贸易产业不完全等同于国内贸易产业，它面对的市场和客户比国内贸易更为复杂，具有产业特殊性、独立性。

（二）国际贸易产业被长期忽视

传统国际贸易学科是一个宏观经济学科，学术界一直以来主要关注国家之间的贸易经济关系，从来不关注国际贸易产业本身的组织发育、渠道治理、产业地位及贡献、产业成本构成、产业效益、产业规范及标准、政策支持等问题，罕有关注和重视国际贸易产业兴衰与国际贸易利益变化联系的研究。长期以来，国际贸易产业发展未受到应有的重视，在国家产业发展规划中没有地位，没有发展战略和措施，国家重视的是它完成的外贸规模、创汇和对国民经济的贡献与影响。因此，国际贸易学科要以全球价值链理论、全球化下国际生产网络理论、产业组织理论、产业转型升级理论和我国转变经济发展方式以及调整产业结构理论等为基础，构建适应当前世界经济和我国外贸发展新形势的国际贸易产业理论新体系。

（三）现有国际贸易产业大而不强难当重任

改革开放以来，我国从事国际进出口业务的企业如雨后春笋般涌现，中央和地方国有专业外贸公司不断改革重组，走实业化道路，实现了产业多元化，外贸业务也逐渐变成了附属业务。2011年我国36420亿美元的进出口额中，加工贸易占46.7%，一般贸易占52.8%，外资企业进出口额占51.1%，由内资企业完成的进出口业务比重相对发达国家来说仍较低。

我国大部分企业，包括外贸企业都是通过外国进出口商开展进出口业务的。贸易渠道，特别是出口渠道很大程度上由外国进出口商控制，它们掌握品牌、营销、市场配置、分销渠道和售后服务等。我国外贸企业在面临外需减少和市场动荡时市场份额就会下降明显，出现大量客户订单流失和转移等问题。当前我国外需不足的重要原因之一就是国际贸易产业国际竞争力仍较弱，产业虽大但优势不强。我国国际贸易产业没有形成全球化的完整链条，更没有形成有相关产业配套支撑的、有序分工、合理布局的产业体系。

就目前我国外贸业务规模和投入的资金、人员来说，我国外贸产业已经是一个大产业了。但是，从外贸产业的效益、效率、功能与竞争力来讲，我国外贸产业与西方强国相比算不上领先的，我国外贸在控单能力、渠道控制力、品牌知名度、营销管理技巧、人员素质等方面还有很大差距。

我国很大一部分企业主要关注加工制造和产品出口销路，仅满足于把产品卖给外国进口商拿到货款，不关心产品市场反应、价格、销售渠道、品牌挖掘、客户的服务要求等，造成我国很大一部分产品在国际市场上由外国销售渠道销售，销售场所档次低、平台差、质优价低，外国进口商从中谋取商品大部分价值，我国生产企业只得到很低的回报，并遭遇苛刻要求和贸易壁垒。

改革开放以来，相对于我国加工制造业快速发展来说，国际贸易产业没有被当作重要的战略性产业加以重视和发展，国家没有对国际贸易产业做出多少投入和支持，当前国家外贸激励政策主要鼓励生产企业扩大出口，刺激出口所采取的政策基本上是外在给予的强心针，不是外贸产业强身健体的良药。整个外贸产业能力没有得到实质性提高，国际贸易产业的发展已经不能适应快速发展的国民经济提出的更大更高的要求，数十年来没有形成多少知名企业、知名品牌和先进的国际营销技巧。

（四）国际贸易产业发展是攸关我国崛起和走向贸易强国的战略产业

正是由于我国没有相应强大的外贸产业，而是由粗放经营的大量中小企业和个人参与跨国经营，因此我国创造的大量财富流失到了发达国家，每年大规模的优质商品以低价倾销到国际市场，而且频频受到外国反倾销、反补贴手段的沉重打击。虽然我国经济取得令世人瞩目的增长成绩，但是国民没有分享到财富增长的好处，导致我国经济增长陷入渐进贫困化增长的定式，我国经济有陷入"中等收入陷阱"的危险。

我国企业自营国际贸易产业是增加附加值和实现商品价值最大化的关键环节。国际贸易产业发达程度与国内工业及服务业经济发展水平紧密相关，对于国内产品及服务价值在国际市场上的实现程度发挥着关键作用。并非只要有了强大的工业经济，国际贸易利益就能自然实现，必须同时具备相应强大的国际贸易产业才能实现其国际利益。只有强大的国际贸易产业，才能牢牢控制着贸易渠道和价值分配权力，把我国优质商品从当前的卖白菜的价钱提高到与其品质相称的价格水平上，改善贸易条件，提高国际贸易收益。

国际贸易产业是一个不但直接与国民经济各产业实现国际价值状况相关，而且直接与国内外市场供求平衡状况、国际收支平衡状况以及与就业、财税收入、通货膨胀状况相关的涉及全局的战略产业。

纵观历史，但凡强大的国家，均以对外贸易富国，它们无不拥有强大的国际贸易产业。中国的崛起也不例外，也必须发展强大的国际贸易产业。所以，国家应将国际贸易产业发展提高到国家战略产业的高度上加以重视，应将国际贸易产业纳入"十三五"发展规划，努力做强做大国际贸易产业，做好国际营销，增强国际贸易效率，提高国际销售力，实现增加产品国际附加价值，提高产品国际市场价格，最大限度地实现我国产品的价值，规避外国反倾销，扩大国际市场，达到我国稳步崛起走向贸易强国的目的。

二 加快国际贸易产业组织变革与转型升级意义重大

（一）国际贸易产业成功转型升级和发展壮大对促进经济及外贸发展方式战略转变具有重大意义

我国经济和外贸发展方式从过去粗放的、追求出口数量增长方式向集约的、追求质量效益的、进出口均衡增长的方式转变，不仅要依靠工业部门技术进步、提高管理水平和人力资本素质等改善生产力水平、生产关系以提高经济发展质量效益，而且要依靠国际贸易及其相关产业提高发展水平、改善产业结构、完善组织与布局、提高渠道管控能力等手段，提高我国外贸国际地位，增强国际话语权和利益控制力。

中国虽然已经是一个贸易大国，但仍不是贸易强国，体现在国际贸易的价值分配份额小、地位低、话语权小、控制力弱，例如大豆、小麦等大宗农产品、铁矿石等资源进口价格一度攀升过快，稀土、钨产品出口价格长期偏低，包括光伏产业在内的许多行业产品出口时常遭受到欧美反倾销、反补贴的打压，价格持续低迷。我国生产力发展带来的普通制成品供给迅速增加，在欧美所采取的严格进口管制下的激烈竞争加剧了贸易条件恶化，不断向欧美输送巨大的利益，我国实际实现的贸易利益相当有限。这种竞相出口的市场争夺必然导致价格过分低于正常市场价格，不仅容易引起进口国"双反"阻止进入市场，而且损害了正常的市场回报，降低了出口贸易的收益水平。这与我国整体工业经济组织化水平较低、小散乱的出口贸易格局有密切关系。我国这种贫困化增长不仅是因为工业不发达，更主要是因为国际贸易产业不发达。这种经济增长方式就是典型的粗放的、低效益的、不可持续的"贫困化"增长方式。它难以使我国经济发展进入到能够支撑更高收入水平的方式上，或许将使经济长期陷入"中等收入增长陷阱"之中。尽管我国出口产品结构已经不再以原材料、初级产品为主，高新技术产品所占比重越来越高，进口结构也不再以制成品为主，石油、矿产、重要中间品所占比重日益提高，但是我国制造业在产品全球价值链中分工地位较低、技术含量和层次较低、产品附加值较小，不具有品牌、质量和管理优势，与西方发达国家在工业装备、大型飞机、船舶、医药、化工等领域的研发、设计、制造能力有很大差距，在工业制造的电气化、信息化、机器人生产方式方面也有很大差距。我国与西方发达国家之间在国际市场上的产品价格剪刀差、劳动工资差距、投资回报差距和竞争力差距没有消失，甚至有扩大的可能。这都与我国工业经济自身没有形成较强的国际贸易产业有关，与我国没有成功实现产业转型升级、产业结构调整、经济发展方式转变密切相关。

中国对外贸易发展战略要在过去利用比较优势战略的基础上采取着力打造竞争优势战略和依赖中资跨国公司构成的贸易控制战略，对 FDI 技术溢出不拒绝、不依赖，着力依靠自主创新提高技术能力和竞争力，走出"贫困化"增长的困境，避免陷入"中等收入增长陷阱"，完成我国外贸发展方式的战略转变，改变我国在国际市场上的地位，实现从价格接受者到价格制定者的角色转变。由一批我国本土资本控股的跨国公司，特别是专业外贸公司打造强大的国际贸易产业，把过去成千上万的中小制造业企业对外贸易业务适度集中起来，把纷乱的完全竞争市场格局转变为寡头或垄断的不完全竞争市场格局，从而实现从数量和价格的过度竞争到供给数量和价格适度控制的转变，实现从市场价格被动接受者到国际市场供应数量和价格的主动调控者角色与地位的转变。因此，只有国际贸易产业成功转型升级，发展强大，才能实现外贸发展方式的战略转变，才可以避免过去粗放的、"贫困化"增长方式使增长利益流入发达国家，从而不致使我国未来长期陷入"中等收入增长陷阱"之中。

（二）国际贸易产业转型升级的目标是打造强大的国际贸易产业，实现外贸发展方式的战略转变

国际贸易业务由谁来做就构成谁的国际贸易产业。我国外贸任务主要应由本国国际贸易产业完成。我国外贸产业不应只局限于国内，在全球化发展的当今应当立足全球。它的竞争力程度直接关系到我国国际利益、外贸发展方式的转变程度和我国在世界上崛起的速度。

国际贸易产业转型升级的目标就是，打造强大的国际贸易产业，扭转贸易条件恶化的局面，提高国际贸易收益水平，实现国际贸易地位、竞争力、价值分配控制力的强大提升，促进经济及外贸发展方式的战略转变，保持经济又快又好地可持续发展。

强大的国际贸易产业体现在具有世界级国际贸易硬件设施及相关产业、世界级品牌、专业国际贸易公司、全球运营的跨国公司、渠道组织与管控能力、先进的国际贸易模式和营销手段技巧等方面，能够影响世界贸易规则制定和主要贸易伙伴的政策决策，对国际市场价格具有较强的操控和利用能力，保持外贸快速增长势头，提高世界市场份额，降低受到国际经济危机冲击的风险。西方发达国家强大的国际贸易产业以及以跨国公司控制全球贸易的运营模式是我国国际贸易产业转型升级的标杆。

当前，我国为减轻国际金融危机和欧债危机引起的外需萎缩影响，要采取的关键战略步骤就是加强国际贸易产业建设，加快转型升级步伐，采取有效措施激励国际贸易产业做大做强。

（三）国际贸易产业转型升级的动力机制是当前外贸发展面对的各种变化和挑战因素

当前中国涉外企业面临着国际与国内的各种新变化和新挑战。其中，国际金融危机及欧债危机引起需求下降，许多发展中国家工业化发展和出口增长争夺市场的竞争，我国成为贸易大国的地位变化，成本增加与汇率、利率变动等引起的环境变化，我国推动的外贸发展方式转变与结构调整等因素，是推动国际贸易产业转型、调整、重组、升级和发展的关键动力机制。外贸发展方式转变与结构调整是国际贸易产业自动转型升级的主要动力。

当前我国外贸规模已经上了一个台阶，所占市场份额达到了一定比重，市场地位发生了变化，国际市场竞争的环境与条件发生了巨大变化，我国各经济领域都在推动经济发展方式转变和产业结构调整，相应地我国国际贸易产业的发展方式需要随之转型，从参与外贸企业众多而竞争力较弱的数量与价格型增长方式转向外贸企业数量少而竞争力强的质量效益型发展方式，解决过去在国际市场上竞相抢单压价、竞购抬价的老问题。同时，国际贸易产业要从过去实业企业的外贸窗口地位升级到独立的专业外贸企业地位；从基于国内的对外贸易产业升级到基于全球的跨国公司构成渠道一体化的国际贸易产业。

（四）国际贸易产业转型升级是外贸发展方式战略转变的途径之一

我国外贸发展方式转变不仅要优化商品结构、市场结构、主体结构和贸易方式结构，协调进出口关系、货物贸易与服务贸易关系、外贸与内贸关系、外贸与外资关系等，提升外贸增长效益和质量，而且要转型升级和做强做大本国国际贸易产业，使外贸发展具有更大自主性、稳定性和市场控制力。

国际贸易产业获得强大发展，特别是自身实现成功转型升级，是促进外贸发展方式战略转变的重要途径。所以，实现外贸发展方式的战略转变需要国际贸易产业的强大发展和成功转型升级，以适应全球化发展和环境变化的要求。

国际贸易产业发展在规模、结构、速度、水平、组织、布局、规制及标准等方面都需要进行转型升级，要鼓励实业企业跨国公司化，组建大型专业外贸公司，适当提高行业集中度，促进外贸企业的组织结构创新，提高外贸企业组织化水平，在继续扩大外贸规模基础上提高外贸产业收益率，改善贸易条件，加强海外专业贸易公司投资和营销渠道建设，增强贸易渠道的品牌控制力，加快国际电子商务和无中介的客制化订购贸易发展。

（五）企业转型升级要依据资源优势对销售和国际贸易环节进行组织一体化整合或价值链分解

在中国当前拥有制造业成本比较优势的形势下，有实力的企业会发挥制造优势向研发、设计以及品牌营销、服务环节延伸，提升价值链上的地位和控制力，获得国际竞争力。当然，企业成功转型升级并不意味着走占据全价值链的一体化整合路径，并非每家企业都具有全部价值链上每个环节的优势，可能只具有某个环节上的竞争优势。因此，其中一批企业可能就从原来的全价值链分工中退出没有优势的环节，采取价值链分解和专注核心业务策略，也称"归核化"策略，比如放弃制造、研发、物流、服务等环节，专门经营国际贸易业务，成立一批专业化品牌贸易公司，从而提高国际竞争力，获得专业化发展机遇。我国企业要把商品价值构成主要由制造环节形成，扩展到由包括制造在内的更多环节形成，延伸价值链，特别是增加研发、销售、品牌和售后服务的价值。其中，国际销售服务环节是关乎商品国际价值增值的最重要环节。我国企业要加快转型升级，发展自己的全球贸易渠道，把国际贸易产业发展壮大，特别是要打造类似发达国家的拥有全球贸易网络和渠道的大型跨国公司。外国大型跨国公司通常集中资源、能力和优势专做某个行业某一种或多种产品的价值链上的某些环节，把其他环节外包出去，依靠大量供应商提供优质产品或服务，自己控制最有价值、最有优势的环节，从而控制整个产品价值链的治理结构和利益分配格局。我国跨国经营企业在海外转型升级发展中要学会战略取舍，要专注能体现自己最强竞争优势的核心业务，不谋求全面开花。

（六）专业外贸企业转型升级是国际贸易产业转型升级的核心内容

过去 30 多年的改革开放不仅促进了一大批工业企业"走出去"实现国际化发展，而且促进了几乎所有的专业外贸公司实业化、多元化、国际化发展。我国除了几家大型国有专业外贸公司之外，专业外贸公司的特点是多而不大，大而不强。与外贸相关的服务业，特别是金融业、信息咨询业、研发业国际化发展程度不高，对外贸产业发展的支撑与服务水平不高，影响外贸产业整体水平提高。

专业外贸企业是我国国际贸易产业的中坚力量，肩负着外贸进出口主渠道的任务。因此，国际贸易产业转型升级的核心内容是专业外贸企业转型升级，改善外贸企业小、散、多、乱、弱的面貌，通过兼并和重组方式提高外贸产业组织化水平，打造一大批沃尔玛式的全球性专业贸易公司。与此同时，我国专业外贸企业要与所服务的工业企业、金融企业加强利益联系和分享，通过参股、融资和业务往来改善工商治理关系、实业与金融关系，减少产销矛盾。

三　国际贸易产业组织体系相关文献

国际贸易产业组织体系体现为从事国际贸易的企业之间的关系及其构成渠道与网络的生态关系。国际贸易渠道和网络是贸易的基础设施和组织保障，它们的治理主权结构及能力已经成为一国国际贸易发展的重要影响因素。过去几十年里发达经济体的商品或服务贸易渠道发生了迅速的实质性变化，跨国公司主导的内部贸易渠道已经占到一半的比重。一国从国际分工与贸易中获取的比较利益，不仅取决于技术性的出口商品结构的优化，而且依赖于制度性的外贸经营主体的组织创新（严建苗、俞洁芳，1999）。① 一国自主的国际贸易渠道和网络化组织建设对于一个国家国际贸易产业组织建设及其能力发展以及参与全球竞争具有极其重要的意义。

当前我国外贸发展遇到了增长乏力，外贸效益长期低下，外贸发展方式转变面临前所未有的挑战等问题。这些问题与我国国际贸易产业组织体系仍不发达有密切关系。具体来讲主要表现为贸易渠道瓶颈现象严重，存在严重的渠道拥堵，渠道效率不高，渠道分布和渠道治理结构不尽合理，渠道控制力弱，海外渠道网络分布密度低。我国对外贸易中有很高比重依赖外国跨国公司渠道，但是与外国公司合作形成长期信赖的可靠贸易渠道并不容易，而且经常遭受外国贸易伙伴的控制，承受巨大的利益损失，也不利于我国外贸稳定可持续发展。这些问题迫使我们思考自主的国际贸易组织体系建设。

国际贸易中信息起重要作用。各种影响因素所造成的产品差价、贸易成本以及平均利润水平对渠道的稳定可持续起着关键作用。渠道冲突和风险控制是渠道选择重要的研究内容，信任、承诺、产权控制等都是渠道风险控制的重要手段。似乎渠道整合关系中制造商对海外子公司的信任、承诺与控制是最高的，制造商对渠道中间商的关系是最低的，制造商对代理商的关系介于这两种之间，实证显示在信任与承诺两方面制造商对渠道中间商的关系和制造商对代理商的关系实际没有差异，差异在于制造商对整合渠道成员关系和制造商对独立渠道成员关系之间，渠道控制的差异最大，制造商渠道整合进入模式好像比独立成员构成渠道进入模式更好地符合制造商的目标期望（Solberg and Nes，2002）。② 制造商渠道整合也要管

---

① 严建苗、俞洁芳：《我国生产企业自营出口的制度、现状与对策》，《国际贸易问题》1999 年第 8 期，第 20～24 页。

② Solberg, Carl Arthur and Erik B. Nes, "Exporter Trust, Commitment and Marketing Control in Integrated and Independent Export Channels", *International Business Review*, Vol. 11, No. 4, 2002, pp. 385–405.

控好母子关系冲突。当企业的竞争者位于较富国家而非本国，以及企业对出口市场非常了解时，企业宁愿有专有的贸易渠道（Campa and Guille'n，1999）。[①]

国家经济体制、企业资产专有性和文化差异成为影响跨国贸易渠道形成的显著因素。杨、苏和范（Yang，Su and Fam，2012）的研究发现企业在外国制度环境里做生意要面对获得社会接受的压力和评估市场信息的困难，企业能够运用合约客制化（Contract Customization）和关系治理（Relational Governance）两种战略处理社会接受和效率问题，保障渠道良好表现。[②] 罗布斯（Robles，2011）认为在高市场相似性和无论高或低的环境不确定性条件下，出口渠道整合都是有效的，在其他条件下出口商不应整合。[③] 何等（He et al，2013）运用中国出口商数据研究发现，具有较强市场导向能力的出口商宁愿选择分层出口渠道（Hierarchical Export Channels），具有较弱市场导向能力的出口商宁愿选择混合渠道（Hybrid Channels）。国际贸易渠道整合要重视社会制度、市场体制、文化、资产专有性等差异性因素。

四　国际贸易产业组织体系的基本理论与假设

国际贸易渠道就是把商品和服务从生产者手中转到中间商或最终客户手中的相互依赖的组织及其关系体系，包括商品实体处理、所有权流通、渠道上下游成员间买卖或代理服务谈判等过程。构建渠道的主体包括制造商、专业进出口商、代理商、批发商、零售商、顾客等。国际贸易网络就

① Campa, Jose' Manuel and Guille'n, Mauro F., "The Internalization of Exports: Firm – and Location – Specific Factors in a Middle – Income Country", *Management Science*, Vol. 45, No. 11, 1999, pp. 1463 – 1478.

② Yang, Zhilin, Chenting Su & Kim – Shyan Fam, "Dealing with Institutional Distances in International Marketing Channels: Governance Strategies That Engender Legitimacy and Efficiency", *Journal of Marketing*, Vol. 76, 2012, pp. 41 – 55.

③ Robles, Fernando, "Export Channel Integration Strategy and Performance: A Contingency Approach", *International Journal of Business and Management*, Vol. 6, No. 12, 2011, pp. 3 – 13.

是国际贸易渠道各环节交易轨迹的纵横交错、纷繁复杂的网状组织结构体系，分布可能是局部的、区域的或双边的，也可能是全球范围内编织的。它是国际贸易产业组织体系的一种形式。

市场上这些分工有序的企业以买卖关系组成贸易渠道的组织体系，构成商品价值链的每个环节，成员之间必须形成和谐有序的分工，以低于渠道内部化的交易成本进行市场交易。如果把产品的全球产业分工或产业链及其全球价值链与产品贸易渠道环节对应起来，渠道上每个成员的价值增值就相当于产品价值链每个分工环节的增值。实际上，产品加工制造的每个分工环节完成之后，产品实体不发生根本上的形态和内容变化，但产品作为最终消费品仍需要发生空间、时间和产权的转移，因此，除了作为中间品流通外，产品在贸易渠道内各环节仍要发生一步一步的价值增值，直至最终到客户手中产品价值增值过程结束，产品达到最大价值。

任何产品包括服务进入市场都需要或短或长的贸易渠道。国际贸易产业有序分工的企业为把商品从制造商手里传递到最终国际客户手里的贸易链条整合起来，就构成国际贸易渠道，每个承担不同功能的企业就是贸易渠道成员。这条渠道必须把顾客想要的产品在规定时间以适当价格送到规定地方的目标顾客手里，发挥渠道功能，完成使命。

贸易渠道选择对企业进出口贸易具有决定性影响。每个制造商都要面对十分复杂的国际贸易渠道选择问题，关键在于渠道的效率和有效性。一般来说，相对于国内贸易渠道，国际贸易渠道的成员职能更复杂，环节更多，渠道链条相对更长，面对的体制文化问题更多。国内市场上制造商渠道选择的难点在于所谓的"工商矛盾"。在国际市场上，制造商面临的渠道选择则要复杂得多，尤其是在东道国市场落地的渠道构建结构的选择上制造商面临选择销售子公司或者其他渠道中间商的两难取舍（Petersen et al, 2006）。[①] 而且影响渠道选择的因素很多，既有两国的宏观经济制度、经贸政策、市场环境、社会文化因素，也有企业自身资源、能力、成本控制、

---

① Petersen, Bent, Torben Pedersen and Gabriel R. G. Benito, "The Termination Dilemma of Foreign Intermediaries: Performance, Anti - shirking Measures and Hold - up Safeguards", *Advances in International Marketing*, Vol. 16, 2006, pp. 317 - 339.

战略目标、产品及产业结构以及中间商、消费者行为取向等因素。

　　小型制造商通常没有建立自主的、直接的国际贸易渠道，需要依靠具有客户信息资源、渠道网络资源的供应商、产品代理商、中间商或进出口商等各种伙伴，合作形成间接国际贸易渠道。各种中间商凭借交易效率的提升创造价值。这些中间商发挥交易、物流、信息流、融资便利以及服务等功能，参与价值创造，是产品或服务价值链条上的一个环节。除非大型跨国公司已经建立起完整的全球性贸易网络，大多数企业难以建立一条自生产厂商到外国消费者之间完整的贸易渠道，一般需要多家职能不同的中间企业整合起来发挥渠道不同环节的功能，整合的状况取决于各环节的利益交换与博弈，渠道整合质量高则贸易效率高，效益好；反之整合失败，不能发挥贸易功能。贸易渠道中一个成员的成功部分地取决于其他成员，每个成员都要努力协调行动以满足客户需要。在现实中，制造商在某一个或若干个国际市场上会同时依赖几类中间商的多条渠道。制造商的渠道战略往往存在直接渠道与间接渠道并行的竞争关系，把不好销的商品给渠道中间商代理销售，把好销商品留作自主渠道直销。

　　当然也有从制造商直接到零售柜台的较短渠道，随着互联网发展已经出现顾客直接向生产厂家定制的最短渠道。制造商自己的销售公司或者销售部也可以自主从事进出口业务。随着外贸发展需要，在海外或者贴近市场设立内部的销售部，也叫销售窗口。这种制造商直接面向最终客户的渠道模式经常被称作制造商自营贸易。制造商通过海外子公司直接面向客户形成的贸易渠道，就是跨国公司内部贸易或一体化渠道。在欧美发达经济体中，大型跨国公司内部贸易主导大部分国际贸易。贸易渠道一体化整合，有助于制造商直接面向消费者，加强推广、宣传和服务，树立优异品牌形象，提高渠道控制力、影响力和领导力。制造商的市场力量取决于组织规模、产品品牌、产品技术相对先进性或稳定性等因素。制造商在顾客市场中的品牌地位对渠道形成和结构产生重要影响。顾客的品牌偏好作为一种市场力量会影响渠道整合结构。

　　渠道各成员不仅要面对宏观经济和政策环境，而且要面对基于资源权力的获取、运用、阶层冲突关系的现实。最有生产力的制造企业直接出口，较缺乏生产力的企业通过中间商间接出口，与制造商自营进出口相比批发等出口中间商能够服务不同的市场和经营更多产品，这些差异对贸易渠道整合以及贸易流向产生重要的影响（Bernard et al，2013）。① 制造商既可以自建贸易渠道及网络，也可以采取渠道多元化、渠道品牌控制等方式应对中间商的渠道冲突和控制问题。中间商则以品牌影响力、完善的渠道网络分布、较高的流通效率、较强的市场渗透力来加强渠道控制力，展开与制造商的博弈，提高渠道利益分配能力。

贸易代理是一种常见的渠道经营模式。利用中间商做国际贸易全权代理，会使制造商失去对国际市场营销和贸易的控制，外国中间商品牌和形象在国际市场上得到宣传展示，掩盖制造商品牌，制造商就逐渐沦为外国中间商的加工厂，只能得到可怜的加工费。除了全权管理进出口业务的中间商之外，还有只负责某些行业或产品线的为购销双方代购代销的代理商，收购商品后进行包装、装船、外销的进出口商等。

每个渠道中的企业都与外部市场中其他企业有着大量的贸易往来，形成无数相互交织在一起的国际贸易网络。国际贸易渠道延伸和互通形成的网络，既不是指国际贸易关系，也不是指国际贸易社会网络关系，而是指国际贸易组织网络关系。当然，国际贸易的社会关系或个人关系可能转化为国际贸易组织间的网络关系。一些国际贸易主体，特别是跨国公司，是通过内部组织渠道构成复杂的国际贸易网络，还有一些国际贸易主体参与国际贸易业务既有自主渠道，也有非自主渠道构成的贸易网络。贸易网络的形成首先从信息流动网络、社会人际关系网，再到贸易组织关系网，它受到企业间包括战略联盟、合资合作、长期供销合作伙伴、产业链或供应链上下游关系以及品牌声誉、形象等因素的影响。贸易网络不完全等同于生产网络，生产网络主要由国际分工决定，贸易网络不仅受生产产业链关系影响，而且受国际市场分布结构、国际贸易政策、国别体制及文化等因素影响。

---

① Bernard, Andrew B., Marco Grazzi and Chiara Tomasi, "Intermediaries in International Trade: Margins of Trade and Export Flows", NBER Working Paper No. 17711 and CEPR Discussion Paper No. 8766, Which was Titled "Intermediaries in International Trade: Direct versus Indirect Modes of Export", April 2013 Version.

国际贸易产业就是从事国际贸易的企业构成的生态组织，它们是建立渠道和网络的组织细胞。这是狭隘的国际贸易产业概念。如果包含运输、通信、金融、法律咨询等相关服务供应商构成的大的经济生态体系，国际贸易产业概念就大大扩展了。过去，学术界和产业界仅仅把国际贸易产业作为工业的附属行业，或者工业企业的销售窗口，主要目的是向外国销售商品。现在的国际贸易产业是一个独立产业门类的经济学概念，主体日益从生产中独立分化，形成专业化的国际贸易产业。

国际贸易产业要构成分工有序的贸易渠道才能发挥贸易功能，把商品送到客户手中。一般来说进出口贸易都是批发贸易，尽管不乏零售贸易现象的存在。国际贸易企业需要同时进行商品物流、商流和信息流的对流。渠道中企业间跨国商品运销、信息沟通和货款收付要面对不同的法律、体制、公司治理以及商业文化背景。国际贸易产业以中间商、服务商的异质性、资产专有性为特征。信任、资源、相互依赖、冲突等因素对贸易渠道结构和一体化整合程度都发挥作用（Li，2010）。[①] 国际贸易深受来自不同体制与文化背景下的生产商、中间商与消费者之间存在的市场信息成本、交易信任风险的影响。渠道成员间关系整合必然要面对这些成本和风险。语言文化相似的国家之间贸易渠道容易形成，也较少发生文化或制度差异的渠道冲突，渠道风险或不确定性较低，渠道整合相容度高。语言文化差异较大的国家之间贸易渠道形成主要依赖巨大的利益因素，信任程度低，信息和交易成本较高，发生文化或制度差异引起的渠道冲突风险较高，而且容易发生渠道劫持，渠道利益是仅有的维系渠道完整的因素。

渠道成员的资源和权力决定着渠道地位和治理结构，反过来渠道地位和结构安排决定着产品价值在各成员之间的分配结构。渠道权力来自专有资产资源、技术技巧、知识、声誉、形象等因素。即使不考虑国际贸易渠道受到政策法律制度和文化差异的深刻影响，国际贸易渠道及网络自主程度也对贸易流量、流向、流速和渠道控制权、价值分配权产生直接影响。

[①]　Li Meng，"Determinants of Exporting Channel Integration：An Interaction Approach"，*Management & Marketing*，Vol. 5，No. 1，2010，pp. 19–38.

拥有自主的国际贸易产业组织体系对于一个国家的外贸利益意义重大。

为此，本文提出以下基本假设。

假设1：制度和语言文化距离较小，可以促进中间商贸易渠道发展；

假设2：国际贸易渠道成员治理文化差距越小，渠道整合越相容，反之亦然；

假设3：制造商扩大对外国渠道中间商的利益让步可以保持中间商渠道忠诚，维持渠道稳定，克服渠道冲突；

假设4：制造商自主内部贸易渠道或一体化渠道可以实现贸易利益最大化。

五 中国国际贸易产业组织体系发展的实证分析

（一） 中国渠道中间商发展史证明了体制与文化距离较小，可以促进中间商贸易渠道发展

各国对外贸易渠道的形成都有一个历史过程，都有其特定的历史文化背景。中国国际贸易渠道也有其产生的独特历史和改革开放背景。我国对外贸易渠道分布相对集中于香港及内地沿海商业中心城市。位于香港、内地沿海城市的外贸公司具有外贸专业技能、市场信息、客户关系、融资能力等方面的相对优势，这些地区语言文化相同或相近，在贸易信息沟通、商业信任上具有相对优势。这些地区外贸公司参与内地企业的进出口代理业务，或收购内地产品出口，组建起庞大的、发达的国际贸易渠道和网络。

香港做世界贸易的中间商，尤其做中国内地对外贸易的中间商。内地成其转口贸易的主要业务对象。过去以及现在，香港的渠道中间商在中国对外贸易中发挥着重要的作用，20世纪90年代香港承担了中国内地大约一半的货物出口中介，显示出重要的信息价值和中介服务地位（Feenstra，Hanson and Lin，2004）。[1] 为什么中国内地相对较大比例的

---

[1] Feenstra，Robert C.，Gordon H. Hanson & Songhua Lin，"The Value of Information in International Trade：Gains to Outsourcing through Hong Kong"，*Advances in Economic Analysis and Policy*，Berkeley Electronic Press，Vol. 4，No. 1，2004，pp. 1 - 35.

对外经贸需要经由香港这个渠道呢？因为信息成本能影响国际贸易直接或通过中间商间接渠道的模式选择（Petropoulou，2011），香港是东西方文化沟通的桥梁，与内地以及西方各国具有比较相近的语言文化以及贸易制度。①

据香港统计，1991 年由香港转入中国内地的货值为 1533.18 亿港币，香港转自内地的货值为 3156.89 亿港币；2011 年转入内地的货值为 17166.56亿港币，转自内地的货值为 20150.46 亿港币。20 年两地之间的贸易分别增长了 10.2 倍和 5.4 倍，增长迅猛，除少数年份外，大部分年份均呈现快速增长态势。这与香港兼容中西文化，与内地同文同宗，相互开放和加强双向投资促进贸易通畅有密切关系，从而使很大一部分中国内地与国际市场之间的贸易经由香港这条通道。

香港进出口贸易的产业效率很高，是内地许多城市不可比拟的。香港进出口贸易公司作为中国内地与国际市场之间贸易渠道的中间商，发挥渠道商的中介作用，贸易产业效率较高（见表 5 - 1）。2000 年香港国际贸易产业成本销售比率是 9.1 倍，也就是以 1 港币的开支可以经营 9.1 港币的贸易额；2005 年这个比率提高到 10.38 倍；2010 年效率进一步提高到11.93 倍。但近年来，这种效率优势逐渐比不上内地沿海的一些竞争性商业中心城市。

表 5 - 1　香港进出口贸易产业统计

年份	机构单位数目（个）	就业人数（人）	雇员人数（人）	雇员薪酬（百万港币）	营运开支（百万港币）	供销售货品的购货值（百万港币）
2000	94197	490780	452641	106785	173832	1581526
2005	80369	469643	446742	112729	203162	2108330
2010	88365	499316	472842	143619	236296	2819409

资料来源：香港统计年刊。

---

① Petropoulou, Dimitra, "Information Costs, Networks and Intermediation in International Trade", Globalization and Monetary Policy Institute, Working Paper No. 76, 2011, http://www.dallasfed.org/assets/documents/institute/wpapers/2011/0076.pdf.

　　超过一定程度的文化和国家制度差异可能限制市场激励、产权控制等传统管治在制造商与中间商之间渠道关系中的使用及有效性。当文化及制度差异缩小到一定范围内，传统渠道工具发挥的作用将占主要地位。一个国家开放初期与一个中小企业初入国际市场一样，需要一个熟悉和掌握国际市场知识以及实践经验的过程，这种知识和经验作为企业拥有的一种重要资源，对于初期进入国际市场的渠道选择发挥着重要作用。贸易渠道受交易成本的影响，企业资源也是影响渠道设计的重要因素（Tesfom，Lutz and Ghauri，2004）。① 随着内地企业日益熟悉市场规则和行情，掌握外国贸易伙伴等客户资源，内地经贸体制改革日益深化，许多内地企业开始脱离香港中间商渠道，直接与外国贸易伙伴建立渠道关系。体制与语言文化差距缩小，减小了交易成本等约束因素，成为影响国际贸易渠道选择的后期决定因素之一。

　　虽然香港作为自由港仍将在沟通中外经贸上发挥着重要的中间渠道作用，但是当内地企业在构建对外经贸渠道上语言文化距离缩小、交易成本下降、风险降低，就缓解了对香港渠道拥堵的压力，内地企业更多地通过整合渠道或者自建渠道追求更大的渠道利益和渠道控制权。

　　内地沿海地区城市，特别是上海、深圳、宁波等城市的许多外贸公司发挥着中西部地区加工制造业企业的外贸渠道中间商作用，参与进出口代理业务，或者外贸购销业务。表5－2是2009～2012年三个城市海关进出口数据，其中关区进出口总额包含一部分外地公司经由本关的进出口额，并非全由当地外贸公司经营。内地经由上海、深圳、宁波等沿海海关开展进出口贸易具有明显的加快趋势，甚至增速超过本地企业经营外贸的增速，说明沿海城市外贸公司积极参与内地企业的外贸渠道构建。改革开放促进这些城市缩小与国际市场的体制及语言文化差距，一定程度上降低了内地对香港渠道的过度依赖，推动这些城市加快发展国际贸易产业，促进更多商业中心城市的专业外贸公司参与多样的、宽广的国际贸易渠道组建。

---

① Tesfom，Goitom，Clemens Lutz and Pervez Ghauri，"Comparing Export Marketing Channels: Developed versus Developing Countries"，*International Marketing Review*，Vol. 21，No. 4/5，2004，pp. 409 – 422.

表 5 - 2　2009~2012 年上海、深圳、宁波三市海关货物进出口情况

单位：亿美元

关区 年份	上 海			深 圳			宁 波		
	关区进出口总额	本地自营进出口额	外地经本关进出口额	关区进出口总额	本地自营进出口额	外地经本关进出口额	关区进出口总额	本地自营进出口额	外地经本关进出口额
2009	4087.13	2459.82	1627.31	3526.73	2701.55	825.18	1169.23	608.13	561.10
2010	6846.45	3688.68	3157.77	4755.47	3467.49	1287.98	1613.44	829.04	784.40
2011	8123.14	4374.36	3748.78	6129.00	4141.00	1988.00	2004.43	981.88	1022.55
2012	8013.85	4367.78	3646.07	7461.35	4667.85	2793.50	1975.78	965.72	1010.06

资料来源：上海、深圳、宁波海关统计。

中国对外贸易通道主要分布于香港以及沿海主要城市，主要因为这些城市的国际贸易公司获得国际和国内市场的商业信息快捷充足、专业知识资源丰富、与国际市场的文化沟通方便，说明制度与文化距离越小，越便于中间商进入渠道，促进了中间商贸易渠道和网络的繁荣发达。

（二）中国改革开放以来外贸发展历史证明治理文化相近的渠道成员整合相容度高

每个企业都有专有性资产，企业文化和管理风格异质性明显，尤其体现在面对整合渠道中的成本负担、利益分配、风险承担时。安德森和考夫兰（Anderson and Coughlan，1987）的研究显示，渠道整合与流通功能的资产交易特定性程度有关，与引入产品的差异化有关，美国企业似乎更愿意整合高度工业化国家里的贸易渠道，而非更多文化差异的日本、东南亚国家。[①] 国家经济体制、企业资产专有性和文化差异成为影响国际贸易渠道形成的显著因素。治理文化差异越大的成员整合渠道的难度和成本越高，存在很大的渠道信任风险和控制权及利益纠纷。渠道成员治理文化差异越小，其引起的渠道运行成本越低，风险越小，保持渠道合作关系的忠

---

①　Anderson，Erin，Coughlan，Anne T.，"International Market Entry and Expansion via Independent or Integrated Channels of Distribution"，*Journal of Marketing*，Vol. 51，No. 1，1987，pp. 71 - 82.

诚度越高，故渠道整合的相容性越高，反之亦然。

企业外贸渠道模式和渠道结构选择不仅受到外贸管理体制和出口退税等外贸政策的深刻影响，而且受到企业体制机制及治理文化决定的资产专有性、渠道利益冲突博弈以及贸易保护主义因素的影响。长期以来我国外贸管理部门审批和控制企业的外贸经营权。这项政策直接影响着国际贸易的渠道形成模式和结构。改革开放以来随着外贸经营权的放开，不同所有制性质企业在选择渠道模式上体现出明显的聚类分化现象，反映出企业治理文化差异对贸易渠道整合相容性的深刻影响。不同所有制性质企业之间渠道各自独立，相互交叉来往形成渠道的情形减少。渠道中不同所有制企业所构成的环节效率不同。跨体制和文化的渠道成员冲突大，利益纷争多，渠道忠诚度低，能够构建长期信任的渠道战略联盟数量不多，而且跨所有制形成的绝大多数贸易渠道带有投机性、临时性、不确定性特征。不同体制和治理文化中运行的企业相互合作达成稳定的贸易渠道很难，稳定的合作渠道出现的概率不高，导致跨体制和文化的渠道成员相容度低。相同体制机制和治理文化的企业间渠道合作情形更多，体制间渠道独立化倾向更加明显。跨体制和文化的非一体化整合渠道存在多种经营模式并存、结构松散、渠道不稳定等问题。

现实中固有的体制与文化差异仍深深地影响渠道的选择及其组织结构。改革开放初期，计划经济体制色彩仍浓厚，国家外贸专营的统购统销体制仍占很高比重，但已经开始出现普通的出口收购制。此时非国有企业都依赖国有企业的外贸渠道。20 世纪 90 年代我国已经由过去的短缺经济，转变成近一半种类的商品实现市场供求大体平衡的经济。我国逐步放开外贸自营权、外贸经营权，推行外贸代理制和生产企业自营，具有外贸经营权的制造业企业可以自营外贸，不具有外贸经营权的制造业企业进出口业务必须由具有外贸经营权的外贸公司代理，或者由外贸公司收购销售。1991 年 8 月 29 日，外经贸部颁布了《关于对外贸易代理制的暂行规定》，正式确立外贸代理制度。1992 年 5 月《国务院批转经贸部、国务院生产办关于赋予生产企业进出口经营权有关意见的通知》颁布后，进一步放宽对自营生产企业进出口经营范围的限制，降低自营企业成立进出口公司和经营其他企业产品出口的标准。1992 年自营企业仅 480 多家，1993 年增加到 2030 家，1993 年自营出口额占当年我国出口总额的 3.1%（见表 5 - 3）。1994 年中国通过《对外贸易法》，加速放开外贸经营权、外贸自营权。1998 年拥有外贸经营权的企业中外商投资企业有 15 万家，内资企业有 2.2 万家，其中获得了自营进出口权的生产企业超过 1 万家，自营出口占当年出口总额的 11.9%。2001 年 2.5 万户自营生产企业实现出口额 367.7 亿美元，占当年出口总额的 13.8%。

表 5 - 3　中国生产企业自营出口及其占比

单位：亿美元，%

年　份	1993	1994	1995	1996	1997	1998	1999	2000	2001
自营出口额	28.8	79.2	150.4	176.2	203	219	230	319.67	367.7
自营出口占比	3.1	6.5	10.1	11.7	11.1	11.9	11.8	12.8	13.8

资料来源：历年国家经贸委统计资料和《中国对外经济贸易年鉴》。

随着外贸经营权、自营权逐步放宽，国有生产企业、外商直接投资企业、集体企业、股份制企业、个私企业陆续自建渠道，从起初依赖国有专业外贸公司的渠道中逐步独立分解出来。外贸代理制渠道模式虽有一定发展，但在外贸总体中占比较低。2001 年中国加入世界贸易组织，3 年过渡期结束之后，2004 年修订了《对外贸易法》，全面放开了外贸经营权，外贸经营权管理由审批制改为备案登记制，进一步加剧了这种相同体制机制和治理文化内部企业间自建渠道和渠道独立化趋势。加入 WTO 之后，面对外国跨国公司内外贸一体化的竞争态势，中国生产企业拓展自营出口，逐步在国外设立子公司或分支机构，构建跨国公司组织（严建苗、俞洁芳，1999；严建苗、潘锋，2003）。[①] 依赖专业外贸公司构建外贸渠道的国有生产企业、外商直接投资企业、各类民营企业逐步减少，过去从事专业国际贸易、国内商业的国有企业纷纷转向实业化发展，专业外贸公司作

---

① 严建苗、俞洁芳：《我国生产企业自营出口的制度、现状与对策》，《国际贸易问题》1999 年第 8 期，第 20~24 页；严建苗、潘锋：《现阶段的企业自营出口》，《经济论坛》2003 年第 8 期，第 34~36 页。

为渠道中间商在外贸中的占比开始萎缩，生产企业、外商投资企业自营外贸的内部贸易渠道比重大幅度提高。

以宁波为例，2004～2012年外贸公司出口占比起初大大高于外商直接投资企业，中期外贸公司被外商直接投资企业追赶上并超过，后期外贸公司又重新超过外商直接投资企业，但幅度大为收缩，外贸公司出口占比一直高于自营进出口生产企业（见图5-1）。同期进口方面，外商直接投资企业进口占比均高于外贸公司、自营进出口生产企业以及其他企业（见图5-2）。

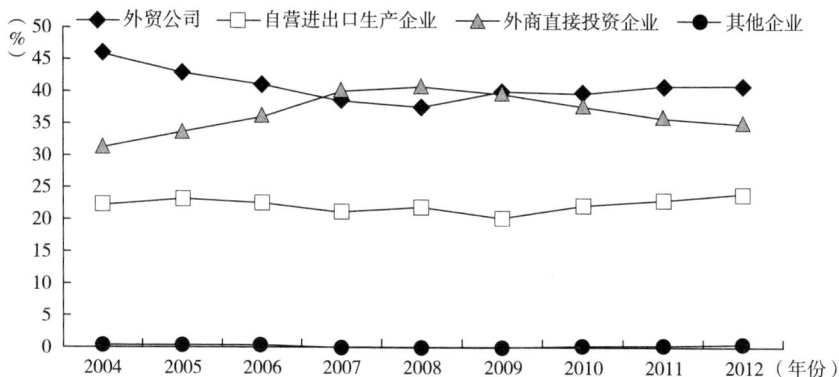

图5-1　2004～2012年宁波市内出口渠道的比重走势

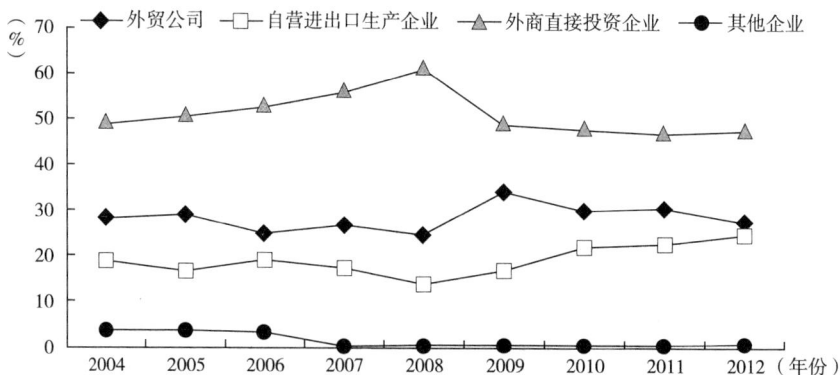

图5-2　2004～2012年宁波市内进口渠道的比重走势

资料来源：根据宁波市对外贸易经济合作局综合调研处发布的数据制作，http://www.nbfet.gov.cn/zhuanti/index.php/zhuanti/list/id/018/sub/0。

改革开放以来中国外贸产业组织体系发生了很大变化，组织结构由过去单一国有专业外贸公司一统外贸的格局，转变为国有企业、外商直接投资企业、集体企业、股份制企业、个私企业等多种所有制性质共同参与，多种贸易渠道组织形式并存的格局，不同所有制和治理文化的企业间渠道依赖程度大为降低。一大批跨国公司在华分支机构形成内部化贸易渠道。一批有实力的国有企业、民营企业不仅进行外贸自营，而且纷纷"走出去"，加强海外贸易公司的投资建设，建立自营的一体化贸易渠道。这些历史事实证明了体制内治理文化相同相近的企业间整合渠道的相容程度较高，不同体制与治理文化的企业资产专有性在渠道整合中存在着明显的排异反应，造成不同体制和文化的企业间整合渠道相容度较低。

（三）改革开放实践表明中国企业的巨大利益让渡才使外国渠道中间商保持渠道忠诚和可持续

虽然渠道成员间跨文化距离相近或相同，会促进渠道形成、整合和相容，但并不否认客观存在大量不同体制与治理文化的企业也保持着忠诚的渠道关系。尽管治理文化差异导致渠道成员间沟通和信任成本增高，但是只要利益扩大到覆盖这些成本就可以超越文化差异的障碍，整合形成有效的渠道。渠道整合的力量均势在于利益吸引力大小的比较。渠道整合的利益足够大，成员间就会克服文化差异障碍，值得和敢于冒文化差异引起的信任风险，提高渠道忠诚度，保持渠道稳定。渠道权力较大的成员占据足够大的分配权和控制权，缺乏渠道权力的成员必须做出更大的利益让渡。

跨国公司的海外子公司在母公司与海外客户之间发挥着信息传递、分销中介和本土化研发设计及生产的组织机体作用，构建封闭的、有效的内部贸易渠道。实际贸易渠道与网络不仅仅限于跨国公司组织内部的贸易关系，而且还广泛存在于非跨国公司组织之间，这种非公司内部贸易关系发生的跨文化信息传递与沟通成本高，信任风险大，随机性多，稳定性差，贸易控制力弱，之所以达成贸易渠道关系是由于贸易利润空间足够大，一方向另一方让利多。正是由于利益在渠道选择忠诚度中所起的关键作用，我国没有自主一体化渠道的制造商必须向外国渠道中间商让渡巨大的利益，接受进口高价和出口低价的恶劣贸易条件，才能达成进出口贸易合约，构建起跨国贸易渠道。这些企业没有自主的贸易渠道，必须依赖其他体制与治理文化企业构建的贸易渠道，不仅要付出更大成本，冒更大风险，做出利益分配让步，而且贸易受制于人，没有自主性和独立性。

渠道整合的基本原则是整合后形成的渠道效率最高，利益最大，交易成本和风险最低。如果制造商通过渠道中间商的效率更高，利益更大，成本更低，它会依赖中间商，甚至依赖不同体制和文化的外国中间商，尤其当制造商面临难以渗透的国际市场时更加需要中间商。一些制造商在发展初期限于资源和能力难以直接面向国际市场，专注于专业化发展战略，主要依赖中间商拓展国际市场，选择外贸公司收购方式构建间接面向国际市场的渠道。外国中间商利用熟悉市场的东道主优势、品牌优势、渠道效率及网络优势发挥渠道控制权，挤压没有自主贸易渠道的制造商出让更多利益，迫使其接受出口低价和进口高价的恶劣贸易条件。

改革开放 30 余年里我国劳动力、资源价格相对较低，比较适合发展成本占比较高的制造业，加工制造业得到了迅速的发展，但是长期以来我国对外贸易渠道过于依赖外国进口商的渠道，海外自主的贸易渠道及网络组织非常薄弱，对外贸易受到外国渠道商的控制，把出口价格压低到引起进口国"反倾销"的地步，欧美国家的进口商和消费者获得了巨大的利益，以我国加工制造企业出口的巨大让利维持着渠道的继续存在，让我国损失了巨大贸易利益，付出了惨痛代价。

（四）实践和理论都证明跨国公司建立自主的一体化内部贸易渠道将实现利益最大

为什么外国跨国公司愿意整合和内部化其国际贸易渠道？因为跨国公司都具有其资产专有性，不同文化企业间不仅存在渠道利益冲突，而且存在管理效率差别、跨文化沟通困难、渠道协调难度大、交易成本高等一系列问题。所以，各国跨国公司都愿意建立自主的、内部化的贸易渠道和网络。

在国际贸易中，出口渠道安排是采用外国中间商企业还是转换为自主企业取决于效率和贸易利益最大化的目的。随着体制障碍撤除，制造商与外国中间商的现实跨文化沟通等成本仍较高，渠道信任风险大，担心可能会被中间商劫持，而且制造商从与外国中间商整合的渠道中分得的利益较少，假如渠道中间商销售效率又低，那么制造商就有动机进入销售领域，建立自主的贸易渠道和贸易网络。制造商建立自主内部贸易渠道或一体化渠道，可以降低跨文化沟通成本，最小化文化隔阂冲突，降低互不信任风险，安全可控，提高盈利水平，达到利益最大化。所以，当外部市场交易成本高、主体效率较低时，跨国公司自身会建立自主内部贸易渠道，提高渠道效率和控制权。在跨国公司之前具有在高风险国家运营经验情况下，针对国家风险的内部贸易动机会较弱；但大部分跨国公司针对高风险国家会通过跨国公司内部渠道而非外部渠道，增加销售商品或服务的程度（Feinberg and Gupta，2009）。[1] 在当今批发、零售业全球化发展和国际贸易与投资高度融合的时代，国际贸易渠道和网络组织日益由跨国公司内部控制和治理。

企业出口规模越大，越愿意建立自己的出口渠道，响应企业的特定性，这种自主渠道能促进出口活动（Merino and Salas，1998）。[2] 特别是当制造商产品在国际市场上有一定认知度，并且规模相当大，资源和能力获得较大突破时，制造商往往转变发展战略，通过战略联盟、代理协议、参股、设立自主分销企业等方式整合贸易渠道，更多地参与、干预、控制贸易渠道，希望在构建国际渠道上发挥更大的影响力和控制权，逐渐由收购制转变为代理制、自营制，甚至进行全面的产业链整合，建立海外贸易分支机构，建设自主的一体化、内部化贸易渠道。自建渠道减少了渠道冲突，不会面临渠道成员不合作的风险，有利于协调渠道成员利益关系，减少渠道阻力，渠道各成员根据贸易流量、效率配置人财物资源，加强渠道设计与协调，提高渠道效率。因此，大型制造商正是由于进出口贸易规模

---

① Feinberg, Susan E. and Gupta, Anil K., "MNC Subsidiaries and Country Risk: Internalization as a Safeguard against Weak External Institutions", *Academy of Management Journal*, Vol. 52, No. 2, 2009, pp. 381 – 399.

② Merino, Fernando and Vicente Salas, "The Internalization of Export Channels and the Export Activity Of Spanish Manufacturers", EconWPA, International Trade 9803001, 1998.

巨大，自主建立和运营独享渠道具有效率，交易成本相对较低，风险也低，更愿意拥有自主渠道。

制造商跨国公司化，构建内部化贸易渠道，更加具有自主性优势。制造商会把贸易渠道看作节约成本和提供竞争优势的源泉，致力于向贸易领域延伸和转型升级。制造商通过延伸产业链，走向跨国公司化，通过参股、战略联盟形成可控制的贸易渠道，也是渠道垂直整合的一种形式，或是企业进行转型升级的方式之一，从而建立自主的海外贸易渠道。市场上排他性渠道往往由在职跨国公司控制。不具有品牌影响力的新进入者难以进入主流渠道，需要运用特许方式改善渠道协调。跨国公司的贸易渠道内部化不仅在于控制渠道，而且在于保护知识产权、为客户提供优质服务及支持，提高全球贸易主导权和竞争力。知名制造商不仅要通过产权控制海外分支机构、战略伙伴等渠道成员，管控好母子公司关系冲突，母公司也要尊重子公司对当地市场环境状况的不同见解与独立运作权益，更要运用知名品牌影响力牢牢控制住渠道，服务于制造商的全球战略。所以，为了规避跨国、跨文化经营受到体制、文化以及异质治理成员的各种成本增加和风险扩大，减少渠道劫持等问题的出现，跨国公司通过建立自主的、内部化、一体化贸易渠道，提高了渠道安全性、自主性和可控制性。

六 中国国际贸易产业组织体系发展的进一步讨论

我国在改革开放初期对外商直接投资企业没有全部放开外贸经营权，外贸主要由国有专业外贸公司承担，外商直接投资企业经营进出口业务规模较小，占比也较低。随着我国放开外商直接投资企业的外贸经营权，在华外商直接投资企业在全国进出口业务中所占比重日益提高。2006 年外商直接投资企业在中国进出口贸易中占比接近六成。近年来这个比重略有下降，但外商直接投资企业在中国进出口中仍占近50%（见图5-3）。香港资金以及经香港进入内地投资的外商投资企业控制和经营中国内地一半的进出口贸易。而且内地一般贸易中也有一部分是外国跨国公司外包并经由外国跨国公司渠道出口。这反映了外商直接投资企业在中国外贸中发挥着重要作用，体现了外商占据中国外贸主渠道的地位，也表明外国跨国公司控制着我国外贸的渠道主流。

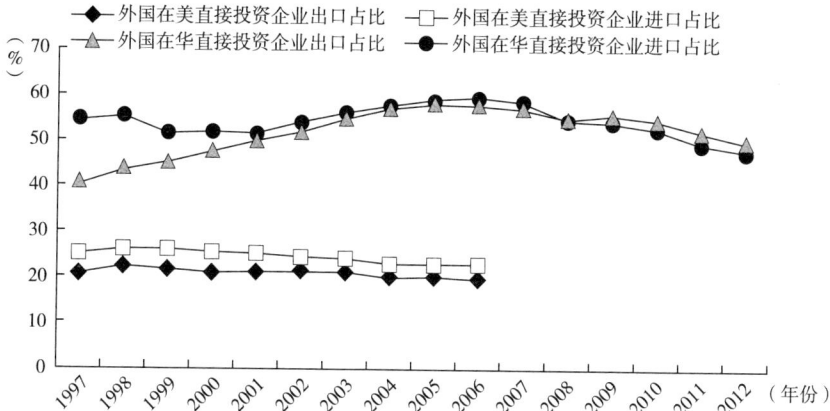

图 5 - 3　外国投资企业在东道国进出口中的比重走势

中国作为全球制造中心之一吸引大量跨国公司投资，设立加工制造企业，或者寻找代工商，外商通过内部化的中间品进口和制成品返销渠道谋取最大的贸易利益。中国有相当一部分商品通过外商在华设立的采购公司或贸易公司进行进出口业务，受到外商的渠道控制。由于外商具有强大的渠道利益分配力，中国中小制造企业处于渠道被控制的弱势地位，而且存在严重的渠道瓶颈和拥堵问题。美国同样是利用外资大国，但是外国在美直接投资企业在美国进出口贸易中占比基本稳定在 20% 或稍多一点的水平上，趋于缓慢下降，这个比例大大低于中国的情况，对美国贸易起有益补充作用，不会威胁到美国贸易渠道安全。从外商直接投资企业在中美货物进出口贸易中的渠道地位，不难看出中国贸易正受到渠道安全和利益损失的双重打击。

同时，我国对外直接投资企业对外贸渠道建设发挥的作用依然弱小，与美国这样的跨国投资大国相比差距很大。2007～2011 年中国海外直接投资企业带动出口的占比在 5% 以下，带动进口占比为 5%～15%（见图5 - 4）。相比之下，美国海外直接投资对出口带动作用大得多，进口相对较小。1997～2008 年美国海外直接投资带动出口占比为 20%～35%，带动进口占比在 15% 左右。显然，美国跨国公司的内部贸易渠道功能更强大，显示出更高水平的渠道整合程度和渠道效率。虽然美国跨国公司子公司中一部分国际贸易通过内部贸易渠道实现，也有一部分贸易业务通过非内部贸易渠道完成，贸易网络分布于母子公司之间、子对子公司之间以及与外部其他公司之间，贸易渠道呈多样化、多元化，但总体上美国跨国公司分布于不同国家之间和子公司之间的国际贸易占比超过母子之间以及与外界其他公司贸易的占比。

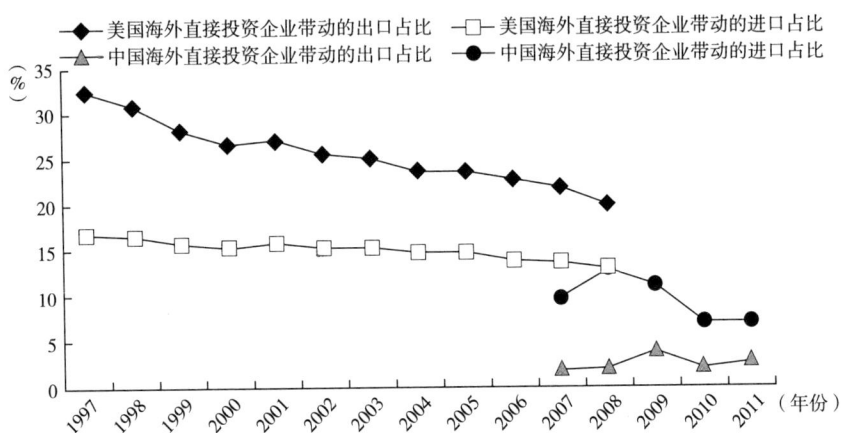

图 5 - 4 中美海外投资企业带动投资国进出口的占比走势

资料来源：历年《中国贸易外经统计年鉴》；美国商务部经济分析局，http://www.bea.gov/iTable/iTable.cfm? ReqID = 2&step = 1#reqid = 2&step = 1&isuri = 1。

2011 年中国非金融类对外直接投资 685.8 亿美元，其境内投资者通过境外企业实现的进出口总额为 1845 亿美元，同比增长 35%，其中出口实现 588 亿美元，同比增长 62%，占中国同年出口的 3.1%；进口总值达 1257 亿美元，同比增长 25.2%，占当年中国进口的 7.2%。中国海外直接投资主要流入能源资源采掘业，推动我国进口扩大的作用大于推动出口增长的作用。2011 年中国货物进出口贸易中只有 5.1% 的比重依靠我国海外直接投资形成的跨国公司一体化贸易渠道实现，同年 51.1% 的进出口贸易由外国跨国公司的内部化贸易渠道实现，其余 43.8% 的进出口贸易由我国境内企业与外国境内企业达成的非内部一体化贸易渠道实现。显然，相对于美国来说，中国海外直接投资企业发挥的进出口贸易渠道作用仍较小，外贸渠道自主化、内部化和一体化整合程度相当低，外国跨国公司控制着我国外贸主渠道，外贸中经由非内部一体化贸易渠道的比重相对过高，这部分极易受到外国境内渠道中间商的控制和劫持，导致出口规模受限、出口价格受到压制、进口价格居高不下、外贸效益与效率不高。所以，当前中国外贸完全失去外贸自主权和产业自主性，市场准入、贸易条件、贸易利益分配都遭受了严重的损害。

我国制造业发展时至今日，虽然技术水平仍不领先，但已经形成一批工业体系和结构比较完善的中低端现代化、专业化企业，一大批产品在国际市场已经站稳脚跟，赢得相当一部分国际消费者的认可和欢迎，少数品牌的知名度和定位逐步确立起来。这些企业开始扩张业务领域，进行前向或后向一体化，并购或自建采购渠道和销售渠道，特别是认识到有必要进行产业链上下游整合，建立内部化国际贸易渠道。这是我国外贸发展方式战略转变在组织发展方面的新形式、新突破和新进展。

然而，现阶段我国外贸渠道中由独立中间商协议形成的贸易渠道仍为主要形式，由制造商与战略伙伴构成的渠道仅占少数，完全由制造商通过产权控制的贸易渠道仍较少。中国大部分自主国际贸易产业主要局限于境内，与外国进出口商合作形成完整的贸易渠道，中国贸易企业只经营贸易渠道的境内部分，也就是一半的渠道，在国际市场上自主的渠道只是少数，只有较少中国跨国公司拥有自主的国际贸易渠道和贸易网络，中国自主完整的国际贸易渠道和贸易网络非常匮乏。中国许多产业拥有过剩的产能，而且国际和国内市场仍有巨大的需求空间。除了进出口国政策障碍外，中国外贸潜力没有被挖掘出来的主要原因是中国没有建立起稳定的、大流量的国际贸易渠道，存在严重的渠道瓶颈和拥堵问题。显然渠道梗阻不在国内，而是在海外，在那里几乎没有有效的自主渠道，同时非自主渠道整合缺乏效率，甚至存在严重的利益冲突。

当前中国外贸面临着东道国境内的渠道非自主，自主的国际贸易渠道仍然相当狭窄，自主渠道的总部控制力又不强，而且制造商不具有明显的品牌渠道影响力，总体上外贸渠道受制于人的局面，反映出我国对外贸易渠道控制力不强，国际贸易产业赢弱的问题。我国绝大部分企业（包括

专业外贸公司）仅经营境内部分外贸业务和外贸渠道，国际贸易流程的
另一半在境外部分由外国企业经营和控制贸易渠道，外国企业掌握着品
牌、市场营销、渠道网络、售后服务。中国局限于境内的国际贸易产业组
织发育不全，没有建成一通到底的国际贸易渠道，更没有分布全球的国际
贸易网络。不仅在一个跨国公司内部自建一体化渠道能实现利益最大化，
而且渠道由本国企业或者本民族企业组建也同样具有信息沟通成本低、信
任度增强和风险降低的经济优势。我国外贸非一体化渠道由本国企业组建
成自主渠道具有重大的经济利益。

前文实证得知四个假设成立，据此可以推断，为了增强我国国际贸易
渠道自控权，扩大国际贸易利益，我国必须大力加强自主渠道建设，特别
是跨国公司自主的内部化渠道和网络建设，促进海外贸易公司发展。这种
主张是科学的，是得到实证检验的。在当前全球化时代，中国国际贸易企
业要树立全球经营观念，要"走出去"，跨出国门到东道国开设批发零售
和国际贸易企业，加强组织建设，建立强大的组织体系和力量，完善组织
结构。通过海外企业整合起来的渠道和网络组织，构筑实现我国战略利益
和目标的贸易组织体系，打破外国对我国市场封锁的铁幕，把中国商品运
销到全世界客户手中，掌握国际贸易主动权和控制权，更加了解市场动态
和客户偏好，为客户裁剪更加合体的服务，优化供应链管理，构筑既能够
及时准确反映不同客户要求，又有助于制造商准确调整商品结构的全球贸
易渠道和网络，提高国际贸易产业竞争力和商品或服务价格。

虽然不排斥利用外部更有效率的贸易渠道，但我们主张我国要建设自
主的国际贸易产业和跨国贸易渠道，加强国际贸易渠道整合和内部化。我
国提高外贸产业竞争力和外贸效益，转变外贸发展方式，必须从加强国际
贸易产业组织体系发展入手，激励有实力的企业"走出去"，扩大海外贸易
公司投资，实现跨国公司化经营，加强自主国际贸易渠道和网络建设，提高
国际贸易渠道整合力和渠道控制力。因此，中国企业的海外直接投资及其贸易
公司建设要特别加强构造贸易渠道，不仅要解决我国对外贸易渠道畅通问题，
而且要参与整个全球市场的国际贸易经营，深度参与全球的国际贸易产业经
营，建立遍布全球市场的国际贸易网络体系，谋取贸易经济利益。在大力发展

制造业企业海外直接投资建立内部化渠道之外，同时政府需要加强渠道整合的政策引导和干预，鼓励专业外贸公司加强自主渠道的建设，特别是加强海外贸易公司的分支机构建设，加强渠道管理和控制，努力拓宽渠道，实现渠道多元化、网络化，构建和整合布局全球主要市场的自主贸易渠道和贸易网络，朝着大型全球性综合商贸跨国公司方向发展。

第三节　加强外贸技术创新　提高外贸信息化水平

一　外贸技术创新是外贸发展方式转变的重要途径之一

（一）贸易技术创新是重要的技术创新领域

随着全球化日益深入发展，国内贸易占比日益下降，国际贸易日益成为主流贸易形式。而且，有别于抽象的国与国之间的国际贸易概念，实际发生的具体国际贸易是从一国生产者到另一国消费者（或顾客）之间的全部贸易过程，其中或许有制造商、代理商、进出口商、批发商、零售商等主体。国内批零贸易与国际贸易日益紧密整合，已无分别。国家间生产分工和全球生产网络日益紧密和复杂，国家间经济已经高度融合，不分彼此。国际贸易与国内贸易也高度融合。国际贸易活动将商品从生产商送到消费者等客户手里涉及经营批发零售的独立商人主体构成的流通网络。大型生产企业和大型零售企业日益拓展了批发功能和环节，缩短了贸易渠道。纯批发商主要集中于农业相关领域，而纯生产商和混合企业往往普遍经营差异化商品的产业，纯批发商数量相对较多，平均规模小于纯生产商，它们占贸易额的份额相对较小，对市场规模和来自中国等低工资国家的进口比较迟钝（Bernard et al，2010）。[1] 国际贸易主体和贸易环节可多可少，贸

---

① Bernard, Andrew B., J. Bradford Jensen, Stephen J. Redding and Peter K. Schott, "Intermediation in International Trade: Wholesalers and Retailers in US Trade", *American Economic Review: Papers & Proceedings*, Vol. 100, No. 2, 2010, pp. 408-413.

易渠道和上下游价值链可长可短，贸易规模可大可小，其贸易技术含量可高可低，贸易技术创新幅度可宽可窄，技术创新始终伴随着贸易的发展。

贸易技术创新是贸易创新的重要方式之一。过去有学者讨论过国际贸易创新问题，但很少深入研究国际贸易的技术创新问题。大多数学者仅从通信、互联网和电子商务技术角度研究国际贸易的技术创新问题。其实国际贸易技术创新自古就有，货币特别是信用货币就是重大的贸易技术发明，这是一种贸易媒介创新。以前我们常看到的技术创新都是没有分别的，这里所谓贸易技术创新是相对于生产技术创新区分而言的。我们通常容易理解生产的技术创新，如果把全部国际贸易过程看作贸易服务的生产过程，其服务生产过程的技术创新也是一种生产过程技术创新，这样可以更容易理解国际贸易技术创新。它已经成为技术创新研究的重要组成部分。

广义来看，贸易创新包括除工业生产工艺和产品创新之外的一切企业经营管理、组织改革以及销售、贸易技巧等，它不局限于做生意的方法，而是一切能提高做生意的效率与能力的技术技巧。狭义来说，撇开外贸企业微观管理创新和国家宏观政策及制度创新之外，国际贸易技术创新仅指国际贸易活动过程的技术层面创新。过去我们把国际贸易创新更多地侧重于国际贸易管理、制度层面的创新，也有探索国际贸易新市场、新组织的创新，这些方面的创新都对转变外贸发展方式具有意义，但这里我们着力强调国际贸易技术创新对转变外贸发展方式的重要意义。贸易领域，特别是国际贸易领域的技术创新不同于生产领域的技术创新，也是重要的技术创新领域，具有某些部门特定的含义和现实意义。

因此，本节只研究贸易本身的技术创新，不涉及贸易之外的管理、制度、组织、市场等方面的创新问题。仅由资金、人员要素增加而非技术创新因素引起的贸易规模扩张，不能视为贸易技术创新的表现。这些贸易规模和范围经济可能不是技术进步因素带来的。国际贸易技术创新不仅限于与贸易有关的信息技术、金融技术、物流环节中的运输以及仓储、包装技术创新，核心的是贸易过程和服务本身的技术创新。这是贸易技术创新的关键和瓶颈。

（二） 贸易技术创新具有重大的理论意义与现实意义

且不说中国古代印刷术、指南针、各种度量衡器的发明对于贸易，特别是海洋贸易发展的重大意义，近现代西方电报电话、办公机器、船舶等交通运输工具的发明对于促进国际贸易发展也起着关键作用。这些有关贸易的技术创新是贸易发展的真正推动力。贸易技术创新应该是技术创新的重要组成部分。贸易技术创新丰富了技术创新的内涵，扩大了技术创新范围。随着竞争加剧和新技术涌现，国际贸易日益成为一项技术成分很高的经济活动环节。前文已经论述了贸易技术创新的重要经济效果，它对于国家经济、科技、信息安全同样具有重要意义。

贸易技术创新与工业技术研发创新同等重要。长期以来贸易技术创新没有受到重视，创新开支根本无法与工业技术创新开支规模相比，导致贸易技术创新进展非常缓慢，理论方面研究和突破较少。创新必须体现在工业技术和贸易技术两个方面，两者都是推动生产力、财富和经济发展成长的重要动力来源。国际市场竞争力不仅来自生产领域的各种优势和技术创新，而且来自贸易领域里的各种优势与技术创新。贸易技术创新同样可以形成企业间市场垄断竞争结构和国际竞争优势。不可复制的贸易技术创新的商业化应用将产生领先优势，形成不利于竞争者进入市场的不相容技术障碍。

贸易技术创新促进贸易自动化、信息化和现代化，体现贸易发展大方向、大趋势。当前，国际贸易技术创新是转变外贸发展方式的重要途径之一，事关外贸发展方式转变。没有国际贸易技术持续深刻的创新，单靠生产技术创新，难以推动外贸发展方式持续深刻的转变。中国制造业产品出口价格竞争力因劳动力和原材料价格上涨日益削弱，这种成本上涨是经济发展的必然结果，不可遏制，也不应阻止，但是要维持昔日强劲竞争力，中国企业必须转变经济及外贸发展方式，促进外经贸转型升级，从生产和贸易两个环节加强技术与管理创新，以技术和管理创新增强市场竞争力。中国出口价格竞争力不仅来自劳动力与原材料低成本，而且来自生产规模经济、大市场和优质交通及出口设施条件，并非其他国家短期内能够替代的。更重要的是我国外贸发展方式不能再走过去大规模低价竞争的老路，需要依靠技术进步和加强管理提高外贸发展质量和效益。如果说经济发展方式转变的关键手段是依靠科技进步和提高管理水平，以创新驱动经济发展，那么作为经济发展的一个重要方面的外贸发展方式转变的关键仍是外贸技术创新、管理创新和制度创新，提高单位贸易量、单位贸易成本和单位贸易投资额的收益，创造更高的外贸价值和外贸效益。所以，加强贸易技术创新是转变外贸发展方式的重要途径，具有重要的现实经济意义。

（三）贸易技术创新的有关文献

零售贸易技术创新是贸易技术创新的重要形式。零售技术创新和应用能提高生产力和竞争力，降低价格，增加效益。一切真实的零售业劳动生产力增长是更有生产力的新进入零售技术代替现有零售技术的结果（Foster，Haltiwanger and Krizan，2006）。[1] 美国 20 世纪 70 年代引入条码扫描仪技术，到 1984 年美国 10% 的食品店装配这种技术设备，在其应用的头十年里大约使食品价格降低了 1.4%（Basker，2013a）。[2] 超市采用条码扫描设备达到 5%，可使食品店价格平均下降大约 0.6%，以 2012 年美元币值计，扫描设备带来的短期福利所得每年大约为 26 亿美元（Basker，2013b）。[3] 拉格卡斯（Lagakos，2009）认为富国大多数零售由现代化超市经营，具有较高的人均生产力；发展中国家零售由低生产力的传统小店主导；发展中国家汽车拥有率较低，零售业较少采用现代化超市，汽车在零售业技术运用构成和零售生产力差别中发挥决定性作用。[4]

过去几十年里 ATM 和 POS 机的应用扩散已经改变了交易的方式。金

---

[1] Foster, Lucia, John Haltiwanger, C. J. Krizan, "Market Selection, Reallocation, and Restructuring in the U. S. Retail Trade Sector in the 1990s", *The Review of Economics and Statistics*, Vol. 88, No. 4, 2006, pp. 748 – 758.

[2] Basker, Emek, "Change at the Checkout: Tracing the Impact of a Process Innovation", *Working paper*, *University of Missouri*, June 2013a.

[3] Basker, Emek, "Change at the Checkout: Price Effects of Barcode Scanners", *Working paper*, *University of Missouri*, February 2013b.

[4] Lagakos, David, "Superstores or Mom and Pops? Technology Adoption and Productivity Differences in Retail Trade", *Federal Reserve Bank of Minneapolis Research Department Staff Report* 428, 2009.

融交易技术创新对活期存款具有正面影响，这种技术创新显著地降低了货币需求的收入弹性（Columba，2004）。[①] 金融交易技术创新对流通中现金的需求具有负面影响，对 M1 货币需求的影响是正的（Columba，2009）。[②] 互联网金融技术创新与应用对国内贸易、国际贸易、跨境电子商务的结算、汇兑、融资都具有显著的影响。但这方面的研究文献并不多见。

互联网削减了具体市场的固定贸易成本，削减固定成本可能会提高出口增长（Freund and Weinhold，2004）。[③] 互联网促进和刺激了国际贸易发展，克服许多有关贸易障碍（Kurihara，Fukushima，2013）。[④] 司佩尔贝（Spulber，2002）强调先进的计算机、通信和互联网技术已经被应用到可以降低交易成本的新交易技术，降低交易成本的技术变化使交易创新成为可能，开发出新型市场交易，交易创新改变的不仅是商业方法和组织设计，而且是交易内容和组织市场方式。[⑤]

国际贸易技术创新和技术设备升级可以减少贸易成本和障碍，提高贸易效率，增强贸易能力。近年来海关采用无纸办公（Electronic Data Interchange，EDI）、单一窗口，运用互联网、标准化和联网通信等自动化和现代化技术升级。这些技术升级所带来的大幅度降低贸易成本的好处需要与简化边境检查流水作业手续相配套才能取得，政府对海关现代化项目的投资、运营和维护成本要给予长期的资金支持（Yasui and Engman，2009）。[⑥]

---

① Columba, Francesco, "Demand Deposits and Transaction Technology Innovation", No. 108, Royal Economic Society Annual Conference 2004 from Royal Economic Society, 2004, http://repec.org/res2004/Columba.pdf.

② Columba, Francesco, "Narrow Money and Transaction Technology: New Disaggregated Evidence", MPRA Paper No. 12689, 2009. http://mpra.ub.uni-muenchen.de/12689/.

③ Freund, Caroline L. and Weinhold, Diana, "The Effect of the Internet on International Trade", *Journal of International Economics*, Vol. 62, No. 1, 2004, pp. 171 – 189.

④ Yutaka Kurihara, Akio Fukushima, "Impact of the Prevailing Internet on International Trade in Asia", *Journal of Sustainable Development Studies*, Vol. 3, No. 1, 2013, pp. 1 – 13.

⑤ Spulber, Daniel F., "Transaction Innovation and the Role of the Firm", *The Economics of the Internet and E-Commerce*, Vol. 11, 2002, pp. 159 – 189.

⑥ Yasui, Tadashi and Michael Engman, "Chapter 5: The Role of Automation in Trade Facilitation", edited by OECD. *Overcoming Border Bottlenecks: The Costs and Benefits of Trade Facilitation*, OECD, 2009.

（四）本节的研究目标与研究方法

目前我们对贸易技术创新的概念、方式方法、效果、机理和内容与目标还不够明确。本节的研究对象是从事国际贸易活动的企业，讨论其贸易技术创新活动特征、目标、内容、方法及其对贸易效率提升的贡献，研究运用与生产领域技术创新相比较分析法和历史文献资料实证与逻辑推演相结合的方法。在认识贸易技术创新特征，技术创新效果，技术创新目标、内容与方法的基础上，研究中国贸易技术创新的制约因素和政策调整思路，发现国家间贸易技术显著异质性普遍存在，国家间贸易技术差异也非常明显，贸易技术创新带来多种效果；贸易技术创新大方向是贸易自动化、信息化和现代化；贸易技术创新方法多种多样，没有统一的创新方法，适合本单位、本技术领域的方法最有效；中国贸易技术创新存在多种制约因素，需要适时调整国家创新体制和政策，促进贸易技术创新。

二 贸易技术创新的特征

（一）贸易技术创新是生产过程技术创新的继续延伸，生产技术创新与贸易技术创新无差异

如果抽掉交易、分配过程，可以把经济循环的生产和消费看作两个截然相反的物理化学过程，生产与消费分别是彼此的对立面，生产过程就是相反形式的消费过程。那么，进行实际吃、穿、住、行、娱等消费之前的过程都是生产过程，包括商品或服务的物流、交易、售后服务等服务生产过程。人类有意识的技术创新贯穿于全部生产过程之中。国际贸易作为国家间的一种服务生产包含于全部生产过程之中，国际贸易技术创新就是生产过程技术创新在国家间商品或服务贸易技术创新的继续延伸和再现，两者的技术创新没有本质差别。仅仅认识和重视生产技术创新的重要性很不够，同时要认识和重视贸易技术创新的重要性。

（二）贸易技术创新与生产技术创新相辅相成

小商品生产情况下，工业技术落后，生产力较低，国际贸易规模有限，采取落后的易货贸易、边境小额贸易，零售以夫妻店为主。第一次、第二次产业革命后，工业化的大生产方式对应于国际大流通、大经贸方式，生产和贸易技术水平有了巨大提升，生产规模化、差异化对应于国际贸易全球化、多元化，大型连锁店和超级市场发展起来。20世纪晚期发展起来的电子商务及其在国际贸易中的运用是与信息技术革命以及第三次产业革命紧密相连的。工业生产技术、产品技术要与外贸新方式契合，创造出效率最高、对顾客吸引力最强的技术路线。制造业服务化意味着制造业投入和产出都包含更多服务。每个时代具有多高的生产技术水平，相应的贸易领域也需要与此相适应的技术创新设施。

（三）贸易技术创新主要是外生的

互联网、通信和电子商务技术对于国际贸易领域来说是外生的技术进步，嫁接和应用到国际贸易活动之中。许多国际贸易技术创新表现为工业技术创新成果或技术设备在贸易领域里的推广应用。例如，物流交通技术创新、信息通信技术创新、通关技术设备创新、检测度量技术设备创新等都会体现为国际贸易领域的技术创新成果，体现为贸易效率提高、流量扩大、单位贸易成本降低等创新业绩。国际贸易领域内生的技术创新少见。由于世界上许多国家不仅不重视贸易技术创新，而且对贸易技术创新不给予与生产领域技术创新成果同样的知识产权保护，尤其歧视性地不给予商业方法等方面的专利保护，结果贸易技术创新成果数量、质量水平都不及生产领域，贸易公司或机构技术设备主要依靠生产企业技术创新供给。工业技术装备在贸易领域应用为工业创新技术产品提供市场，虽为外生技术创新成果，但它同样可以提高贸易效率，降低贸易成本，扩大贸易能力，这种技术创新在贸易领域应用也是贸易技术创新的来源之一。

（四）贸易技术创新同样体现为过程创新与产品创新两种形式

如果将生产看作把有关要素由一种形态转化为另一种想要的形态（商品、服务、技术、知识）的过程，那么贸易就可以看作把属于某一主体的物质或非物质财产转让或许可给另一主体用于生产、消费、使用或欣赏等的过程。工业、农业、服务业中的生产技术创新成果要通过对新技术产品采用新工艺、新设备进行复制性批量化、大规模生产，这种生产技术创新体现为产品新技术、工艺新技术两种形式的创新。贸易领域企业同样开展有关贸易过程、贸易新品两方面的技术创新。贸易活动过程中流程技术创新成果自己实施和利用，可以获得竞争力和竞争优势，贸易流程技术创新成果较少由自己研发，大多数由工业专业技术公司研发和生产供应。贸易新品技术创新表现为贸易新形式、新方法、新途径等。买卖、借贷或许可是两种最常见的贸易形式。买卖贸易不仅有常见的批发、零售两种方法，还有拍卖、连锁、折扣（店）、赊销及预订、期货交易、证券交易、团购、俱乐部分享、换货贸易或兑换等多种方法。使用权贸易的方法有资产借贷、技术许可、设备或土地的租赁、品牌或商号特许、提成、返点等方法。贸易实现途径也多种多样，自由贸易、公平贸易、强制交易（Forced Transaction）、搭售、套利、拒绝交易（Refusal to Deal）、限制贸易等都是常用的贸易途径。贸易新品技术创新难度大、成果少、进展缓慢。贸易新品技术创新成果不形成新技术产品用以批量生产和供应市场，这种贸易新品技术创新成果一般以相互业务往来得以扩散，被其他同行采用。贸易新品技术创新难以形成知识产权加以保护并长期获取商业利益。而贸易流程技术创新可以形成知识产权加以保护和利用，取得竞争优势。

（五）贸易技术创新受客户交易行为和消费条件的影响

技术创新与进步改变了消费者和商业接触的方式，因此商业与贸易方式必须随消费者和技术变化而创新。许多与客户有关的技术创新要不断接受客户修改意见，把客户作为创新参与者和推动者，把客户意见和建议作为创新思路的重要来源。在家庭有了汽车、冰箱以及电力、天然气供应之后，生活方式和购物方式会发生很大变化。特别是当现代信息通信技术设备普及到大多数消费者手上，而不仅仅是公司办公室桌面上时，贸易技术创新和应用必须要体现客户用于交易的技术装备水平，贸易才能不受阻碍。随着新信息技术的涌现、消费观念的改变，生产、商业供应的观念和方式也要随之改变，传统B2C的商业模式可能要被C2B的定制模式所取代。新技术设备推广应用要进行用户调查，特别是最挑剔、有鉴赏力的客户意见要受到格外重视。许多新技术是在不断地试错中总结出来的，因此，新技术在被客户采用的过程中要进行不断的修改完善。

（六）贸易技术创新具有时尚特性

消费过程也在不断创新。国际消费者更加追求时尚。旧的传统的贸易方式方法、贸易技术设备、营销风格和贸易文化不再受欢迎而渐渐失去竞争力，退出市场。贸易新技术、新方式、新风格总是受到喜爱时尚新潮的人群追捧，并且逐渐扩散开来成为主流，乃至成为传统。每个社会发展阶段中，人们对商业流行具有不同的认识和看法，商业技术创新具有时尚特征。不符合时尚的商业方式得不到发展。这与当时人们主流的消费时尚、生活时尚、生产力水平以及社会风俗紧密相连。不断推陈出新的时尚特性引导着贸易技术不断革新，时尚总是影响着国家贸易技术创新的方向。商业竞争所引致的学习与创新是两种既紧密联系又完全不同的行为。学习是一种掌握和模仿已有知识的趋同行为，是落后者追赶先进时尚的同质化活动。技术创新则是一种与传统以及竞争对手形成不同、创造差别的行为，是先进者引领时尚潮流的差异化活动。世界上时尚差异化和同质化两种趋势同时并存，创新与学习会交替发生。

（七）贸易技术创新具有系统性，受到多种因素限制

贸易技术创新受到工业技术创新、消费技术创新和与贸易有关的金融、信息、物流等领域技术创新的系统性影响。与以前相比，现代贸易涉

及的商品种类、贸易规模、网点数量、发展速度、效率和及时性都大为提高，贸易的技术创新体现在很多方面。由于贸易技术创新具有系统性，两者不对应，就可能出现一方阻碍另一方创新的应用和实现，从而使另一方创新失败。贸易技术创新需要考虑供应商、客户的反应和条件。不同的条件和反应，贸易技术创新的阻力和成功率都会不同。大量中小企业被锁定在现有贸易技术创新成果之中。有实力的大型贸易公司在贸易技术创新上要与供应商、客户加强合作。

企业或研究机构的技术创新常受历史、社会经济环境、制度、文化等非技术因素影响而具有路径依赖特征。一个创新系统的结构会有助于某种方式的相互作用和结果，对现有结构或功能具有增强或削弱的反馈作用，导致稳定组态或系统解体的锁定。现有的一切知识、习惯、设施和社会条件等具有惯性，会阻碍和抵抗新的技术创新实施。企业不可能封闭创新，必须与外部环境广泛接触与交流。保持开放系统，可以避免创新活动囿于自增强的路径依赖。创新系统各组成部分之间有互补性，一个部件不发展进步会阻碍整体系统增长，这就是系统的瓶颈或反向凸角引起的时间滞后。这可能是技术系统个别组件不配套导致整个系统效率不能发挥，也可能是受到社会基础设施、金融、经济条件等因素的限制。[①] 国际贸易技术创新受到众多环节因素的制约，越是激进的创新越需要广泛投入更多努力去改变社会、组织、基础设施，才有可能成功实施创新。

从事国际贸易的企业应当考虑通过参与公共和私营领域其他相关企业变革的方式实现创新。企业对创新路径选择应保持不同思想或方案竞争的开放状态，企业要具有多样而非单一的领导力，避免陷入某种特定路径而不能自拔。大企业比小企业更具有创新性。在整个社会中，能够在贸易领域创新成功的新技术很少。

[①] Fagerberg, Jan, "Innovation: A Guide to the Literature", in Fagerberg, J., Mowery, D., and Nelson, R (eds.) *The Oxford Handbook of Innovation*, Oxford University Press, Oxford, 2004, pp. 1 – 26.

三　贸易技术创新的目标、内容与方法

（一）贸易技术创新的目标

大多数发达国家已经完成贸易技术机械化、电子自动化，跨入贸易技术信息化时代。但是，大部分发展中国家仍没有实现贸易技术机械化、电子自动化，它们的贸易技术信息化发展水平仍处于初级阶段。世界各国所处的贸易技术创新阶段差别明显，世界上一些落后地区的人们甚至仍然采用没有货币中介的以物易物、换工或换服务方式，在交通要道就地摆摊，在居民区开夫妻店等。贸易技术创新的总目标就是不断推进贸易技术进步，促进贸易能力发展。

贸易技术创新目标多样，无论何种都是为了解决贸易发展难题，增强人类的贸易能力与效率。第一，完全独立自主经营的企业专门以贸易技术研发为业务，把贸易技术创新作为核心业务经营，将贸易技术创新成果产品化、工程化。例如，贸易活动中采用先进的信息技术、金融技术和物流技术设备可以不同程度地削减交易成本，提高效率和利润率。因此，这些贸易技术创新必须符合市场竞争的需求，旨在节约成本，提高贸易效率，扩大贸易容量、流量，加快贸易流速，增强贸易能力，实现大流通、大贸易。

第二，贸易公司对引进技术设备进行再创新，以便提高贸易便利化程度，提高贸易服务品质，增强客户吸引力、营销能力和市场调控能力，实现技术差异化，达到提高竞争力和竞争优势的目的。

第三，贸易公司根据业务发展和市场竞争需要自主开展贸易技术创新，达到解决贸易中遇到的难题，节约贸易成本，提高销售或采购效率，吸引客户，降低风险，改善贸易条件，利用规模和范围经济，提高效益等目的。

无论自主创新、非自主创新，还是引进再创新，贸易技术创新的战略目标都要体现在销售和购买两个方向上，实现自动化、信息化和现代化。

（二） 贸易技术创新的内容

贸易技术创新内容极为广泛。概括来讲，贸易技术创新包含信息流、商流、物流三大领域，各领域内容又相互交叉。

1. 信息流技术创新内容

贸易中涉及信息流的技术领域几乎无处不在，包括客户信息搜索、市场供求和价格信息比对、贸易状态信息跟踪、市场竞争者行情、物流及库存信息、条码读写、广告、客户反馈信息、关检探测技术、电子数据交换技术改进或创新、办公无纸化、互联网信息技术等。

从有纸贸易到无纸贸易是一次大的贸易技术飞跃。使用电子文件 EDI 代替贸易的纸质文件，就是通过电脑、互联网以及通信设备实现贸易信息无障碍传递，无需纸质文件的传递和核查，可以大幅度提高进出口贸易文件的审核速度，提高边境海关通行效率，减少贸易成本和时间。这是贸易信息技术创新的生动体现。

现代信息通信技术是促进贸易技术创新的主要源泉。新的信息技术和工具已经改变了传统的贸易方式。互联网和数字技术已经改变了生产者和消费者的行为，使整个贸易领域转型，出现了电子商务、电子金融、电子娱乐、电子旅行、电子政务等，可以有效进行互联网广告、营销、通信、搜索、跟踪、评估等多样化的信息流动。电子金融在线可以办理国际支付、结算和融资以及保险业务。新型云计算可让海关安全无误地实行电子边境检查通关，加快通关速度，大幅度降低边境控制引起的延误和通关成本。例如，沃尔玛作为经营大规模市场的跨国贸易公司，广泛采用计算机仓储跟踪技术、流通网络自动化技术、沃尔玛卫星网络技术等。

跨境电子商务技术创新内容包括交易、审批文件等基础信息可信保障技术，海关、边检、质检、金融、商务管理等贸易基础业务相互协同的技术，以及网络交易与金融、物流实时监控的集成技术，形成显著保障基础信息流可信度与安全性、提高贸易各环节效率和大流量、高集成度的跨境贸易平台。私人企业技术创新必须要与政府在海关、商检、码头、边防等方面开展的信息技术设施衔接，才能有效提高贸易活动的效率。进出口贸易相关文件、履行手续的程序实现自动化可以加速商品进出境，减少错误，提高通关效率，减少成本和时间。一些发展中国家开发的海关信息基础设施可用性差，进出口商信息化技术条件达不到政府相关技术设施的要求，反而妨碍了商品的顺利通关。

2. 商流技术创新内容

商流技术创新包括交换和收付两个层面的核心技术领域。收付尽管只是金融的一项业务，但与此相关的金融技术创新内容十分丰富。人类每一次货币发明，特别是纸币以及汇兑的发明，都极大地促进了贸易发展。这次国际电子商务的发明也没有脱离货币工具的发明创造，而是采用电子支付手段的数字货币，这是全新的、颠覆性的贸易方法改革。在商业支付手段方面已经出现了如 Visa 信用卡、ATM \ POS – MIS 系统、自服务技术设备、互联网电子支付等新技术的大量创新成果。这些设备创新不仅仅是生产及产品技术创新，也是金融支付手段创新。与贸易相关的金融技术创新还包括结算、融资、汇兑、保险等业务领域。少数互联网商家已经创造出在一定范围可以流通的比特币，它是否具有价值通用性、广泛接受性尚需接受实践的检验。

商流的另一个核心技术领域是交换。交换技术创新内容又包括销售和采购两个方面。商流技术创新内容包括贸易方法、商业运作模式、营销策略、广告、分销渠道与网络分布技术、客户管理技术、谈判技巧、可视化高频交易自动化和信息化技术、智能自动售货机、电子订货系统（EOS）等。比如，货品摆放技巧、展示技巧、人性化客户界面布局技巧、定价技巧以及谈判议价技巧等都会影响客户的购买决策和销售效率。连锁技术和经营方式不同于单个贸易企业内的技术。

贸易技术创新不完全等同于商业模式、商业方法创新。商业模式、商业方法创新只是贸易技术创新的一部分、一个方面。许多企业都有自己独特的创造价值和获取价值的有效模式或方法，这就是技术手段创新。例如，一些媒体主要通过大量发行的广告收入代替传统卖媒体产品获得收入的模式。

3. 物流技术创新内容

历史上中国开辟古丝绸之路、郑和率商旅船队下西洋抵达非洲大陆、达加玛开辟绕过好望角的航线以及哥伦布发现美洲大陆等无不展现出人类征服沙漠、海洋的地理技术知识的增进，扩展了人类在空间上推动国际贸易所具备的能力。物流形态、环节、方式和条件多种多样，物流工具、设备以及输送手段繁多，因此，物流领域技术创新内容纷繁复杂。

现代物流主要采用先进的仓储、包装、装卸、集装箱、运载车船及航空器、物流机械设备、计量称量度量工具、检验检测仪器、天然气管道、电力输送与计量仪表、油品零售设备、特殊物品运输设备、条码技术、射频技术、电子数据交换系统、物联网技术、全球定位系统、地理信息系统、供应链管理系统、仓储计算机管理系统、邮件分拣技术等，这些都是物流技术创新的重要内容。此外，生态环境友好型物流、包装和分销及其售后服务、包装物回收创新，也是未来物流技术创新的重要内容。绿色生态创新、开放创新环境是需要培养的两个重要方面。绿色生态创新需要激励整个供应链和价值网络的创新能力。政府绿色采购是推动绿色产品、服务创新的重要手段。这些领域的技术创新不仅可以提高物流效率，而且可以降低物流损害和成本，提升物流水平和能力，推动生态环境优化。

（三）贸易技术创新方法

人类已经总结和探索出来的一些有效的创新方法值得我们掌握运用，以下三种方法较为常见。

1. 分段模块化研究方法

企业利用其所拥有的资源、能力、新思想、知识积累等进行新的不同方式的组合，并与外部环境不断学习、交流和互动，把贸易过程划分为不同分工的环节，按照每个环节重复进行的详细惯例，生产新的更加复杂先进的技术机制或设备，以达到某种提高效能、节约成本的技术创新目标。企业把国际贸易每个环节的工序进行分工细化，进一步形成独立的工作程序模块，并把这些模块固化成机械设备和数据链软件。把这些贸易环节的细分模块按照一定的机制整合在一起，构成一个复杂的能够完成国际贸易全部流程功能的技术设备。这种把现实国际贸易复杂过程简化为许多基本功能并加以技术流程化的过程就是一个国际贸易技术创新过程。

研发人员通过观察、调查方式找出贸易活动中存在的成本高、贸易效率低、持续时间长、便利性差等问题，列出改进的目标。按照问题划分研究分工，对每个问题分段进行模块化研究，整合解决问题。每个研究团队首先要对所研究问题的前人有关研究文献（尤其是专利文献）进行梳理和评估，评价文献的研究贡献、缺陷、理论及方法，展开基础研究，发现现有理论和实践与解决问题的目标之间的距离与努力的方向，提出解决问题的思想和方法。接着收集有关信息、数据和资料，展开应用研究，把基础理论研究所取得的思想和方法变成蓝图、计划和发明。在此研究成果的基础上，研究团队要对发明成果进行开发和测试，把图纸、思路和发明成果转化成技术模型或者功能模型及其不同的副本，并进行反复测试验证和改进，直至达到研究目标的完善程度。最后将实验室研究开发成果运用到贸易活动中去进一步检验，评估其改进生产力、成本效率的效果，并不断加以改进改良。

国际贸易技术创新活动常常是由不同的企业或机构分散完成的，起初可能研制或应用新技术研发出不同环节、不同功能的技术创新成果，比如电子数据交换系统、电子商务系统、海关检测系统、网上支付系统、条码扫描仪技术设备等。把这些技术通过互联网、物联网、视频网等网络系统进一步升级和充分整合，能够形成一种可以完成更多功能的新技术系统，可以实现商业化应用，让国际贸易商可用任意语言在任意地方操作设备系统，全天候实现无缝链接的国际交易，检查跟踪国际贸易的每个步骤，计算运费、保险费、税费、融资成本、汇率损益以及收益率水平。技术创新活动很少有重大科技突破，通常是微小的科技改进与商业应用之间不断的复杂重复过程，在很长时间里不断地改进质量、完善性能、减少运营代价、提高用户友好界面等。

2. 逐步升级与完善的技术创新方法

技术创新永无止境。技术创新不可能一步到位、一劳永逸，需要长期投入、长期跟踪、日积月累，逐步提升技术水平，达到技术超越目标。因此，贸易技术创新的一个重要方法就是采取逐步升级与完善的方法。例如，微软操作系统、苹果及三星手机等货物产品技术创新都是采取不断完善和升级的方法，取得技术领先优势，非常成功。贸易领域的技术创新也可以采取逐步升级的方法。

在贸易技术创新上，同样也有线性累积性创新（Linear Model）和非线性的、零星分散的技术创新两种方式。线性累积性技术创新往往需要在某一技术领域不断积累相关知识，有了知识积累，创新基础才可能进一步实现新的技术突破。技术知识的积累有一个逐步增加的过程，因此这类技术创新带有鲜明的逐步积累的技术升级特征。

3. 开放和合作共享的技术创新方法

不仅小企业创新要与外部持续交流，大企业在创新活动中也日益依赖与外部的技术交流和碰撞，通过吸收、借鉴外部知识和经验，不断改进自己的研究与设计思路。复杂的技术知识不是一个企业、一个研究机构就能够掌握的，往往需要多家有较前沿知识和经验积累的企业或机构合作，解决复杂的技术难题。

贸易领域的知识有相当一部分属于非线性的、零星分散的技术知识，这样的技术创新需要各分工单位合作与共享技术知识，才可能整合成为一个有效可用的技术系统。世界范围内的技术创新在领域、时间、地理位置等方面都会发生集聚的变迁。相关的不同企业以强的或弱的纽带结成某一领域技术创新伙伴而聚集在一起，形成一个创新中心。在创新伙伴网络中每个企业的思想创新都是集体创新的一部分。创新合作伙伴共享基础知识、经验以及创新成果，也共担失败的风险。弱联系的企业比较容易调整创新路径，但它能够分享的技术知识与经验十分有限，潜藏着更大的创新失败风险。如今开放与合作共享已经成为包括贸易技术领域在内的一切创新的重要方法。

技术创新方法从来不是一成不变的，都是不断推陈出新的。我们不要只运用某一种技术创新方法，而要灵活根据所研究问题的需要和可能的现实情况尝试多种变通研究方法。无论生产领域，还是贸易领域，创新方法都要顺应自然力，也就是自然规律。凡是逆自然力而行的方法都将失败，凡是顺应自然力的行动都会减小阻力，加上努力就会成功。认识创新的规律，掌握和运用创新规律，就是创新的方法。现代贸易技术创新方法层出不穷，但行之有效的方法都要与时代保持同步。

四 贸易技术创新的效果

贸易技术创新和应用带来的结果体现在许多方面，比如提高贸易效率，使贸易种类日益多样，降低贸易成本，扩展贸易规模以及企业规模等。

（一）中国古代对贸易技术发展做出了不朽的贡献

中国古代度量衡、造纸术、印刷术和指南针的发明不仅对世界科学文化和教育发展起到了重要意义，而且为贸易发展提供了必要的前提。中国黄帝时代设置了衡、量、度、亩、数五量，即权衡、斗斛、尺丈、里步、十百。春秋时期开始使用不等臂秤，战国时期楚国使用等臂秤的天平和木衡，战国时期还出现铜衡杆，后来演变成现在仍在使用的杆秤。秦在历史上第一次统一货币和度量衡制度，货币以秦半两钱在全国流通，秦统一的度为 1 引 ＝ 10 丈 ＝ 100 尺 ＝ 1000 寸 ＝ 10000 分 ＝ 2310 厘米，秦统一的量为 1 斛 ＝ 10 斗 ＝ 100 升 ＝ 20000 毫升，秦统一的衡为 1 石 ＝ 4 钧 ＝ 120 斤 ＝ 1920 两 ＝ 46080 铢 ＝ 30360 克。中国殷商时代或更早就发明了玺印，到周朝已经在很多领域中得到使用，直至今天在人们交易活动中仍然离不开印章这种工具。中国西周时期已经懂得制墨，秦代出现石砚，汉代出现以烟煤加胶合成人造墨。秦始皇时期蒙恬发明了兔毫竹管毛笔，这种笔的发明大大超越了以前用刀在竹简上刻字的速度和便利程度，至今人们仍在制作和使用这种毛笔。中国西汉时期已经出现纸张，东汉宦官蔡伦改进了造纸技术，很快替代了简帛的使用。中国北宋发明家毕昇改进了雕版印刷，发明了胶泥活字排版印刷术。中国战国时期就出现了"司南"，北宋科学家沈括发明了指南针，南宋时期发展出水旱罗盘。中国古代指南针技术的发明不仅促进了航海业的发展，同时扩大了与周边海洋邻国的贸易，并把指南针等航海技术传播到朝鲜、日本、东南亚、阿拉伯以及更远的欧洲国家。据传中国黄帝时代隶首发明了算盘，也有人说大约在公元前

600 年前中国人在算筹基础上发明了算盘这种计算工具，它由运算口诀、规则、术语等软件和算盘硬件两部分组成，不仅在数学、统计等领域广泛应用，特别是在商业上具有重要意义。可见，中国古代人在度量衡、货币、印章、笔墨、纸张、印刷、指南针、算盘等领域做出的杰出创新和科学贡献，极大地推动了商业发展和对外贸易繁荣。

（二）欧美近现代贸易技术创新推动世界贸易经济的强盛

欧美在近现代贸易技术创新上开始走在世界前列。交通运输业技术创新为贸易物流发展奠定了基础。英国发明家瓦特（James Watt）于 1768 年制成了一台单动作蒸汽机，1782 年他发明了大动力的"双动作蒸汽机"并获得专利。1801 年英国发明家特里维塞克（R. Trevithick）首先发明了在一般道路上行驶的蒸汽动力车辆，于次年申请到专利权，在此基础上他把瓦特的蒸汽机改造成高压蒸汽机。1804 年 2 月 29 日，特里维塞克的火车头沿着专门轨道由默尔瑟开到阿伯西昂。1814 年英国著名发明家斯蒂芬森（George Stephenson）制造并改装了一个相似的火车头，并铺设铁轨，开始在煤矿中使用。1807 年美国科学家富尔顿（Robert Fulton）制成蒸汽汽船。

德国工程师本茨（Karl Benz）于 1868 年制成世界上第一辆三轮内燃机汽车。德国工程师奥托（Nikolaus A. Otto）在 1876 年制成第一台四冲程循环的煤气内燃机。德国工程师戴姆勒（Gottlieb Wilhelm Daimler）1883 年制成第一台汽油机，1886 年又制成世界上第一辆四轮内燃机汽车。英国发明家帕森斯（Charles Algernon Parsons）在 1884 年制成第一台多级反动式汽轮机。德国工程师狄塞尔（Rudolf Diesel）1897 年制造了第一台柴油机。1670 年法国科学家吉尔·洛百瓦尔（Gilles Roberval）发明磅秤。

美国发明家莫尔斯（Morse, Samrel Finley, Breese）于 1837 年发明电报机，1844 年 5 月 24 日，发出世界上第一封电报，1858 年建成第一根跨大西洋电缆。意大利工程师马可尼（Guglielmo M. Marconi）1895 年发明无线电报，1899 年 3 月 28 日他成功地实现了无线电通信。1843 年美国物理学家亚历山大·贝恩（Alexander Bain）根据钟摆原理发明了传真，1850 年美国的弗·贝克韦尔（Frederick Bakewell）开始采用"滚筒和丝杆"装置代替了亚历山大·贝恩的钟摆方式，使传真技术前进了一步。1865 年伊朗人阿巴卡捷里（Abcaselli）根据贝恩和贝克韦尔提出的原理，制造出实用的传真机，并在法国进行了传真通信的实验。美国发明家贝尔（Alexander Graham Bell）于 1875 年发明了电话，1956 年建成第一根跨大西洋电话电缆。

1867 年美国华尔街上建起世界上第一个股票行情表。1871 年托马斯·爱迪生（Thomas Alva Edison）发明了通用股票行情显示器。1963 年创建了世界上第一个证券自动交易系统。1971 年建成包括场外交易在内的第一个完全电子版交易系统（NASDAQ）。1978 年美国建立跨市场交易系统，以电子链接纽约证券和美国其他证券交易所。为满足大量客户复杂的即时交易，证券交易实现技术装备电子化、信息化，代表了当时贸易技术的最高水平。

1642 年帕斯卡（Blaise Pascal）发明了一个用齿轮运作的加法器，这是第一部机械加法器。1671 年著名的德国数学家莱布尼兹（G. W. Leibnitz）制成了第一台能够进行加、减、乘、除四则运算的机械式计算机。1946 年美国科学家埃克特（J. Presper Eckert）和莫奇莱（John Mauchly）发明了第一台电子计算机 ENIAC，这是一大飞跃。1984 发布域名服务器（Domain Name Server），有 1000 多台主机在互联网上运行。经过数万次改进，今天的电子计算机功能已经相当强大，"云"计算和储存已经普遍应用。

20 世纪上半叶美国邮寄订购零售方式最流行。汽车、蜂窝电话、冰箱等发明促进了超市的发展，为各种食品、家用品提供了公平定价的一站式购物条件。二战后，居民区内包含百货店、连锁店和其他小型特色专业店的大型购物中心相继建起。电视和报纸的广告推动大众市场的发展。信用卡推广应用可以让零售商配置销售系统和信用卡扫描器，刺激消费，促进了备有大型停车场和提供有限服务的折扣连锁店的兴起，满足了消费者对廉价品牌家用商品的需求。随着消费差异化、个性化的流行，运动、服装、家电、办公、家用、书籍、食品等专业店繁荣起来，迫使折扣店专业化转型，以适应这种需求。

美国沃尔玛是零售业技术创新与应用的典型代表，运用先进的信息等贸易技术提高商业和供应链效率，迫使许多传统的折扣店、百货店业务萎缩倒闭，成为市场领导者和无可争议的价格领袖。2013 年沃尔玛在全球雇用 220 万名员工，销售额达 4660 亿美元，年人均销售额超过 21 万美元。20 世纪沃尔玛创造了了不起的 B2C 模式，以大规模采购把制造业提升到了一定的高度，实现了规模化、标准化生产，因为大规模采购要求走标准化、流水线、低成本生产和集装箱运输的道路。总之，近现代以来，以欧美为代表的西方贸易及其相关领域技术发明创新，有力地推动了世界贸易与世界经济的繁荣强盛，创造出人类历史上从未达到的繁荣时代。

（三）当代贸易技术创新速度加快，贸易力提升等技术创新效果更加明显

电子商务是 20 年来最重大的贸易技术创新成果的代表。20 世纪 90 年代美国零售业伴随着技术进步经历了一场广泛的重组和资源再配置过程。大型贸易公司纷纷在计算机基础上利用网络专线进行商业文件和报表的处理与传递，发展起 EDI 贸易技术。但是传统 EDI 技术使用成本高，而且功能与覆盖面有限。基于互联网的 EDI 技术把商业信息交换的功能从票据、单证等扩展到全面的商业信息领域，跨入现代电子商务技术时代，不同于基于传统电话、传真、邮件的商务活动。在计算机、互联网和现代通信技术基础上发展起来的广泛的技术信息化趋势推动着贸易技术创新层出不穷。20 世纪 90 年代互联网和个人电脑的大规模普及促进了电子商务和网上零售，手机等移动通信设备的普及和移动互联网的发展加快了贸易技术信息化的成长步伐。基于互联网的电子商务交易具有选择空间大、便利、信息专业、产品及时以及定价对比等优势，把消费者对产品、品牌、定价、需求以及渠道等选择的信息透明化了，使消费者对品牌商家的忠诚和信任的根基容易受到动摇，给传统的实体（brick - and - mortar）贸易公司带来了非常严峻的挑战。电子商务作为贸易技术创新的代表相对于传统非电子商务具有销售力强、销售效率高、单位劳动销售力大等优势。贸易技术创新带来的贸易效率提高尤其体现在技术创新效果上，特别是电子商务技术创新的销售效率表现。

1. 当代贸易技术创新显著地降低了贸易成本，提高了贸易效率

国际电子商务是一种依赖互联网进行跨境商品或服务交易交割的贸易形式，国际交易的手续、单证、融资和支付等交易过程都可以在网上办理，实现贸易办公无纸化。目前国际电子商务已经发展到国际移动电子商务的新形态，可以实现随处进行国际网上采购，极大地改变了国际贸易方式，迫使供应商随之改变国际营销模式。国际电子贸易必将成为重要的贸易发展方式。这将是迄今为止人类历史上最大胆的一次贸易技术大飞跃。

信息交换是国际贸易的关键，互联网在国际贸易的跨境数据流动中发挥着重要作用（Meltzer，2013）。[1] 互联网对推动国际贸易增长产生了积极影响，互联网和现代通信技术发展与国际贸易增长之间具有较强的关系（Kurihara and Fukushima，2013）。[2] 在发达国家，互联网、移动通信和电子商务普及率很高，很大一部分客户采购方式已经从实体转到虚拟世界，进行供应商信息索搜、贸易机会广告、网络支付和交易等。现代通信和互联网技术也在发展中国家得到快速应用和推广，电子商务增长快速，这些新技术在世界范围内的国际贸易和商业活动中的应用将改变国际贸易的传统方式，迎来新的国际贸易方式的出现。贸易技术创新的创造性毁灭不断促进贸易产业转型。特别是互联网、通信技术正在改变客户采购方式，摧毁传统的贸易模式。不仅传统实体贸易公司要适应这种信息技术变化，线上电子商务提供商也在以新方式在价值、时尚、选择、便利等方面展开速度、弹性、技术和商业模式的竞争。

依托互联网发展起来的电子商务在贸易方式、结算方式、物流方式等方面都可以进行不同程度的技术创新，能更好地满足购物偏好，提高价格比较效能，降低贸易伙伴间的搜索成本，提高贸易效率。互联网克服了贸易中花费时间过多和地理位置距离远的不利因素，提高了贸易效率

---

[1]　Meltzer, Joshua, "The Internet, Cross - Border Data Flows and International Trade", *Issues in Technology Innovation*, No. 22, 2013, pp. 1 - 20.

[2]　Kurihara, Yutaka and Akio Fukushima, "Impact of the Prevailing Internet on International Trade in Asia", *Journal of Sustainable Development Studies*, Vol. 3, No. 1, 2013, pp. 1 - 13.

（Kurihara，Fukushima，2013）。[1] 信息通信技术使不同国家的客户和消费者们可以更便利地、以更低的成本对比不同国家间同样商品的价格，发现更多差异化的同类商品，技术更新升级便利了贸易，降低了跨境交易成本。国际电子贸易发明的应用，特别是搜索引擎、价格配比和支付系统的发明，克服了基础设施条件差、海关程序繁琐低效、市场准入难等许多国际贸易壁垒，减少了贸易时空上的不利因素，减少了许多人为造成的错误和障碍，在许多方面提高了效率，使资金结算和支付通过网络银行可以在数秒内完成，贸易文件传递和保存以及证据收集可以很快实现，减少了实体仓储数量和费用。这些新技术对国际贸易活动带来了企业组织文化、航运及交通运输物流成本、外汇及汇率、关税及相关税费、语言文化、政府政策及服务成本等方面的挑战。

随着越来越多的客户采用手机等移动通信设备进行交易，实体贸易公司需要提供智能传感器、Wi-Fi满足客户在查看商品可得性、产品定位、识别替代品、互补品等方面的需求。过去不可能实现国际贸易的企业、个人的产品能够通过互联网达成跨国交易实现价值，小企业、小国家甚至个人把商品出售到国际市场，夫妻店也可以与国际商业巨头同台竞争，促进了世界贸易发展进步。

阿里巴巴（Alibaba）公司自1999年成立以来从信息流、资金流、物流三大领域不断开发电子商务技术和应用平台，现在已经成为世界上最大的互联网和电子商务公司，体现出明显的节约贸易成本和提高贸易效率的技术优势。2003年淘宝网刚刚创立，一年只有2000万元交易额；2004年，淘宝交易额迅速攀升至10亿元；2005年交易额扩大到80亿元；2006年达到169亿元；2007年增长到433亿元；2012年达到1.1万亿元，交易额首次突破1万亿大关。2012年中国电子商务市场交易规模达7.85万亿元，同比增长30.83%，其中B2B电子商务交易额达6.25万亿元，同比增长27%；网络零售市场交易规模达1.32万亿元，

---

① Kurihara, Yutaka and Akio Fukushima. "Impact of the Prevailing Internet on International Trade in Asia", *Journal of Sustainable Development Studies*, Vol. 3, No. 1, 2013, pp. 1 – 13.

同比增长 64.7%，阿里巴巴集团占网络零售市场份额的 83%。2013 年阿里巴巴在线交易额继续保持增长势头，达到 1.7 万亿元。与此同时，阿里巴巴公司营业额、进入国内外市场的企业商铺数量均高速增长（见表 5-4）。

　　移动电子商务和支付成为贸易技术创新与应用的新亮点。移动电子商务和支付涵盖移动电子商务提供商、移动支付、导购及社区、条形码价格扫描等多个分支，更加便利了随时随地的交易活动。阿里巴巴领跑并且主导移动电子商务市场。截至 2013 年底，阿里巴巴电子商务应用累计下载量占到了 73.9% 的市场份额。阿里巴巴旗下支付宝主导移动支付市场，市场份额高达 82.3%。

表 5-4　2007~2013 年阿里巴巴公司经营情况

项　目 ＼ 年　份	2007	2008	2009	2010	2011	2012	2013
在线实现交易额（亿元）	433	999.6	2000	4000	6300	11000	17000
营业额（亿元）	21.62	30.01	49.85	85.96	147.74	256.64	412.33
国际市场的企业商铺数（万）	70	97	140	170	223	280	330
中国市场的企业商铺数（万）	226	365	542	685	779	850	950
集团员工数（万人）	0.85	1.2	1.8	2	2.57	2	2.4
直接就业数（万人）	—	37.3	69	182.3	270.8	467.7	—
间接就业数（万人）	—	106.3	197	500	771.8	1333	—

资料来源：根据历年阿里巴巴年度报告、阿里巴巴社会责任报告资料整理所得。

　　2007 年阿里巴巴人均交易额为 509 万元，2008 年为 833 万元，2009 年超过 1100 万元，2010 年达到 2000 万元，2013 年阿里巴巴人均交易额进一步提高到 7083 万元的新高度，体现出电子商务贸易效率逐年提高的趋势。

　　与阿里巴巴员工共同努力推动电子商务快速增长的还有数以万计的企

业商铺及其职员。虽然在阿里巴巴平台上的企业商铺并非能年年盈利，但长期来看进入平台的国内外企业商铺数量快速增长，在线销售额同时高速增长，表明绝大多数在线企业商铺能够实现盈利，否则不会有新企业商铺进入，而且平台为商铺免费提供网上店铺和推广、营销平台，节省了大量的准备成本、库存成本、营销成本、渠道成本等交易成本（Huang、阿里巴巴集团研究中心，2008）①，电商企业能实现边际收入覆盖边际成本，在销售增长中固定成本占比快速递减，体现出在线交易显著的交易成本节约效果。

2. 当代贸易技术创新加速了贸易集中和就业转移

由于贸易领域的技术创新与应用，贸易行业集中度日益提高，出现了许多大型的国际贸易公司、大型跨国零售贸易公司如 Wal – Mart、Kmart、Target、Carrefour、Big Bazaar 等，它们近几十年来的贸易规模增长速度比其他小型贸易公司快。

贸易技术创新促进贸易公司规模扩张和流量集中。大型贸易公司运用信息通信技术、卫星定位技术、条形码读写扫描技术等，将从生产商装配线下来的产品装船运至零售商，送到最终客户的整个价值链中，进行采购、运输、通关、分配、包装、销售活动的信息跟踪、核查、库存管理、账单管理、资金管理等活动。同时，运用先进信息系统追踪数以千万计的产品或服务的客户需求信息，收集和分析从各个销售网点汇集而来的销售动态，自动反馈订单和潜在客户需求动向。大型企业更有实力和能力开发应用电子商务技术。欧盟的调查发现，大公司 19% 的营业额来自电子商务，小公司只有 4% 的营业额来自电子商务。跨境电子商务的发展速度不及境内电子商务。掌握贸易渠道控制权的大型跨国贸易公司常常能够经营管理大规模、数以万计品种的高速流量产品，导致贸易日益集中到利用技术创新的大型贸易公司手中。

贸易技术创新与应用在零售业和国际贸易业务集中方面都发挥了关键

---

① Huang、阿里巴巴集团研究中心：《电子商务服务业及阿里巴巴商业生态的社会经济影响》，IDC 白皮书，2008。

作用。零售业规模经济与进口过程规模经济相互作用，这些规模经济放大了技术变化和贸易自由化效果。贸易壁垒下降不仅通过削减投入成本，而且通过扩张连锁和较高技术投资增加了进口。技术创新大约占 1984 ~ 2004 年沃尔玛贸易额增长的 60%，由关税下降引起的投入成本削减和采购变化占到其间沃尔玛贸易额增长的 40%（Basker and Pham Van，2008）。① 发达国家一些大型零售连锁贸易公司不愿从进出口商、批发商那里获得货源，已经成为从发展中国家进口的平台。1997 ~ 2002 年大型连锁零售业从中国等发展中国家进口已经出现非常规增长，大企业从中国进口的边际倾向是小企业的 3.3 倍，这期间大型零售企业非常规增长解释了 19% 的来自中国的消费品进口增长（Basker and Pham Van，2010）。② 零售业国际贸易规模和竞争正在兴起，正在迫使没有效率的零售商退出市场。当零售市场结构发生变化时，进口价格变化可能对消费价格和进口量产生很大影响，可以通过减少进口抬高消费价格，从而显著改变这种传递机制（Raff and Schmitt，2012）。③

在西方国家市场中，控制主流贸易渠道的大型跨国贸易公司，比如沃尔玛，不仅依靠现代技术推动低端制造业从发达国家转移到发展中国家，而且把发展中国家制造商创造的剩余价值以价格竞争的形式转移到西方发达国家，增加发达国家国民的福利。仅沃尔玛一家公司就经营着每年从中国出口到美国市场 15% 的贸易量（Hart，2012）。④ 沃尔玛几乎把折扣和连锁经营的贸易方法做到了极致，在美国内外大规模扩张折扣店、超级市场、购物中心网络，天天以低价销售更多产品，经营着品种数以万计的商品，利用现代科技极大地扩展了其生产可能性边界（Brea - Solís，

① Basker, Emek and Pham Hoang Van, "Wal - Mart as Catalyst to U. S. - China Trade", DEPOCEN Working Paper Series No. 2011/01, April 2008.

② Basker, Emek and Pham Hoang Van, "Imports Retail Chains as Platforms for Developing - Country Imports", *American Economic Review*, Vol. 100, No. 2, 2010, pp. 414 - 418.

③ Raff, Horst and Nicolas Schmitt, "Imports and the Structure of Retail Markets", *Canadian Journal of Economics*, Vol. 45, Issue 4, 2012, pp. 1431 - 1455.

④ Hart, Jeffrey, A., "Information Technologies and Global Political Economy", Published in Sean Costigan and Jake Perry, eds., *Cyberspace and Global Affairs* (Surrey, U. K.: Ashgate, 2012), pp. 3674 - 3687.

Casadesus – Masanell，Grifell – Tatjé，2012）。[1] 尤其是零售业技术进步加快，推动了零售市场高度集中。垂直的流通连锁增进了贸易效率，加快了全球市场整合。零售商经营品种增多、许多零售市场兴起进场费和制造业向零售业转移就业是与产品市场全球整合相一致的（Raff and Schmitt，2011）。[2] 这些高度一体化的大型贸易公司，特别是跨国贸易公司，利用贸易技术创新成果，提高市场价格竞争强度，迫使生产成本占比较大的制造业企业寻求到生产成本更低的发展中国家投资，促进国际产业转移，并把在发展中国家生产的廉价产品返销到发达国家，进一步迫使发达国家加快产业转移步伐，在这个过程中大型跨国贸易公司集中了大部分国际贸易业务，并控制着全球价值链的利益分配权。

同时，贸易技术创新还带来就业转移，甚至失业。这种国际贸易技术创新竞争加剧，使国际贸易关系紧张起来。大型连锁零售企业的进入和增长对小型零售店的就业增长具有巨大的负面影响，但是这种影响仅仅当大型连锁零售企业在紧邻地区和同一个细分产业里的活动时才如此（Haltiwanger，Jarmin，Krizan，2009）。[3] 电子商务等新贸易技术开发与应用促进了制造业就业人口、传统实体贸易就业人口向电子商务贸易公司及相关服务业转移。2010 年阿里巴巴 B2B 公司收购深圳一达通，它是国内第一家提供进出口服务的外贸 B2B 平台，为中小企业进出口贸易提供通关、运输、保险、码头、外汇、退税、融资等全面服务。小企业从事传统国际贸易要与外国伙伴进行沟通、下单、融资、物流以及通关等事宜，需要运用现代通信、金融、物流等方面的技术设备，这些技术先进与否直接影响贸易能否顺利完成。阿里巴巴的一达通电子商务技术能使小企业与大型企业在国际市场上同台竞技分享市场，而且无需在海外市场上设立实体

① Brea – Solís，Humberto，Ramon Casadesus – Masanell，Emili Grifell – Tatjé，"Business Model Evaluation：Quantifying Walmart's Sources of Advantage"，*Harvard Business School Working Paper 13 – 039*，November 6，2012.

② Raff，Horst and Nicolas Schmitt，"Manufacturers and Retailers in the Global Economy"，CESifo Working Paper Series，No. 3508，*Kiel Working Papers 1711*，2011.

③ Haltiwanger，John，Ron Jarmin，C. J. Krizan，"Mom – and – Pop Meet Big – box：Complements or Substitutes?" *Working paper*，CES 09 – 34，September，2009.

机构，完全通过互联网电子商务、远程会议、电子采购、电子邮件、电子金融或银行以及信用卡等技术工具实现虚拟化，成本几乎忽略不计，减少错误混乱，极大地提高了贸易效率。从制造业国际产业转移而形成的失业和被电子商务技术替代下来的传统贸易就业转移到电子商务及其相关服务业上去。据估计，2008 年淘宝网创造直接就业机会达到 37.3 万，间接就业106.3 万人；2012 年阿里巴巴创造的直接就业和间接就业人数预计能够分别达到 467.7 万和 1333 万。贸易技术创新与应用带来的就业转移改善了劳动力资源的配置效率，提高了就业的质量与水平，增加了国民收入。

面对数以万计的供应商，大型贸易公司采购和销售不是增加人员手工可以应付的，而是不仅要依靠高效的电子商务平台，而且必须研发和采用采购或销售机器人技术设备。现在我们仍然主要依靠人类自己研究和开发的技术设备提高效率和降低成本，未来人类可能将这些研发任务交给智能机器人。劳动确实创造和发展了人类，但劳动不是人类的目标。现在工商业以及其他高危行业里运用大量的机器人代替人类劳动。未来人类可能不需要劳动，或者只需要较少的劳动，由机器人完成更多的劳动任务，人类会有更多的休闲娱乐时间。人类完全会研发出高智能的可以代替人类从事技术研发的机器人，那时人类可以利用机器人提高贸易技术创新的效率，减轻研发的难度。

3. 当代贸易技术创新引起国家间贸易力增长的差异

贸易力是与生产力相对的概念，是指贸易能力，体现为贸易经营能力、贸易技术能力、贸易组织管理能力、贸易竞争力、贸易利益分配能力和贸易控制力。贸易活动中运用集装箱、条形码（Bar-code）、扫描仪（解码器）、售货机器人等技术设备，降低交易成本，提高效率和贸易力；运用信息通信技术可以促进贸易流程信息化、标准化，加快交易速度，增强交易能力。零售业技术变化，特别是信息技术、条码技术、射频识别技术等的广泛采用已经带来了仓储控制、物流和流通技术的改进（Basker，2007）。[1]

---

[1] Basker, Emek, "The Causes and Consequences of Wal-Mart's Growth", *Journal of Economic Perspectives*, Vol. 21, No. 3, 2007, pp. 177–198.

贸易技术进步极大地降低了经营商品边际品种的成本，扩大了零售贸易固定成本，提高了贸易规模经济的重要性（Holmes，2001）。[①] 互联网信息技术已经改变了销售、营销、配送、客户服务、支付等贸易的所有方面。客户逐渐开始利用个人电脑、智能手机等电子设备在线了解、分析和采购商品或服务。各种中间商积极利用互联网技术加强供应商及客户信息管理、商品及服务结构管理以及储运、位置管理等。克拉克等人（Clarke and Wallsten，2006；Freud and Weinhold，2002，2004；Vemuri and Siddiqi，2009）发现，互联网的使用水平与国际贸易之间具有正面显著的关系。[②] 马特斯等人（Mattes，Meinen and Pavel，2012）研究认为，信息通信技术对欧盟贸易具有显著的影响，如果贸易伙伴双方显示出先进的信息通信技术禀赋，支持网络效果，将提升贸易力。[③] 1995 年成立的亚马逊（Amazon. com，Inc. ）等贸易公司运用现代信息通信技术从事电子商务。2001～2012 年亚马逊公司净销售额从 25 亿美元增长到 610 亿美元，北美以外销售额占到净销售额的 43%。它已经迅速成为商品类别广泛的电子贸易市场，能够提供无与伦比的选择、产品定制、高度的产品可得性、低成本配送、简便的结算手续和优良的定价。它已经迫使沃尔玛等传统零售巨头重新思考其价值定位和拥抱多种贸易渠道作为生存的唯一途径。所以，从企业角度来说，信息通信技术不仅可以让更多企业克服有关贸易的固定成本，而且直接地、正面地影响着从事国际贸易的范围边际、贸易规模、贸易能力和市场竞争力。

一些西方学者把贸易力与生产力混为一谈。埃斯 - 赛耶以及巴特尔

[①] Holmes, Thomas, "Bar Codes Lead to Frequent Deliveries and Superstores", *RAND Journal of Economics*, Vol. 32, No. 4, 2001, pp. 708 – 725.

[②] Clarke, G. R. G. and Wallsten, S. J., "Has the Internet Increased Trade? Developed and Developing Country Evidence", *Economic Inquiry*, Vol. 44, No. 3, 2006, pp. 465 – 484; Freud, C. I. and Weinhold, D., "The Internet and International Trade in Services", *The American Economic Review*, Vol. 92, No. 2, 2002, pp. 236 – 240; Freud, C. I. and Weinhold, D., "The Effect of the Internet on International Trade", *Journal of International Economics*, Vol. 62, 2004, pp. 171 – 189; Vemuri, V. K. and Siddiqi, S., "Impact of Commercialization of the Internet on International Trade: A panel Study Using the Extended Gravity Model", *The International Trade Journal*, Vol. 23, No. 4, 2009, pp. 458 – 484.

[③] Anselm Mattes, Philipp Meinen, Ferdinand Pavel. "Goods Follow Bytes: The Impact of ICT on EU Trade", Discussion Papers, German Institute for Economic Research, DIW Berlin, No. 1182, 2012.

（Es – Saghir, 2012；Butter and Es – Saghir, 2013）认为，生产力增长有产品及工艺创新和贸易创新两种来源，贸易创新确实是生产力的重要决定性因素，贸易导向国家的贸易创新对生产力贡献最大。[①] 他们（Butter and Es – Saghir, 2013）以出口密度（即商品或服务出口额除以总产出表示一国的贸易水平）作为贸易创新代表，综合体现一国产品出口的比重，认为产品出口比重越高，对国际市场依赖越高，贸易创新程度就越高。西方许多学者都把信息通信技术所带来的贸易增长效果不加区分地混为一谈，多采用重力等式模型方法进行实证分析，结果夸大了贸易技术创新的效果。现代信息通信技术对国际贸易的促进效果既有在工业领域运用的效果，还有在贸易领域运用的双重效果，两者应区别开来，不能把由此带来的贸易增长效果都看作它在贸易领域采用的结果。现代通信、互联网技术在国际贸易和商业领域应用带来的创新对贸易与经济增长的贡献不同于它在工业领域的创新对贸易与经济增长的贡献，两者不能混为一谈。

由于世界各国贸易技术，特别是电子商务技术创新与应用能力存在明显差异，各国无论国内电子商务还是国际电子商务的发展水平、发展条件以及产生的贸易能力都存在着相当大的差异。欧美等发达国家创新和运用电子商务等新技术所带来的贸易力显著增强。尽管大部分发展中国家从互联网和电子商务技术普及中提升了贸易能力，但是与发达国家由此取得的贸易力进步相比，差距并没有缩小。发达国家在国际贸易中运用电子商务更广泛，所形成的贸易力更强，而广大发展中国家在国际贸易中运用电子商务的能力仍较弱，改善贸易力过程缓慢。

欧盟 2009 年跨境电子商务报告显示，2008 年欧盟 27 国 51% 的零售商都开展电子商务。2002 ~ 2007 年互联网零售是各种零售渠道中增长最快的。从 2002 年到 2003 年互联网零售增长 45%，其后各年以 25% 的速

---

① Es – Saghir, A., "Innovative on Trade: An Empirical Analysis of the Relationship between Trade Innovation and Productivity", Thesis MSc. Economics, VU University Amsterdam, 2012. Butter, Frank A. G. den and Abdessalam Es – Saghir, "Productivity Effects of Trade and Product innovations: An Empirical Analysis for 13 OECD Countries", *Applied Economics*, Vol. 45, No. 31, 2013, pp. 4412 – 4418.

度增长。而其间其他零售渠道以低于3%的增速稳定增长。2006年欧盟零售电子商务市场规模达1060亿欧元，购物类别主要分布于旅行度假服务、服装运动用品、书刊学习用品、家具家用品、电影音乐举办活动票、电子设备及软件等。[①] 目前欧盟45%的人在线购物，11%的人跨境购物。但是从事跨境电子商务的零售商占比从2006年的29%下降到2008年的21%。这个下降趋势仍在继续，跨境电子商务业务日益集中。

据估计，2010年全球在线交易额达8万亿美元，其中大部分是"商对商"的交易。2010年美国电子商务总交易额大约为4万亿美元，其中主要是"商对商"贸易。2010年美国B2C电子商务零售额达1690亿美元，约占美国零售总额的4.4%（见表5-5），其中主要由电子购物及邮购公司构成的无店铺零售商电子商务占全部电子商务零售额的3/4。2010年美国电子购物及邮购业务主要分布在服装及其辅料、电子电器、音乐视频、书报杂志、车票机票、旅行度假服务、家具家用品上。2002～2010年美国零售总销售额年均增长2.6%，其间电子商务零售额年均增长率达18%。美国电子商务增长速度继续超过传统零售贸易的增速，近年来传统零售贸易已经出现零增长或增速下降的势头，显示出电子商务作为贸易领域突出的技术创新成果应用的竞争力和效率。

表5-5 2010年美国零售贸易和电子商务销售额及占比

单位：亿美元，%

类　别	零售额	电子商务 （销售额）	电子商务（销售额） 占总销售的比重
无店铺零售商	3411.89	1355.72	39.7
电子购物及邮购公司	2605.57	1317.86	50.6
汽车及零部件经销商	7469.24	205.61	2.8
服装及其辅料商店	2137.35	34.69	1.6
日杂零售商	1065.14	25.04	2.4

---

① Commission of the European Communities. *Report on Cross - border E - commerce in the EU.* Commission Staff Working Document, Brussels, 2009.

续表

类　　别	零售额	电子商务（销售额）	电子商务（销售额）占总销售的比重
文体音像商店	816.20	21.92	2.7
电子及家电卖场	991.52	10.49	1.1
其他零售业合计	22523.96	19.27	0.1
全部零售总额	38415.30	1690	4.4

资料来源：U. S. International Trade Commission，Digital Trade in the U. S. and Global Economies，Part 1，Investigation No. 332 – 531，July 2013.

　　2012 年全球 B2C 电子商务零售额约达 8210 亿美元。2012 年美国零售电子商务额达 2630 亿美元，约占全球电子商务额的 32%，继续领跑世界。2012 年美国 84% 的成年人使用互联网，移动设备支付的电子商务从 2011 年的 9% 增加到 2012 年的 20%。几乎 1/3 的智能手机用户在线购物，美国在全球移动支付交易中占到 33%。[1] 移动电子商务对营销、购物、开支、结账、理财等都产生了复杂的影响。智能手机的广泛使用能使顾客增加网上购物的时间，强劲推动互联网电子商务的增长。商家会继续改善客户的在线购物界面。越来越多的商家提供混合设计的线上与线下服务，比如在线交易，在实体店挑选、提货、退货，实现线上线下交易无缝转换，使全部购物体验更加便利，从而模糊了线上线下交易的区别。

　　据中国商务部统计，2012 年中国电子商务总额达到 80163 亿元，比上年增长 31.7%，其中跨境电子商务贸易额达 2 万亿元。中国从事跨境电子商务平台企业超过 5000 家，通过这些平台经营跨境电子商务业务的企业超过 20 万家。中国电子商务研究中心《2013 年度中国电子商务市场数据监测报告》显示，2013 年中国电子商务市场交易规模达 10.2 万亿元，同比增长 29.9%；网络零售市场交易规模达 18851 亿元，较 2012 年增长 42.8%，占社会消费品零售总额的 8.04%；移动电子商务市场交易规模达 2325 亿元，同比增长 141%；海外代购市场交易规模达 767 亿元，较上

---

　　[1]　http：//www. payvision. com/infographic – online – shopping – cross – border – ecommerce – usa.

年的 483 亿元涨幅为 58.8%；国内 B2C、C2C 与其他电商模式企业数已达 29303 家，较上年增幅达 17.8%，电子商务服务企业直接从业人员超过 235 万人。据海关总署统计，2013 年中国进出口快件、邮件总量近 4.98 亿件，较上年增长 42.7%。国内国际电子商务的增速都比传统渠道交易额增速更快，贸易效率更高，贸易成本更加节约，为顾客提供价格比较等多种有价值服务。推动网购进一步发展的原因主要是电商企业在一、二线城市发展稳定后，逐渐向三、四线城市延伸，推动了网购市场扩大。同时，移动购物成为一股力量。国内 B2C 网络零售市场排名前四名的天猫、京东、苏宁易购及腾讯电商，市场结构开始集中。阿里巴巴公司只有 2.4 万名员工，但在淘宝网开店的公司数是 900 万家，比较活跃的有 300 多万家。

国际电子商务包含国际货物电子商务与国际服务电子商务两部分。国际货物电子商务易受各国海关等机构监管，而国际服务电子商务较难监管，发展更快。这种结构性差异带来的影响将是颠覆性的，发展中国家将面临巨大的挑战。

美国是国际服务电子商务能力和竞争力最强的国家。OECD 统计显示，2002~2008 年 OECD 成员进出口额占全球服务进出口额的 3/4，其中互联网实现的服务贸易所占比重从 2002 年的出口 47%、进口 43%，上升到 2008 年的出口 53%、进口 47%。这个比重比美国 2002~2008 年互联网实现服务贸易的出口从 53% 到 59% 和进口从 43% 到 53% 低了 5~6 个百分点。据美国商务部经济分析局估计，互联网实现的美国国际服务贸易（Digitally Enabled International U. S. Services Trade）从 1998 年的出口 1106 亿美元，进口 568 亿美元，增长到 2010 年出口达 3240 亿美元，进口达 2076 亿美元，2011 年出口增长到 3561 亿美元，进口增长到 2213 亿美元。美国对外服务贸易中通过互联网实现的占比日益增高。美国互联网实现服务出口占比从 1998 年的 45% 增加到 2011 年的 60%，进口占比从 1998 年的 34% 增加到 2011 年的 56%（Borga, and Koncz - Bruner, 2012）（见表 5-6）。[①] 美国互

---

① Borga, Maria and Koncz - Bruner, Jennifer, "Trends in Digitally - Enabled Trade in Services", U. S. BEA Analyses paper, 2012. http: //www. bea. gov/international/pdf/trends _ in _ digitally _ enabled_ services. pdf.

联网实现的服务贸易主要包含商业、专业及技术服务、计算机信息服务、知识产权提成及许可服务、金融保险服务，其中美国知识产权使用、复制、许可及提成收益占到互联网实现服务出口的 1/3 以上，2008 年提成及许可费收入达 1021 亿美元，2009 年降到 984 亿美元，2011 年增长到 1208 亿美元。美国互联网实现服务贸易的主要出口服务贸易伙伴有英国、爱尔兰等欧洲国家及加拿大，主要进口伙伴是英国、百慕大、加拿大、瑞士等。

表 5 - 6　1998～2011 年美国互联网实现的服务进出口贸易

单位：亿美元,%

年　份	美国出口			美国进口		
	私人服务总出口	互联网实现的出口	占比	私人服务总进口	互联网实现的进口	占比
1998	2444.27	1106.14	45	1656.43	568.29	34
1999	2629.22	1262.60	48	1809.59	669.15	37
2000	2812.49	1334.39	47	2038.80	751.59	37
2001	2707.51	1357.57	50	2010.43	804.86	40
2002	2781.82	1468.37	53	2064.10	895.17	43
2003	2872.17	1580.37	55	2186.14	959.15	44
2004	3317.46	1850.45	56	2537.25	1102.55	43
2005	3628.95	2031.77	56	2726.27	1187.22	44
2006	4039.96	2344.26	58	3072.71	1471.93	48
2007	4726.24	2828.16	60	3369.08	1708.78	51
2008	5195.40	3048.35	59	3711.96	1963.11	53
2009	4878.67	3019.00	62	3460.20	1981.12	57
2010	5302.74	3239.66	61	3680.36	2076.11	56
2011	5957.44	3561.00	60	3983.78	2213.00	56

资料来源：美国商务部经济分析局，http://bea.gov/international/。

互联网商业、金融、投资保险、娱乐等领域技术创新和产品创新异常活跃。互联网信息技术在商品及服务生产、交易、配送中广泛使用，与顾客保持各种形式的信息沟通，极大地便利了顾客，增加了消费者剩余及福祉。基于互联网的电子商务，特别是移动电子商务对商业、金融、国际贸易带来的巨大结构性影响将深刻地改变各国在世界经济中的版图，改变各业在经济中的结构与生存状态，改变人类生产、生活、就业、购物、娱乐等方式。

第四节　促进外贸多元平衡增长

一　促进货物贸易出口与进口平衡增长

中国与美国之间的贸易是中国对外贸易发展中的一个重要方面，既有经济贸易方面的内在含义，也有国际政治方面的深远影响。中美贸易平衡问题是当前中国学术界、政界面临的最困扰的、最有争议的、最突出的问题，是当前最急迫需要科学认识的重大战略问题，它对于处理两国贸易经济关系，增强互信，减少政治干扰，加强合作，具有重要的学术价值和现实意义。

（一）中美双边货物贸易增长特征与平衡状况

经过改革开放 30 多年的发展，中美之间的货物贸易已从 1979 年的不足 25 亿美元的初始水平提升到了 2014 年 5551.18 亿美元的高度发育水平。

1. 中美货物贸易规模的扩展趋势

中美贸易从 1979 年的 24.52 亿美元，增长到 2010 年的 3853.85 亿美元，增长超过了 150 倍，2014 年达到 5551.18 亿美元（见表 5－7）。其间，自 1991 年至 2008 年，连续 18 年保持了贸易规模的正增长，从 1991 年的 142.02 亿美元，增长到 2008 年的 3337.43 亿美元，净增 3195.41 亿美元，增幅超过了 22 倍。

中美贸易 32 年间出现过 5 次负增长。其中 4 次集中在 1979~1990

年，1982 年下降了 9.38%，1983 年下降了 24.59%，1986 年下降了
1.26%，1990 年下降了 3.97%；第 5 次发生在国际金融危机后续影响严
重的 2009 年，当年贸易规模出现的负增长在比例上虽不及 1983 年的
24.59%，仅为 10.65%，但绝对规模的跌幅却是历次之最，达到了 355 亿
美元，高于 1994 年中美贸易的总规模。

表 5 - 7　1979～2014 年中国对美国货物贸易

单位：亿美元

年　份	总贸易额	对美出口额	自美进口额	差　额
1979	24.52	5.95	18.57	-12.62
1980	48.11	9.81	38.3	-28.49
1981	58.88	15.06	43.83	-28.77
1982	53.36	16.19	37.17	-20.98
1983	40.24	17.02	23.22	-6.2
1984	64.7	24.33	40.37	-16.05
1985	74.42	23.52	50.9	-27.38
1986	73.48	26.32	47.17	-20.85
1987	78.68	30.37	48.31	-17.94
1988	100.5	33.82	66.68	-32.86
1989	122.54	43.91	78.63	-34.72
1990	117.68	51.79	65.88	-14.09
1991	142.02	61.94	80.08	-18.14
1992	174.95	85.94	89.01	-3.07
1993	276.52	169.64	106.88	62.76
1994	353.55	214.61	138.94	75.67
1995	408.32	247.14	161.18	85.95
1996	428.38	266.83	161.55	105.28
1997	489.93	326.95	162.98	163.97
1998	548.31	379.48	168.83	210.65
1999	614.25	419.47	194.78	224.69

	总贸易额	对美出口额	自美进口额	差　额
2000	744.62	520.99	223.63	297.36
2001	804.85	542.83	262.02	280.8
2002	971.81	699.51	272.3	427.2
2003	1263.34	924.74	338.61	586.13
2004	1696.26	1249.48	446.79	802.69
2005	2116.26	1629	487.26	1141.73
2006	2626.81	2034.72	592.09	1442.63
2007	3020.83	2327.04	693.79	1633.25
2008	3337.43	2523.84	813.6	1710.24
2009	2982.63	2208.02	774.6	1433.42
2010	3853.85	2832.87	1020.99	1811.88
2011	4466.46	3244.92	1221.54	2023.38
2012	4846.82	3517.96	1328.86	2189.1
2013	5210.02	3684.26	1525.75	2158.51
2014	5551.18	3960.82	1590.35	2370.47

资料来源:《中国统计年鉴》,《中国对外经济贸易年鉴》,商务部网站。

2. 中美货物贸易规模的阶梯式发展

1979~1988 年,中美货物贸易规模用了 10 年的时间跨上 100 亿美元的台阶。其后又用了 5 年的时间,在 1993 年跨上了 200 亿美元的台阶。1994 年和 1995 年又逐年跨越了一个百亿美元的台阶,分别达到了 353.5 亿美元和 408.32 亿美元。1998~2002 年连续以百亿美元台阶的速度发展,直至 2003 年突破千亿美元大关,达到 1263.34 亿美元。其后两年一个千亿美元关口被突破,2005 年达到了 2116.26 亿美元,2007 年达到了 3020.83 亿美元,2010 年到达了 3853.85 亿美元,直逼 4000 亿美元,显示出我国制造业的国际竞争优势,创造了"中国制造"的神话。图 5-5 是 1979~2009 年中美双边贸易情况。

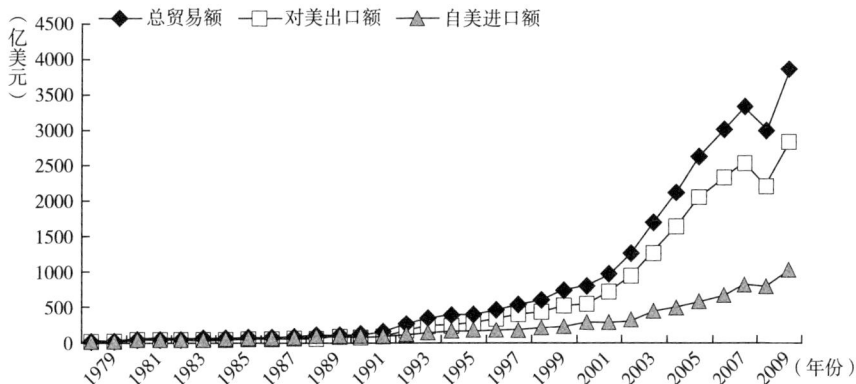

图 5 – 5　1979 ~ 2009 年中美双边贸易
资料来源：作者根据历年《中国统计年鉴》数据制作。

3. 中美货物贸易的阶段性特征

从贸易总额、出口额及进口额来看，中美货物贸易自 1979 年以来展现为三个阶段。

第一阶段：1979 ~ 1993 年。这一阶段是我国改革开放初期，社会经济的基本特征在计划经济与商品经济之间整合，各项管理体制以及国内不同区域之间的发展处于巨大的变动之中，对社会主义初级阶段的探索与思考主导着这一阶段中国经济发展的基本脉络。就是在这种背景下，我国与美国的贸易总额增长了 10 倍，出口额增长了 28 倍，进口额增长了 5 倍。出现了 1993 年的巨大转折，即出口增长较 1992 年净增 84 亿美元，增幅达到 97%，而进口额净增 18 亿美元，增幅仅为 20%，出现了近 63 亿美元的贸易顺差，和 1992 年的贸易逆差 3 亿美元相比，变化达 66 亿美元之巨，贸易顺差占当年中国向美国出口额的 37%。1993 年出口的高速增长改写了中国自 1979 年以来在中美贸易上持续逆差的局面。实际上，这一阶段逆差的缩减在 1990 年就已经开始，当年进口锐减 13 亿美元，降幅达到了 17%，逆差额从 34 亿美元减少到 14 亿美元。当然，这一现象有其特定历史事件的原因。这一阶段的另一个特点是总贸易额出现了 4 次下降的情况，分别是 1982 年，下降 9.38%；1983 年，下降 24.59%；1986 年，下降 1.26%；1990 年，下降 3.97%。从下降的次数来看，就占了改革开放 30 多年来总贸易额 5 次下降中的 80%，也显示出这一阶段，我国与美国之间贸易发展的不稳定性。

第二阶段：1994～2001年。中国社会主义市场经济的定位和经历"复关"与"入世"的谈判博弈，成为这一时期我国对美贸易环境的基本特征。这一时期中美之间贸易总额从1993年的277亿美元增长到2001年的805亿美元，净增528亿美元，增幅达到了191%。其中出口从170亿美元增长到543亿美元，净增373亿美元，增幅达到了220%；进口从107亿美元增长到262亿美元，净增155亿美元，增幅达到了145%。这一阶段虽然没有第一阶段那么高的倍增现象，但是从净增规模来看，却是第一阶段无法比拟的。这一阶段的出口增幅明显高于进口增幅，保持了贸易的顺差局面。正是在这一阶段，我国外汇储备的紧张局面得以缓解，从贸易顺差积累的规模来看，8年间就达到了1444亿美元。由于出口的稳步增长，多数年份都保持在10%以上的贸易增长，其间只有1996年和2001年的贸易增长低于10%，而1994年、1997年和2000年的贸易增长都在20%以上，使得贸易顺差自1998年之后持续保持在200亿美元之上。2001年贸易顺差占当年中国向美国出口额的51.7%。这为我国"入世"创造了很好的贸易环境条件。

第三阶段：2002～2008年。这一阶段突出的背景因素是中国加入世界贸易组织，在此背景下与美国的总贸易额实现了突破性的增长，从2001年的805亿美元，猛增到2008年的3337亿美元，净增2532亿美元，增幅达到了315%。其中，出口从2001年的543亿美元增长到2008年的2524亿美元，净增1981亿美元，增幅达到了365%；进口从2001年的262亿美元增长到2008年的814亿美元，净增552亿美元，增幅达到了210%。由于进口增速落后于出口增速，其间的贸易顺差持续增长，从2001年281亿美元的水平，扩大到1710亿美元的水平，顺差扩大了5倍之多，占中国向美国出口额的67.6%。与第一阶段相比，这一数字提高了30个百分点，较第二阶段提高了16个百分点，7年间累计下来的贸易盈余达到了7743.87亿美元。巨额贸易顺差的出现刺激了双边贸易关系的热度，经常项目下外汇的积累引起了对人民币币值的热议。2005年人民币币值小步提升以来，一方面，中国对美国的出口有较为明显的放缓迹象，出口增速从 2004 年的 35.12% 逐年下降，2005 年为 30.37%，2006 年为 24.91%，2007 年为 14.37%，2008 年为 8.46%，虽说出口增速的放缓有诸多原因，但是，人民币升值还是在某种程度上发挥了一定的作用。另一方面，自美国的进口增速起伏不定，当然总体上还是有相当明显的提升，从 2004 年 31.95%，急跌到 2005 年的 9.06%，又陡升至 2006 年的 21.59%，小幅回落至 2007 年和 2008 年的 17.18% 和 17.27%。

2008 年，由美国次贷危机引发的全球金融危机初露端倪，贸易数据显示，其对中美之间的贸易影响还未完全显现。这一事件的滞后影响在 2009 年充分显现，中美之间的贸易额急剧下降，从 2008 年的 3337 亿美元，直落 10% 之多，仅为 2983 亿美元，净减 354 亿美元。其中出口减少 316 亿美元，降幅超过了 12%，进口减少 39 亿美元，降幅接近 5%。同时，贸易顺差也出现大幅度下降，从 2008 年的 1710 亿美元，降到 2009 年的 1433 亿美元，跌幅达到了 16.14%。这一阶段值得关注的一个现象是贸易顺差的增速变动。2002 年贸易顺差增幅达到了 52.14%，2003 年和 2004 年保持在 37% 的水平上，2005 年出现小幅增长，达到 42.24%，其后一路下滑，从 2006 年的 26.35% 下降到 2007 年的 13.21%，再到 2008 年的 4.71%，直至 2009 年出现负增长。

4. 中美货物贸易的平衡状况

中美货物贸易平衡状况自改革开放以来，经历了两个明显不同的阶段，1979～1992 年为逆差阶段，1993～2010 年为顺差阶段。

第一，1979～1992 年，低水平的逆差。中国对美国的货物贸易自 1979 年至 1992 年出现了持续 14 年的逆差，累计货物贸易逆差达到了 282.16 亿美元（见图 5-6）。从逆差走势来看，基本表现为两起两落，从 1979 年的 12.62 亿美元走高至 1981 年的 28.77 亿美元，主要是 1980 年进口的高速增长，较 1979 年的进口规模扩大了一倍多；1983 年的逆差降至 6.2 亿美元，主要是由于出口的稳步增长与进口的大幅下降，1982 年和 1983 年出口温和增长 5%～7%，而同期进口分别下降了 15% 和 37%；1989 年逆差高达 34.72 亿美元，主要是由于出口与进口的增幅出现了较大的差距，其间出口增长了 158%，而进口增长了 239%；1990 年逆差开始大幅下降，至 1992 年仅为 3.07 亿美元，这得益于出口的强劲增长，达到 96%，而进口增幅仅为 13%。其间，逆差最高的年份为 1989 年的 34.72 亿美元，占当年出口额的 79%；最低为 1992 年的 3.07 亿美元，仅占当年出口额的 4%。

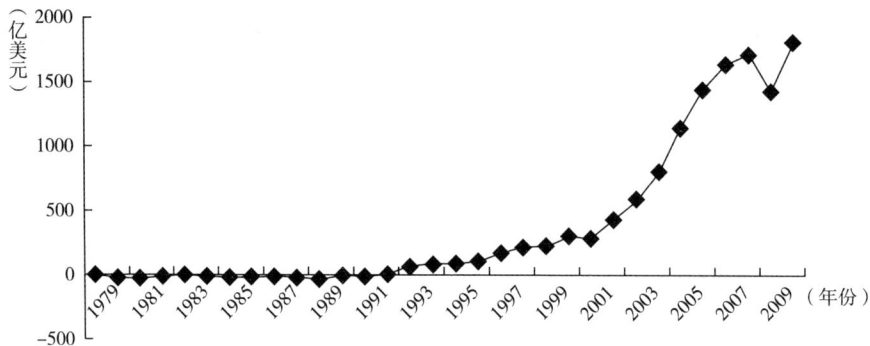

图 5 - 6　1979 ~ 2010 年中美贸易平衡

资料来源：作者根据表 5 - 7 数据制作。

第二，1993 ~ 2010 年，持续走高的顺差。中国对美国的货物贸易自 1993 年至 2010 年出现了持续 18 年的顺差，累计货物贸易顺差达到了 12496.3 亿美元，1996 年突破百亿美元大关，2005 年突破千亿美元大关，2008 年达到 1710.24 亿美元，在经历了 2009 年的顺差大幅收窄后，2010 年顺差规模达到了历史新高——1811.88 亿美元。从顺差走向来看，几乎表现为单边走高的格局，除 2001 年有 5.57% 的下降，2009 年受国际金融危机影响，顺差降低 16.14% 之外，其余年份都是逐年升高的，最大升幅为 1997 年的 55.74%，最小升幅为 2008 年的 4.71%。从顺差规模来看，以 2002 年我国"入世"后第一个年份的业绩为重要的转折点，开始快速攀升，从 2001 年的 280.8 亿美元迅速增长到 2010 年的 1811.88 亿美元，增加了 5 倍多。从变动趋势来看，起落较为频繁，间隔较短，表现为五落四起，如 2000 年顺差增幅 32.34%，2001 年跌幅 5.57%，2002 年又增加 52.14%；自 2005 年以来，顺差增幅持续收窄，从 42.24% 逐年降至 2008 年的 4.71%，再降至 2009 年 16.15% 的负增长，2010 年顺差陡增，升幅达到了 26.4%。

5. 中美货物贸易发展的稳定性

良好的贸易关系具有稳定性特征。从贸易规模与贸易平衡状况的曲线难以判断出中美间贸易的稳定性，甚至有可能误导人们的判断。

第一，贸易规模的增长趋势。通过 1979 年至 2010 年中美货物贸易额的年度变化率曲线可以清晰地看出，以 1994 年为界，可以把这一时期分为两个不同的阶段。前一个阶段为 1979 年至 1994 年，在绝对规模不大的情况下，中美间贸易额的年度变动率非常高，极为不稳定。一是 1980 年贸易增长 96.25%，直落至 1983 年贸易负增长 24.59%，三年间落差高达 120 个百分点；二是 1984 年较 1983 年又实现了 60.79% 的增长，一年间的增幅超过了 85 个百分点；三是 1994 年较 1993 年又回落超过 30 个百分点。后一个阶段为 1995～2010 年，在绝对规模逐年走高的情况下，中美间贸易额的稳定性却增强了，年度的变化率没有出现大起大落的情况，只是在 2009 年和 2010 年，由于国际金融危机的影响，2009 年落差接近 21 个百分点，2010 年的升幅超过了 29 个百分点。图 5－7 是 1979～2010 年中美贸易变化率。

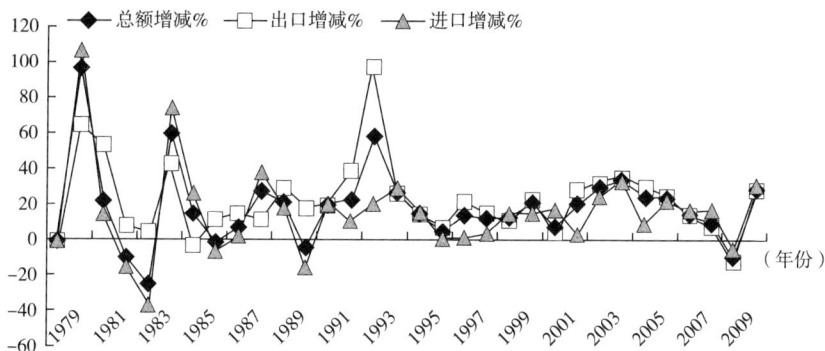

图 5－7 1979～2010 年中美贸易变化率
资料来源：作者根据表 5－7 数据计算制作。

第二，出口与进口的变化一致性。中美贸易额的走势是由出口与进口相对走势决定的，在一定程度上掩盖了出口与进口走势的实际状况，抵消了二者对贸易额总趋势的实际影响。就中美间出口与进口的相对变动来看，1979～2010 年大体可以分为三个阶段。

第一是 1979～1991 年，中国对美国的贸易发展，进口与出口的增减趋势除了 1986 年和 1989 年以外基本方向是一致的。1986 年出口从 1985 年的下跌中迅速恢复，实现了 11.89% 的正增长，而进口却还在继续 1985 年的下跌，出现了 7.34% 的负增长；1988 年的出口增幅较 1987 年的增幅减少了 4 个百分点，而进口增幅却有 35 个百分点的提高。

第二是 1992～1994 年，进口与出口的变动方向相反，1992 年出口高速增长，较 1991 年增幅提高了 19 个百分点，达到了 38.75%，进口增幅下降，较 1992 年增幅减少了 10 个百分点，仅为 11.15%。1993 年出口与进口都较 1992 年有所增长，增幅提升。1994 年出口出现大幅的增幅下降，从 1993 年的增幅 97.4% 下降为增幅 26.51%，同是增长，但幅度差距很大，进口增幅继续稳定提升，大约 10 个百分点，与出口增幅的减少形成强烈对比。

第三是 1995～2010 年，与前两个阶段相比，无论是出口还是进口，一个明显的特点是年度的变动幅度缩小了，再也没有出现过超过 40% 的正增长和大于 20% 的负增长。2001～2004 年出口增幅单边走高，2005～2008 年单边走低，增幅逐年收窄。进口变化较为复杂，在 1998 年和 1999 年与出口增幅的下降相反出现了增幅的上升，2006 年当出口增幅持续下降时，却出现了增幅的强烈反弹，在 2005 年增幅较 2004 年减少 22 个百分点的情况下，增幅又提升了 12 个百分点，与当年出口增幅下降 6 个百分点形成鲜明对比。2009 年，受国际金融危机影响，中美贸易在进口与出口两个方面双双出现负增长，出口较 2008 年下降 12.51%，进口下降 4.87%，收窄幅度小于出口。2010 年，中美贸易得到了恢复，出口增幅 28.3%，进口增幅更为强劲，达到了 31.9%。

（二）中美双边货物贸易具有重要地位

1. 对美贸易在中国货物贸易中的地位

第一，美国是中国的重要贸易伙伴。在中国货物贸易不断扩展的过程中，美国因素所占的比重经历了三起三落的变化。1979 年，中国对外贸易 293.3 亿美元中有 24.52 亿美元是与美国进行的贸易，对美贸易占中国对外贸易的比重为 8.36%；1981 年这一比重上升到 13.38%；1983 年又降为 9.22%；1984 年小幅升至 12.08%；1987 年降至 9.52%；1999 年，当年中国对外贸易达到了 3606.3 亿美元，其中有 614.25 亿美元是与美国进行的贸易，比重为 17.03%，达到了改革开放以来对美贸易规模占中国对外贸易总规模的最高水平。此后，这一比重持续走低，直至全球性金融危机的 2008 年，这一比重已经降至 13.03%，即在中国全部对外贸易的 25616.3 亿美元中，有 3337.43 亿美元是与美国进行的贸易。

第二，以 1992～1993 年为分界点，出口市场的比重与进口来源地的比重发生了逆转。1979～1992 年，作为中国货物贸易发展中的重要伙伴，美国作为中国进口来源地的重要程度一直高于作为中国出口市场的重要程度；1993～2009 年，美国作为中国出口市场的重要程度一直高于作为进口来源地的重要程度（见图 5－8）。前一个阶段，中国改革开放的初期，出口水平较低，美国市场占中国出口份额不足 10%，最低的 1979 年只有 4.36%；而作为进口来源地所占比重则一直高于 10%，最高的 1981 年几乎占到 20%。后一个阶段，随着中国对外贸易规模的扩大，美国市场占中国出口份额迅速上升，很快就在 1998 年超过了 20%，并持续稳定在 20%～21% 之间，直至 2006 年才有所下降；而作为进口来源地的比重持续稳定在 10%～12% 之间，直到 2002 年以后，才逐步下降，并基本稳定在 7% 的水平上。

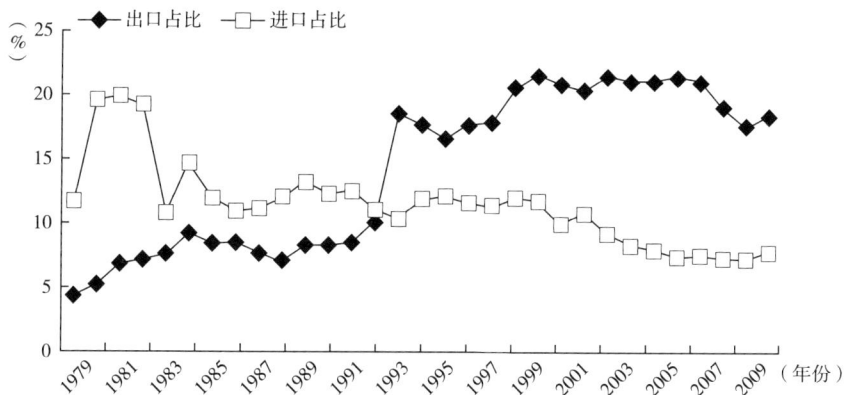

图 5－8　对美进出口占中国进出口的比重（1979～2010 年）

资料来源：作者根据《中国统计年鉴》、国家统计局网站、商务部、《中国对外经济贸易年鉴 1984》、《中国对外经济贸易年鉴 1999/2000》数据制作。

第三，美国因素在中国对外贸易中的地位在逐渐下降。从总体来看，美国因素在中国对外贸易中的重要程度经历了一个由低到高，又由高到低的过程。从 1979 年的 8.36% 到 1999 年的 17.03%，再到 2009 年的 13.51%。尤其是自 2002 年以来，中国货物贸易对美出口依存度和中国货物贸易自美进口依存度出现了双双下降的趋势，但下降的幅度不大。

2. 对华贸易在美国货物贸易中的地位

第一，对华贸易在美国货物贸易中的比重一路攀升。从 1979 年的 0.6% 上升到 2008 年的 9.65%，接近十分之一。其间，1979 年至 1992 年一直低于 2%，1993 年至 2000 年在 2% 与 4% 之间徘徊，2001 年之后，几乎是一年提升 1 个百分点。从总体趋势来看，中国因素在美国对外货物贸易中的地位稳步上升。

第二，对华出口与自中国进口的占比起伏不定（见图 5 - 9）。1979 年至 2000 年，美国对华出口占其总出口的比重长期在 1% ~ 3% 之间徘徊，2001 年至 2008 年，逐渐提升，直至 2008 年的 6.26%；自中国进口占比方面起点较低，1979 年仅为 0.27%，低位徘徊至 1993 年才超过 2%，2002 年超过 5%，2006 年超过 10%，直至 2008 年达到了 11.65%。

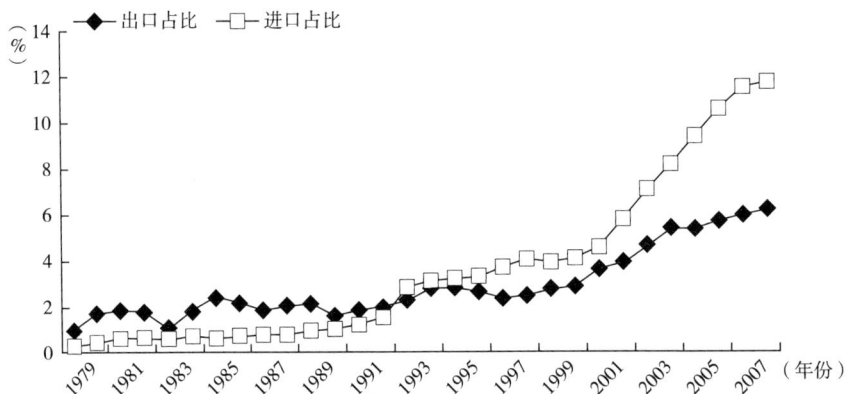

图 5 - 9　对华进出口占美国总进出口的比重（1979 ~ 2008 年）

资料来源：笔者根据《中国统计年鉴》、国家统计局网站、商务部、《中国对外经济贸易年鉴1984》、《中国对外经济贸易年鉴1999/2000》数据制作。

第三，同样是以 1992 ~ 1993 年为分界线，对华出口与自华进口在美国总出口与总进口中的占比关系发生了逆转。前一阶段，出口占比高于进口占比，1979 年出口占比为 1.04%，高于进口占比的 0.27%；1992 年出口占比为 1.99%，进口占比为 1.55%。后一阶段，进口占比高于出口占比，1993 年出口占比为 2.3%，低于进口占比 2.81%，直至 2008 年，出口占比为 6.26%，而进口占比上升到了 11.65%。

从以上分析可以看出，中美双边贸易在各自的对外贸易中的相对关系在 1992~1993 年发生了转变。之前，中国较为依赖于来自美国的进口，而美国较为依赖于向中国的出口，之后，中国较为依赖于美国的市场，而美国较为依赖于来自中国的进口（见图 5-10）。二者恰好是在同一时期完成了这种转变。自此，中国从最初的较为依赖于美国的货物供给（1979 年的进口占比 11.84% 高于出口占比 4.36%）转变为较为依赖美国的市场（2009 年的出口占比 18.37% 高于进口占比 7.7%）。美国从最初的较为依赖于中国市场（1979 年的出口占比 1.04% 高于进口占比 0.27%）转变为较为依赖于中国的货物供给（2008 年的进口占比 11.65% 高于出口占比 6.26%）。

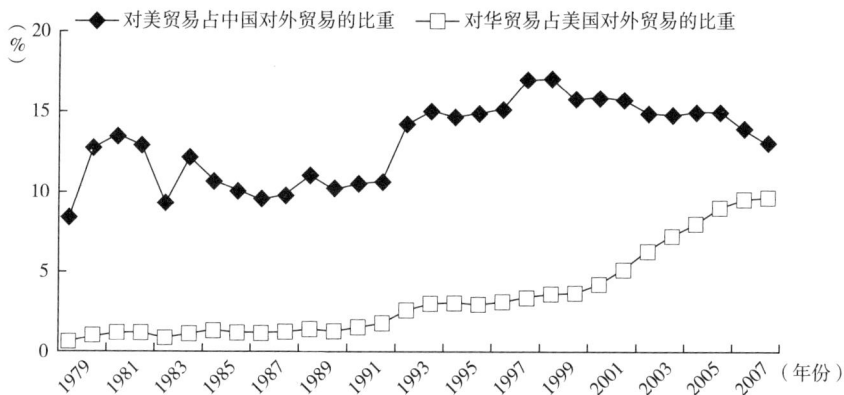

图 5-10　中美两国双边贸易在各自对外贸易中的比重（1979~2008 年）
资料来源：笔者根据《中国统计年鉴》《中国对外经济贸易年鉴》的数据制作。

综上分析可以看出，中美两国在双边货物贸易中的地位发生了微妙的变化。中国因素在美国贸易中的地位持续上升，表现为对华贸易在其贸易总额中的比重从 1979 年的 0.6% 一路攀升至 2008 年的 9.65%，而美国因素在中国贸易中的地位波动较大，总体趋势是先升后降，从 1979 年的 8.36% 升至 1999 年的 17.03% ，又降至 2008 年的 13.03% 。但是，就绝对水平来看，美国因素在中国货物贸易中的重要程度要高于中国因素在美国货物贸易中的重要程度。

3. 货物贸易在中美各自 GDP 中的重要程度

对外贸易在国民经济中的地位，在很大程度上决定了一国贸易政策的选择空间。选取 1979 ~ 2008 年中国与美国的国内生产总值与货物贸易额进行对比，可以看出货物贸易在中美两国经济决策中的地位与作用有较大的差别。

第一，中国货物贸易在国内生产总值中的比重波动大，贸易依存度高。1979 年为 16.6% ，2008 年达到了 59.29% ；其间的最低水平为 1979 年的 16.6% ，最高水平为 2006 年的 66.23% ，波动幅度达到了 50 个百分点（见图 5 – 11）。

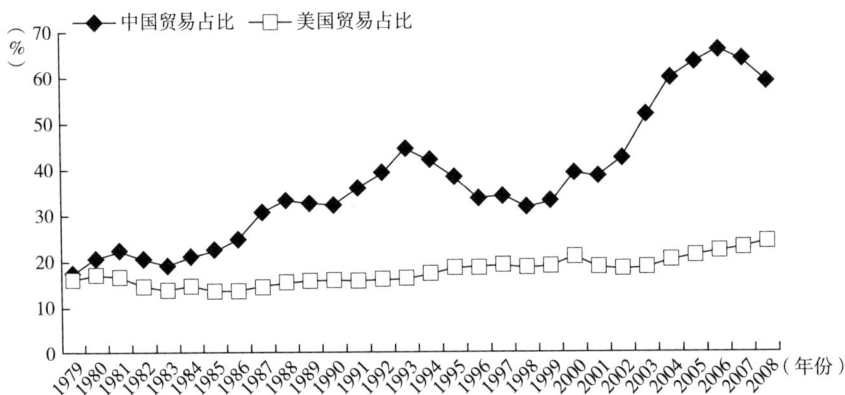

图 5 – 11　中国与美国贸易占国内生产总值的比重（1979 ~ 2008 年）
资料来源：笔者根据《中国统计年鉴》数据制作。

1979 ~ 2008 年的 30 年间，中国货物贸易占国内生产总值的比重走势可以 1993 年分为两个阶段：前一阶段是 1979 ~ 1993 年，从 16.6% 提升至 44.43% ，其间略有起伏，但总体是向上的趋势，最大跌幅不超过 4 个百分点。后一阶段从 1994 年至 2008 年，变化趋势大体表现为先下跌，后提升，再呈下跌趋势。从 1993 年的前期高点下降至 1998 年的 31.78% ，直落 13 个百分点，并以此为转折，一路上行，仅有 2001 年 1 个百分点的下降插曲，直至 2006 年 66.23% 的高点，总体提高了 22 个百分点，继而又有所下降。

第二，美国货物贸易在国内生产总值中的比重较为平稳，贸易依存度相对较低。1979 年为 16.06%，2008 年为 24.34%，总体水平不高；比重起伏不大，最低为 1983 年的 13.55%，最高为 2008 年的 24.34%，波动幅度仅为 12 个百分点。自 2002 年以来，这一比重持续走高，即从 2002 年的 18.17% 攀升到 2008 年的 24.34%，上升了 6 个百分点，成为 1979 ~ 2008 年最大的一次提升。

第三，对比 1979 年至 2008 年中国与美国的货物贸易占各自国内生产总值的比重可以发现：在这一对比阶段的起点上，两国在 1979 年的比重基本相同，中国是 16.6%，美国是 16.06%，尽管两国当年在国内生产总值与货物贸易额方面有较大的差距，中国分别仅为 1766 亿美元和 293 亿美元，美国分别为 25445 亿美元和 4086 亿美元，美国的国内生产总值和货物贸易额分别约是中国的 14 倍，但是应该说货物贸易对国民经济发展的作用按照其比重来看，大体相当。在这一对比阶段的终点上，两国国内生产总值和货物贸易规模都有了巨大的发展，2008 年中国的国内生产总值和货物贸易额分别达到了 43261 亿美元和 25632 亿美元，较 1979 年分别增长了 23 倍和 86 倍，美国则达到了 142043 亿美元和 34569 亿美元，分别增长了 5 倍和 7 倍，两国在国内生产总值和货物贸易方面的差距从初期的 14 倍缩减为 3 倍和 1.3 倍，导致两国在货物贸易占比上出现了巨大的差异。中国货物贸易占国内生产总值的比重已经达到了 60% 左右，而美国尚未超过 25%，显示出货物贸易在两国国民经济发展中的地位和作用非常不一样，两国在货物贸易政策上的敏感性与选择空间也极为不同。另外，在货物贸易谈判上双方可以讨价还价的力量对比发生了质的改变，如果不考虑其他因素的影响，单就货物贸易来看，在出现严重下滑或萎缩的情况下，中国国民经济的正常运行就会受到极大的困扰，而对于美国来说影响就远没有那么大了。

4. 中美货物贸易的商品结构格局

(1) 中国出口美国的商品结构。

1984 年，中国出口美国的商品在海关分类的十大类商品中以 SITC8（杂项制品）、SITC3（矿物燃料、润滑油及有关原料）和 SITC6（轻纺产品、橡胶制品、矿产品及其制品）占比较高，是我国出口美国的三大类商品。其中，SITC8 占当年出口美国商品的 34%，SITC3 占 29.4%，SITC6 占 17.9%，三者合计为 81.3%。2009 年，占我国出口美国商品结构首位的变为 SITC7 即机械及运输设备，占当年出口美国商品的 49.1%，几近一半，排位第二的是 SITC8 占 30.2%，排位第三的是 SITC6 占 13.5%，三者合计占比达到了 92.8%。2009 年出口美国三大类商品的比重较 1984 年提高了11.5 个百分点，出口美国商品种类的集中度有了进一步的提高。

前三类出口商品的格局发生了显著的变化：一是 SITC7 挤进了前三类，从 1984 年的接近 4% 上升为超过 49%，成为我国出口美国的主要商品种类；二是 SITC8 从第一位降为第二位，较 1984 年占比降低了 4 个百分点；三是 SITC6 仍然排位第三，从接近 18% 降为不足 14%。

2009 年占据我国出口美国的前三大类商品的 SITC6、SITC7 和 SITC8 有着不同的阶段性发展轨迹（见图 5 - 12）。1984 ~ 1992 年三大类商品出口在低水平上发展较为平稳，分别从 4.13 亿美元、0.88 亿美元和 7.84 亿美元提高到 13.85 亿美元、11.3 亿美元和 44.4 亿美元。1993 ~ 2002 年三大类商品出口美国都已经启动，但是，SITC6 的出口规模明显落后，从 1993 年的 18.97 亿美元提高到 2002 年的 90.39 亿美元，而 SITC7 和 SITC8 分别从 31.59 亿美元和 103 亿美元增长到 286.82 亿美元和 278.66 亿美元，规模大体相差两倍。2003 ~ 2009 年，SITC7 的出口增速显著加快，至 2009 年其绝对规模已经达到了 1240.23 亿美元，SITC8 为 764.25 亿美元，SITC6 为 341.8 亿美元，拉开了明显的差距。我国出口美国商品结构形成了机械及运输设备占接近五成、杂项制品占三成、按原料分类的制成品占接近一成半、其他几大类商品占半成强的基本格局。

(2) 中国自美国进口的商品结构。

1984 年，中国自美国进口的商品在海关分类的十大类商品中以 SITC7

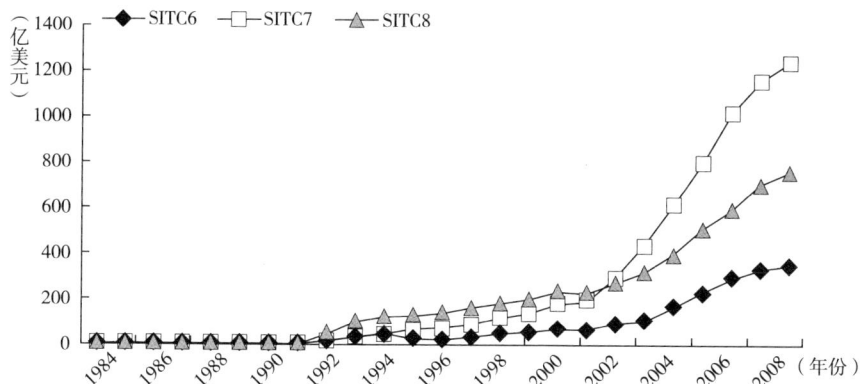

图 5 - 12　中国出口美国的三大类商品（1984～2009 年）

注：海关分类 SITC0 指食品及主要供食用的活动物，SITC1 指饮料及烟类，SITC2 指非食用原料，SITC3 指矿物燃料、润滑油及有关原料，SITC4 指动植物油脂及蜡，SITC5 指化学制品及有关产品，SITC6 指轻纺产品、橡胶制品、矿产品及其制品，SITC7 指机械及运输设备，SITC8 指杂项制品，SITC9 指未分类的其他产品。

资料来源：UN Comtrade 数据库，SITC Rev. 2 统计。

（机械及运输设备）、SITC5（化学制品及有关产品）和 SITC0（食品及主要供食用的活动物）占比较高，是我国自美国进口的三大类商品。其中，SITC7 占当年自美国进口商品的 29.2%，SITC5 占 23.7%，SITC0 占 18.9%，三者合计为 71.8%。2008 年，SITC7、SITC2 即非食用原料和 SITC5 成为自美国进口的主要商品，占比分别为 40.6%、23.3% 和 15.4%，三者合计为 79.3%。2009 年自美国进口的三大类商品的比重较 1984 年有所提升，幅度为 7.5 个百分点，自美国进口的商品种类的集中度也有所提高。

前三类进口商品的格局发生了一定的变化：一是 SITC7 仍然占据进口商品的首位，比重提高了 10 个百分点，占了四成，是我国自美国进口商品的主要种类；二是 SITC0 退出前三甲，由 SITC2 替代，占据了次席；三是 SITC5 从次席降到了三席，占比降低了 8 个百分点。

2009 年占据我国自美国进口的前三大类商品 SITC7、SITC2 和 SITC5 的发展可以大体分为两个阶段（见图 5 - 13）。1984 年至 1992 年三大类商品进口在低水平徘徊，分别从 11.32 亿美元、5.35 亿美元和 9.17 亿美元提高到 331.06 亿美元、190.61 亿美元和 126.45 亿美元。1993 年

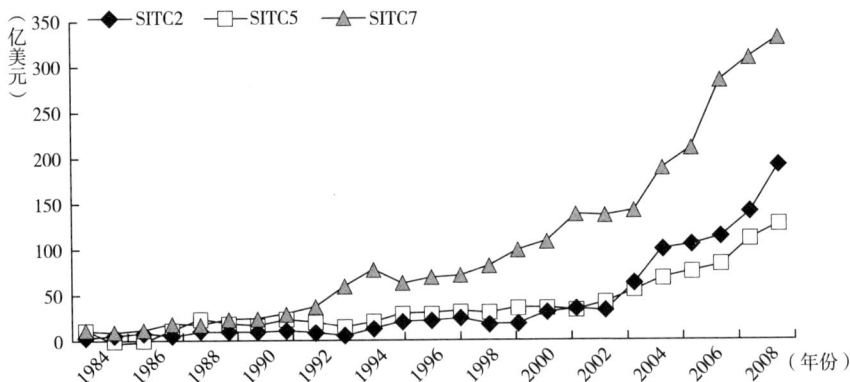

图 5 – 13　中国自美国进口的三大类商品（1984 ~ 2009 年）

注：海关分类 SITC0 指食品及主要供食用的活动物，SITC1 指饮料及烟类，SITC2 指非食用原料，SITC3 指矿物燃料、润滑油及有关原料，SITC4 指动植物油脂及蜡，SITC5 指化学制品及有关产品，SITC6 指轻纺产品、橡胶制品、矿产品及其制品，SITC7 指机械及运输设备，SITC8 指杂项制品，SITC9 指未分类的其他产品。

资料来源：UN Comtrade 数据库，SITC Rev. 2 统计。

以后，SITC7 的发展与 SITC2 和 SITC5 分道扬镳，SITC7 快速增长，把后二者远远抛在了后面，SITC2 先低后高，在 2001 年与 SITC5 交叉后上扬，超过 SITC5 的进口（见图 5 – 13）。我国自美国进口的商品结构形成了机械及运输设备占四成，非食用原料与化学制品及有关产品合占约四成，其他几大类商品占两成的基本格局。

5. 汇率变化对双边贸易利益的影响

第一，人民币汇率的长期变动趋势。人民币汇率随着改革开放的进程大体上经历了三个阶段：第一个阶段，1979 年至 1994 年，人民币汇率管理体制从计划模式走向有管理的市场模式，汇率持续走高，从 1 美元兑换 1.5549 元攀升到 8.6187 元；第二个阶段，1994 年至 2005 年，人民币汇率水平基本稳定在 1 美元兑换 8.27 元左右；第三个阶段，2005 年至今，人民币汇率开始浮动，到 2009 年时已经下浮 20% 左右，降至 6.8 元的水平（见图 5 – 14）。其间，人民币汇率经历了两次重大的国际金融危机，一次是 1997 ~ 1998 年的亚洲金融危机，另一次是 2008 年延续至今的由美国次贷危机引发的全球性金融危机。在这两次金融危机中，诸多国家的货币都经历了严重的贬值风潮，形成了对其国内经济的灾难性影响，而人民币汇率在这两个时期里都保持了基本稳定，对于缓解国际金融危机发挥了重要的作用。

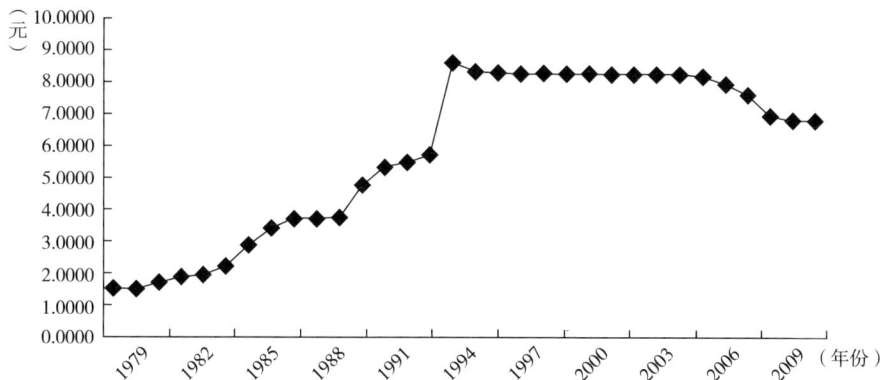

图 5 - 14　人民币兑美元汇率（1 美元兑换人民币）（1979 ~ 2010 年）
资料来源：作者根据《中国统计年鉴》数据制作。

第二，总贸易条件遭遇持续恶化压力。自 2005 年以来，尤其是在此次全球性金融危机的影响下，人民币升值给中国对外贸易和国内经济的发展都带来了巨大的影响。由于中国国内物价水平不断上升，而人民币币值对外又连年走高，给中国对外贸易的总贸易条件造成了持续的负面压力，可贸易部门的利润空间不断受到挤压，企业长期经营决策环境非常脆弱，系统性风险难以控制。同时，中国国民经济发展长期所依赖的出口拉动因素受到了严重的制约，在外贸依存度高达 60% 的经济体中，出口拉动的急剧萎缩可以说是灾难性的。

第三，经常项目顺差使中国外汇储备屡创新高，在以购买美国国债的方式管理外汇风险的选择中，迫使人民币采取了钉住美元的汇率政策，使得人民币汇率政策的独立性受到挑战，中国经济发展在相当大程度上与美国的经济发展状况紧密地捆绑在一起。美国国内融资成本奇低，导致金融管理失控，次贷市场风险骤增，终于在 2008 年爆发，影响了全球经济的稳定发展，使国际金融秩序严重混乱。同时也通过人民币币值及汇率杠杆，冲击了中国国内经济的发展。

（三） 中美货物贸易平衡状况决定于两国产业结构特征

中国对美国贸易顺差绝大部分源于美国产业结构决定需要依靠进口的劳动密集型产品。相反，美国在资本技术密集型产业以及服务贸易方面对中国拥有比较优势，有不小的顺差。总体而言，中美贸易平衡状况是由两国产业结构、经济结构和发展水平差异决定的。

据中国海关统计，2010 年中美货物贸易总额 3853.4 亿美元，其中中国对美出口 2833.03 亿美元，自美进口 1020.37 亿美元，顺差 1812.66 亿美元（见表 5 - 8）。中国对美贸易顺差主要源于美商在华开展加工贸易生产的机电、音像设备及零件、附件，顺差额达到 1041.52 亿美元；其余来自纺织原料及纺织制品、鞋帽伞等、贱金属及制品、杂项制品，差额分别为 283.86 亿美元、132.26 亿美元、85.16 亿美元、287.46 亿美元。美国对华贸易顺差主要源于植物产品、矿产品、化学工业及其相关工业产品、纸及其制品等资源密集型、资本技术密集型产品，差额分别为 113.66 亿美元、20.65 亿美元、17.47 亿美元、20.58 亿美元。

表 5 - 8　2010 年中美货物进出口贸易分类平衡情况

单位：亿美元

分　　类	中国对美出口	中国自美进口	差　　额
总值	2833.03	1020.37	1812.66
1 活动物	19.62	14.75	4.87
2 植物产品	9.88	123.54	- 113.66
3 动、植物油、脂、蜡；精制食用油脂	0.56	2.80	- 2.24
4 食品；饮料、酒及醋；烟草及制品	26.90	15.56	11.34
5 矿产品	12.28	32.93	- 20.65
6 化学工业及其相关工业产品	91.55	109.02	- 17.47
7 塑料及其制品；橡胶及其制品	104.81	73.87	30.94
8 革、毛皮及制品；箱包；肠线制品	55.92	11.01	44.91
9 木及制品；木炭；软木；编织品	27.66	11.86	15.80

分 类	中国对美出口	中国自美进口	差 额
10 纸及其制品	24.38	44.96	-20.58
11 纺织原料及纺织制品	314.44	30.58	283.86
12 鞋帽伞等；羽毛品；人造花；人发制品	133.17	0.91	132.26
13 矿物材料制品；陶瓷；玻璃及其制品	38.38	8.82	29.56
14 珠宝、贵金属及制品；仿首饰；硬币	20.53	2.59	17.94
15 贱金属及制品	150.20	65.04	85.16
16 机电、音像设备及零件、附件	1328.73	287.21	1041.52
17 车辆、航空器、船舶及运输设备	104.38	104.26	0.12
18 光学、医疗等仪器；钟表；乐器	76.57	70.07	6.5
19 武器、弹药及零件、附件	0.60	0	0.6
20 杂项制品	290.47	3.01	287.46
21 艺术品、收藏品及古物	0.39	0.04	0.35
22 特殊交易品及未分类商品	1.51	7.45	-5.94

资料来源：中国海关统计，http://www.chinacustomsstat.com/customsstat/。

中美双边贸易根本上是由两国产业分工决定的。在中美之间，这一决定模式是，中国劳动密集型产业的国际竞争力相对较强，美方资本技术密集型产业和服务业的国际竞争力较强，这就必然形成中国在劳动密集型产品的货物贸易上存在顺差，而美国则在资本技术密集型产品的货物贸易上和服务贸易上存在顺差。假如没有美国输华具有比较优势的高科技产品出口限制障碍，中美贸易是正常的贸易互补关系和平衡关系。

（四）中美贸易总平衡

1. 中美双边服务贸易平衡状况

中美贸易平衡状况不能仅从货物贸易角度考察，而应当全面审视双边贸易投资引致的总贸易平衡状况。服务贸易是中美贸易的重要组成部分，对中美两国经济、贸易、投资和就业都做出了重要贡献。美国经济已经高度服务化，服务业具有强劲的国际竞争力。中国经济正处于工业化中期，高端服务业国际竞争力较弱。长期以来美国对华服务贸易均取得顺差，构成了双边经常项目平衡的重要组成部分。

据美国商务部统计数据，1999 年美国对华服务出口 39.16 亿美元，自华服务进口 26.31 亿美元，中方逆差 12.85 亿美元，逆差规模不大；到 2010 年美国对华服务出口 200.93 亿美元，增长了 413%，自华服务进口 96.84 亿美元，中方对美服务贸易逆差 104.09 亿美元（见表 5 – 9），占当年中国全部服务贸易逆差 220 亿美元的 47%。美国服务贸易顺差基本上连年增加。中国服务贸易相对薄弱，规模较小，特别是在高附加值服务贸易领域缺乏竞争力。中国服务贸易长期存在逆差，不过逆差规模较小。

表 5 – 9　1999 ~ 2010 年美国对华服务贸易及其平衡的变化情况

单位：亿美元

年　份	1999	2000	2001	2002	2003	2004	2005	2006	2007	2008	2009	2010
美对华服务出口	39.16	50.22	54.18	58.07	57.05	72.74	84.20	104.89	130.14	150.76	156.87	200.93
美自华服务进口	26.31	31.86	35.51	40.54	38.03	55.83	61.84	92.88	106.62	94.96	82.56	96.84
中美服务贸易差额	12.85	18.36	18.67	17.53	19.02	16.92	22.36	12.01	23.52	55.80	74.31	104.09

资料来源：美国商务部经济分析局，http：//www.bea.gov/international/。

许多服务贸易需要跨国直接投资建立商业存在，才可以提供跨国服务，直接投资和服务提供与公众利益、产业安全和国家安全密切联系。服务贸易发展直接受制于外国服务业直接投资的开放程度。中美两国经济发展水平差异和服务贸易与货物贸易自由化的不对称，导致两国贸易客观存在失衡。

考虑到中国在对美服务贸易方面的逆差，考虑到美国在华投资及其在华销售的巨大规模，就会更全面地做出判断：中美贸易总平衡状况合理反映了产业结构差异，平衡处于合理水平上。表面上中国得顺差，实质上美国得利益，美方利益规模远高于中方利益规模。

2. 中美双边投资失衡是贸易失衡的重要原因

美国推行投资保护主义，对来自中国的直接投资采取各种限制手段，导致中美双边投资关系严重失衡，这是导致贸易失衡的原因之一。如果考虑到双边投资这个因素对贸易替代的影响，那么中美贸易失衡的规模将大幅度减小，两国贸易关系基本处于正常范围内。

美国在华跨国公司所开展的加工贸易是其全球价值链的一个环节。中国对美贸易顺差的 60% 以上是美国在华企业完成的。中国大部分顺差来自加工贸易，一般贸易却有逆差。2010 年中国加工贸易取得顺差 3229 亿美元，但一般贸易出现 472.5 亿美元逆差（见表 5 - 10）。美国在华跨国公司从事的加工贸易对美贸易取得顺差做出了主要贡献。日本、韩国等在华跨国公司也发挥了一定的对美贸易顺差转移效应。

表 5 - 10　2010 年中国按贸易方式分类统计的贸易差额

单位：亿美元

贸易方式	出　口	进　口	差　额
总　　值	15779.3	13948.3	1831
一般贸易	7207.3	7679.8	- 472.5
加工贸易	7403.3	4174.3	3229

资料来源：中国海关统计，http：//www.chinacustomsstat.com/customsstat/。

美资在华跨国公司主要从事电子信息技术和机电设备类产品加工装配，然后把产品返销美国市场，占到中国对美贸易顺差的近 70%。这些美国在华跨国公司的中间品在华加工装配主要是利用中国廉价的劳动力资源，中国人仅获得微薄的加工费，中国在对美贸易顺差中获利很小。

美国在华企业不仅在华占据巨大的市场份额，而且攫取绝大部分对美贸易利益，把对美贸易顺差的名义戴到中国头上，它的挤出效应、产业（技术）控制、利润汇出和美元顺差流入等造成的经济问题相当严重。

3. 美方夸大了中美贸易不平衡的程度

中美经贸虽然在结构上互补和不对称，但在贸易利益的价值量上基本平衡，差额也不像美方夸大的那么大。过去统计中美贸易只统计贸易平衡，只考虑贸易关系而没有考虑投融资关系，没有考虑投资所引起的贸易和金融交易。实际上，资本金融账户平衡接近于商业贸易平衡的镜像。

根据美国商务部统计，按照所有权贸易量方法，计算结果显示：2009 年美国对华经常账户逆差是 849.08 亿美元（见表 5 - 11），剔除包含在其中的中方在美投资收益顺差 415.51 亿美元，实际贸易差额只有 433.57 亿美元，实际逆差仅占两国双边全部贸易额 5672 亿美元的 7.6%。2009 年美国对华经常账户逆差占其当年经常项目逆差总额 3784 亿美元的比重为 22.4%，如果剔除其中近一半来自中方投资收益顺差的贡献，其占比下降为 11.4%。

2010 年美国对华经常账户逆差为 1038.9 亿美元，如果剔除包含其中的中方在美投资收益顺差 367.19 亿美元，实际贸易差额只有 672 亿美元，美国对华经常项目逆差占其全部经常项目逆差的比重为 22.1%，剔除投资收益顺差后的占比为 14.3%，逆差在两国双边贸易总额 6842 亿美元中的比重仅为 9.8%。

表 5 - 11　1999 ~ 2010 年中美双边货物贸易、服务贸易和投资引致贸易的平衡

单位：亿美元

年份	对美货物出口额	对美服务出口	自美货物进口额	自美服务进口	货物及服务贸易差额	投资收益差额	美对华直接投资销售额顺差	美对华经常账户差额
1999	819.05	26.31	131.70	39.16	− 674.49	− 41.20	219.13	− 496.56
2000	1001.96	31.86	163.51	50.22	− 820.08	− 47.18	287.60	− 579.66
2001	1025.12	35.51	193.70	54.18	− 812.75	− 59.93	346.76	− 525.92
2002	1253.99	40.54	222.77	58.07	− 1013.68	− 69.92	445.79	− 637.81
2003	1528.11	38.03	285.77	57.05	− 1223.32	− 80.85	544.95（e）	− 759.22
2004	1972.04	55.83	347.23	72.74	− 1607.90	− 97.21	706.00	− 999.11
2005	2442.93	61.84	417.28	84.2	− 2003.29	− 165.39	900.42（e）	− 1268.26
2006	2887.18	92.88	545.91	104.89	− 2329.25	− 257.91	1126.78（e）	− 1460.38
2007	3223.29	106.62	640.38	130.14	− 2559.39	− 362.51	1364.07（e）	− 1557.83
2008	3388.43	94.96	710.13	150.76	− 2622.51	− 426.51	1682.33（e）	− 1366.69
2009	2971.12	82.56	703.23	156.87	− 2193.57	− 415.51	1760.00（e）	− 849.08
2010	3660.86	96.84	930.06	200.93	− 2626.71	− 367.19	1955.00（e）	− 1038.90

注：（e）表示估计值。

资料来源：美国经济分析局，http：//bea.gov/international/index.htm。

中美贸易不平衡没有严重到美方所夸大的程度。中美双边贸易平衡主要表现为贸易结构性显著不对称，双边贸易失衡规模不大，总量上基本平衡，两国贸易关系从量的平衡角度讲是正常的。两国双边贸易结构性失衡体现了两国经济差异性、互补性和发展不平衡性。

4. 中美双边贸易失衡不突出、不典型

中国并非美国经常项目逆差的主要来源国家，那些对美贸易规模大和对美直接投资多而间接投资少的国家，从美国获得较大的贸易投资利益。美国对世界上许多国家都有贸易赤字，也有贸易盈余。美国对加拿大、墨西哥这两个北美自由贸易区的成员每年也有巨额贸易赤字，而且这两个市场几乎对美国完全开放。美国对日本、德国这样两个开放市场每年也有巨额贸易逆差，但美国对同为欧盟成员的荷兰和拉美发展中国家的巴西却有贸易盈余。

根据美国商务部统计，2010 年美国货物出口 12886.98 亿美元，进口19345.55 亿美元，逆差 6458.56 亿美元（见表 5-12）。2010 年中国对美货物贸易顺差为 2730.63 亿美元，占美国全球货物贸易逆差的比重为 42.3%。这个比重低于美国对华服务贸易顺差占中国对外服务贸易逆差比重的 47%。

表 5-12　2010 年美国与主要货物贸易顺差国的差额及其占比

单位：亿美元,%

国　　别	出　　口	进　　口	差　　额	差额/进出口总额
中　　国	918.80	3649.43	-2730.63	60
墨　西　哥	1634.73	2299.07	-664.35	17
日　　本	604.85	1205.45	-600.59	33
德　　国	481.60	824.29	-342.68	26
爱　尔　兰	72.75	338.47	-265.72	64
尼日利亚	40.67	305.15	-264.48	76
委内瑞拉	106.49	327.07	-220.58	51
越　　南	37.08	148.67	-111.58	60
总　　额	12886.98	19345.55	-6458.56	20

资料来源：美国商务部经济分析局，http://www.bea.gov/newsreleases/international/trade/tradannnewsrelease.htm。

从美国对主要贸易伙伴的贸易差额占进出口贸易的比重来看，中美贸易差额的比重为60%，虽然高于其对加拿大、墨西哥、日本、德国等国家的水平，但低于其对爱尔兰、尼日利亚、越南等国家的水平。美国与尼日利亚贸易差额占双边进出口总额的比重达到76%。这表明中美贸易差额在美国主要逆差伙伴国中不是典型的代表。

（五） 中国与邻国货物贸易关系失衡更加严重

我国对邻国货物贸易关系失衡非常严重。除了个别年份外，我国对周边接壤14个邻国中11个国家都连年出现了严重的货物贸易顺差（见表5－13）。2012年我国从接壤11个邻国共获得675.6亿美元的顺差额，占同年我国全球货物贸易顺差额2311.1亿美元的29%。大额顺差主要来自越南、印度、缅甸、巴基斯坦、吉尔吉斯斯坦。只有对俄罗斯、哈萨克斯坦、蒙古三个邻国存在货物贸易逆差，主要是中国大规模进口矿产资源造成的。这种连续对邻国大规模贸易顺差既显示了我国强劲的外贸竞争力，也反映我国对邻国经贸政策的不合理性。

表5－13　近年我国与接壤邻国货物贸易差额统计表

单位：亿美元

国　别	2009 年	2010 年	2011 年	2012 年	2013 年（1～4 月）
越南	115.5	161.3	180	179.8	85
老挝	0.03	－ 0.9	－ 3.5	1.5	0.8
缅甸	16.1	25.2	31.4	43.7	11
印度	159.2	200.7	271.7	288.7	88.3
巴基斯坦	42.7	52	63.2	61.4	20.2
阿富汗	2.1	1.7	2.3	4.5	1
塔吉克斯坦	10.3	13.2	19.2	16.4	2.9
吉尔吉斯斯坦	52.3	40.5	47.8	49.8	13.3
哈萨克斯坦	15.3	－ 17.6	－ 58.2	－ 36.7	－ 18.8
俄罗斯	－ 37.1	37.7	－ 14.4	－ 0.4	－ 0.3

国　别	2009 年	2010 年	2011 年	2012 年	2013 年（1~4 月）
蒙古	- 3	- 10.8	- 9.7	- 12.9	- 5.6
朝鲜	10.9	10.8	6.9	10.3	1.7
尼泊尔	4	7.2	11.7	19.4	4.8
不丹	0.04	0.01	0.17	0.15	0.07

资料来源：中国海关统计，http://www.chinacustomsstat.com/。

我国商品在邻国的市场渗透率很高，几乎在所有工业制成品领域都占据了绝大部分市场，当地产业缺乏规模经济几乎无法成长、生存和发展。这样长期严重的贸易失衡会造成邻国产业衰败和进口增长的不可持续性，不仅影响双边经贸关系的健康发展，影响对我国外交、外贸和国家形象的正面看法，招致邻国愤恨，也限制了我国长远的出口增长潜力。

我国对周边邻国的跨境贸易未来增长的空间十分有限，而且增速缓慢。虽然我国从哈萨克斯坦、俄罗斯、蒙古、土库曼斯坦的进口资源能源规模较大，同时对其出口规模相对较小，出现一定规模的逆差，或一些年份略有顺差；但我国对塔吉克斯坦、吉尔吉斯斯坦、乌兹别克斯坦、阿富汗、尼泊尔、不丹的出口规模远远超过进口规模，双边贸易失衡严重，中方顺差过大（见表 5 - 14）。同样，我国对印度、巴基斯坦的贸易顺差规模也过大。除了俄罗斯、印度、巴基斯坦三国之外，我国西部接壤邻国的人口都较少，经济体量都较小，产业资本稀缺，自然资源丰富，现代工业经济落后，市场发育水平低，人均国民收入较低，经济活动的激烈程度较低，人们过着比较自然、缓慢的生活。这些国家总人口近 1亿人，年人均消费中国出口商品的金额达到 292 美元，继续增加困难较大。因此，我国未来继续对这些国家扩大出口的增长空间很有限，增长速度会逐步放慢。而且，过快的贸易增速会引起邻国严重的就业、财税减少问题，加重双边贸易不平衡，扩大邻国的贸易逆差和宏观经济失衡，引起邻国抱怨和贸易抵制。未来我国除了扩大进口周边邻国能源资源，同时还要扩大进口周边邻国非资源性商品，特别要免税进口我国投资企业利用当地资源出产的商品，增强我国投资对邻国就业、税收和经济的带动作用。

表 5 – 14　近年我国与西部接壤邻国货物贸易差额统计

单位：亿美元

国　别	2011 年	2012 年	2013 年	2014 年（1～6 月）
哈萨克斯坦	− 58. 2	− 36. 7	− 35	1. 5
俄罗斯	− 14. 4	− 0. 4	99. 7	13. 8
蒙古	− 9. 7	− 12. 9	− 10. 6	− 8. 9
塔吉克斯坦	19. 2	16. 4	17. 8	9. 4
吉尔吉斯斯坦	47. 8	49. 8	50. 1	19. 3
乌兹别克斯坦	5. 5	6. 9	6. 7	5. 2
土库曼斯坦	− 39. 1	− 69. 7	− 77. 5	− 43. 4
印度	271. 7	288. 7	314. 1	154. 8
巴基斯坦	63. 2	61. 4	78. 2	45. 2
阿富汗	2. 3	4. 5	3. 2	1. 6
尼泊尔	11. 7	19. 4	21. 7	9. 1
不丹	0. 17	0. 15	0. 17	0. 078

注："－"号表示逆差。

资料来源：中国海关统计，http：//www. chinacustomsstat. com/。

随着我国国力增强、美国推行"亚太再平衡战略"和西方散布"中国威胁论"，周边国家在安全和情感上日益倚重美国，对华离心离德已现端倪。中美之间、中日之间地区战略地位争夺已经公开化了。这些年来我国对邻国经贸太过于看重自己的经济利益，没有照顾到邻国对华贸易失衡的问题，也没有采取措施切实解决贸易失衡问题，在面对国际纷争时可能难以争取到邻国的同情和支持。

近年我国已经把对邻国外交置于优先地位，奉行与邻为善、以邻为伴、睦邻友好、互利共赢的周边外交和经贸政策。而且我国崛起在战略上需要继续坚持和平发展道路赢得邻国信任，高举自由贸易战略大旗，维护和发展开放型世界经济，反对贸易和投资保护主义。对外经贸政策上坚持多元平衡，稳定出口和扩大进口并重，推动外贸平衡发展。

对此，我国除了加强外交释疑和增进感情，给周边国家最大的安全感之外，对邻国外经贸政策需要调整为与邻共同发展，着力缓解贸易失衡，逐步扩大从周边国家的进口，加强双边投资和贸易往来，提高对邻国经济发展的带动力、吸引力和控制力，增强对邻国的亲和力。

（六）促进货物进口与出口的平衡增长

中国出口的规模扩张与发展速度在过去近 20 年中对我国国民经济的增长起到了至关重要的作用。出口的业绩为中国带来了制造大国的口碑。然而，自 1994 年以来，出口大幅度的增长与进口缓慢跟进，造成了我国对外贸易连续 19 年的顺差，长期积累起来的不平衡带来了一系列问题。出口贸易的发展大量消耗着国内资源，进口贸易发展的曲折限制了对国际资源的有效利用，给进口与出口的不平衡状况敲响了警钟。从根本上讲，进口与出口的平衡发展不仅仅是贸易领域自身提出的要求，更为重要的是国民经济发展战略提出的要求。

1. 进口与出口的平衡发展是实施从贸易大国走向贸易强国战略的基点

实施改革开放、提出建议社会主义市场经济、加入世界贸易组织成为我国走向贸易大国的三个阶段性节点。贸易大国地位的获得在严峻的国际经济环境中，转瞬成为持续发展的起点，从贸易大国走向贸易强国的发展战略是未来相当长一段时间内必须加以推进的内容。从我国的发展实践来看，贸易大国地位的实现依赖于 30 多年来出口贸易的增长，依赖于以国内资源尤其是劳动力和自然资源为依托扩大世界市场占有份额的发展模式。随着贸易规模的扩张和国际地位的提升，贸易大国地位已经开始给中国经济发展带来了一系列负面的影响，贸易摩擦频繁发生，人民币升值压力增大，资源与能源过度消耗，环境污染代价沉重，我国对外贸易发展面临的唯一选择就是必须通过提升贸易质量，实现从贸易大国向贸易强国的转变。从本质上讲，实施贸易强国战略要通过对国内资源与国际资源的合理配置，尤其是对国际资源的有效利用，充分利用国际资源为本国经济发展服务，实现国民经济持续稳定健康的增长。

2. 稳定出口是谋求进口与出口平衡发展的基础

在全球经济持续低迷的情况下，实现进口与出口的平衡不能以压缩出口为代价，要保持出口的增长，这不仅是国内经济发展的需要，也是我国对全球经济做出的重要贡献。因此，要实现进口与出口的平衡发展，必须先要稳定出口。一方面要持续发掘我国劳动力的比较优势，另一方面要迅速调整出口的商品结构和市场结构，通过对优势要素的培养与整合创造参与国际分工的新格局，包括开发对新兴市场国家的出口，以稳定出口规模，拉动国内经济增长。

3. 稳定加工贸易是稳定出口的关键因素之一

加工贸易的稳步增长在当前条件下是稳定我国出口增长的关键环节，同时也是巩固利用外商直接投资政策的重要手段。实现加工贸易增长的主要路径，一是要积极地推进加工贸易转型升级，二是要通过延长产业链在国内的拓展和增加国内采购的比重，三是要引导外商投资企业向中西部转移，扩张加工贸易的区域分布，创造新的发展模式。

4. 进口与出口的平衡发展是以内需为主拉动经济增长的重要转折点

出口的稳定增长为进口与出口的平衡发展创造了条件，进口的有效跟进，可以缓解我国国内市场供求结构的失衡状况。能源的失衡、资源的失衡、环境的失衡已经成为我国经济增长中的隐患，启动内需，拉动经济，需要扩大能源、资源及环境产品的进口；高端消费品市场的失衡，同样需要通过适当的进口规模来解决。进口与出口的平衡发展是我国实施内需驱动的经济发展战略的必要条件与转折点。

除了自身平衡之外，进口与出口还应该在与国民经济同步发展的层次上实现平衡。纵观世界贸易强国的实践，不论经济周期的发展阶段如何，对外贸易的发展起伏与经济发展的波动基本上都保持同步，通过进口实现了对国内外两种资源的合理配置，贸易发展尤其是进口贸易的发展服务于经济发展的宏观政策目标。

5. 发掘进口在国民经济发展中的积极效应是谋求进口与出口平衡发展的关键

在出口的综合利益逐渐出现弱化的情况下，进口对国民经济增长的积极作用具备了制度层面上的拓展空间。一是外汇储备的规模早已不是对外贸易追求的目标，为满足国内的进口需求提供了实施的必要条件；二是设计组合政策手段，改进技术贸易体制，调整技术创新观念，鼓励适用技术进口，提升我国制造业整体的基础技术水平；三是适应内需增长在规模和质量上跃上新台阶的要求，适当降低奢侈品进口的门槛与管制，重点放在那些国内无法提供的高端或品牌消费品的进口上，为消费资金进入生产经营循环开辟新的路径。

6. 实现进口与出口平衡发展的两步走战略

第一步，力争在三至五年内实现进口与出口在规模上的基本平衡，在政策层面上加大对中小出口企业的支持力度，稳定出口部门的广泛基础，保障出口增长的潜在能力，为启动内需提供制度运行的空间；第二步，力争在十年左右的时间里，充分发挥进口在国民经济增长上的积极作用，实现进口与经济增长的动态平衡。充分利用全球金融危机环境因素以及我国经济增长对全球经济的影响，寻求突破美国等西方发达国家向我国出口高新技术产品的限制，以推进高新技术产品进口为主要抓手；在重要资源类产品的国际市场上，掌握定价及交易的话语权；引入高端消费品的竞争机制，创建本土的高端消费品品牌，实现本土高端消费品与进口品共同满足国内市场的需要。

二　促进对外服务贸易出口与进口平衡增长

（一）中国对外服务贸易发展的平衡与增长趋势

服务贸易是对外贸易的重要组成部分。中国对外服务贸易自改革开放以来取得了巨大的成就，成为中国对外贸易日益重要的支柱。1982～2013年中国对外服务出口增长了81倍；对外服务进口增长了162倍，服务进口增长幅度超过出口增长的1倍。

1. 中国对外服务贸易的平衡情况

中国对外服务贸易的平衡特征明显：在1992年之前，除了1984年外，每年保持对外服务贸易顺差，但是顺差规模都较小（见表5-15）。

1992年前中国对外服务贸易的顺差并不表明那时中国服务产业强，具有贸易优势，而是政府对服务贸易控制与保护程度高，服务产业对外开放程度低，服务贸易中市场发挥作用范围小的结果。随着1992年邓小平南方谈话推动新一轮改革开放热潮，中央推动沿海地区成立经济特区，建设有中国特色的社会主义市场经济体制提上日程，中国经济市场化程度日益提高，服务业和服务贸易日益扩大对内对外开放，对外服务贸易逆差呈逐年扩大趋势，真实反映出中国对外服务贸易的国际地位和比较弱势。

表5-15 1982~2013年中国对外服务贸易的平衡和增长情况

单位：亿美元，%

年份	服务出口值	服务进口值	服务贸易差额	服务出口占世界份额	服务进口占世界份额	服务出口同比增速	服务进口同比增速	世界服务出口同比增速	世界服务进口同比增速
1982	25.1	20.2	4.9	0.63	0.45	—	—	-1.8	-3.6
1983	24.8	19.9	4.9	0.64	0.46	-1.31	-1.48	-2.63	-3.57
1984	28.1	28.6	-0.5	0.71	0.64	13.39	43.28	2.24	2.18
1985	30.6	25.2	5.4	0.74	0.57	8.68	-11.66	3.23	-0.30
1986	38.3	22.8	15.5	0.79	0.46	25.27	-9.83	17.85	12.7
1987	44.4	24.9	19.5	0.77	0.42	15.94	9.18	18.6	17.73
1988	48.6	36	12.6	0.76	0.54	9.49	44.99	11.82	13.94
1989	46	39.1	6.9	0.66	0.53	-5.25	8.52	8.89	9.52
1990	58.6	43.5	15.1	0.70	0.5	27.2	11.30	18.80	19.13
1991	69.8	41.2	28.6	0.79	0.45	19.2	-5.31	5.58	5.25
1992	92.5	94.3	-1.8	0.95	0.94	32.52	128.92	11.3	9.27
1993	111.9	120.4	-8.5	1.13	1.19	21.02	27.58	1.73	0.47
1994	166.2	163	3.2	1.53	1.49	48.48	35.42	9.02	8.14

续表

年份	服务出口值	服务进口值	服务贸易差额	服务出口占世界份额	服务进口占世界份额	服务出口同比增速	服务进口同比增速	世界服务出口同比增速	世界服务进口同比增速
1995	191.3	252.2	-60.9	1.56	2.03	15.10	54.75	12.8	13.48
1996	206	225.9	-19.9	1.56	1.72	7.69	-10.46	7.78	6.02
1997	245.7	279.7	-34	1.79	2.07	19.26	23.83	4.2	2.71
1998	239	266.7	-27.7	1.72	1.97	-2.74	-4.63	1.26	0.23
1999	262.5	315.9	-53.4	1.83	2.21	9.85	18.43	3.28	5.64
2000	304.3	360.3	-56	2	2.37	15.93	14.06	6.02	6.19
2001	333.3	392.7	-59.4	2.19	2.55	9.54	8.98	0.21	1.21
2002	397.4	465.3	-67.9	2.43	2.87	19.23	18.49	7.14	5.54
2003	467.6	553.1	-85.5	2.46	2.97	17.65	18.87	16.06	14.76
2004	649.1	727.2	-78.1	2.82	3.26	38.82	31.49	21.39	19.65
2005	744	839.7	-95.7	2.89	3.4	14.62	15.46	11.76	10.93
2006	920.1	1008.3	-88.2	3.16	3.66	23.66	20.09	13.04	11.55
2007	1222.1	1301.2	-79.1	3.50	3.96	32.82	29.04	19.99	18.98
2008	1471.1	1589.2	-118.1	3.76	4.23	20.38	22.14	12.20	14.42
2009	1294.8	1588.6	-293.8	3.64	4.64	-11.99	-0.04	-9.21	-8.83
2010	1621.7	1933.2	-311.5	4.16	5.17	25.25	21.69	9.58	9.24
2011	1764.2	2380.7	-616.5	4.03	5.69	8.79	23.14	12.23	11.8
2012	1914.3	2812	-897.7	4.28	6.55	8.51	18.12	2.31	2.68
2013	2059.2	3305.8	-1246.6	4.36	7.35	7.57	17.56	5.51	4.81

注：这里统计的服务贸易涵盖以下主要类别：运输、旅游、通信、建筑、保险、金融、计算机及信息服务、提成及许可费、其他商业服务、个人以及文化娱乐服务、政府服务。

资料来源：贸发会议组织统计，http://unctadstat.unctad.org/wds/ReportFolders/reportFolders.aspx。

2. 中国对外服务贸易的增长速度与国际地位

1982 年以来，中国对外服务出口保持大多数年份的同比正增长，只有 4 年出现负增长；大多数年份中国服务出口同比增速超过世界服务出口同比增速，因此，中国服务出口占世界的份额逐年提高，由 1982 年占世界服务出口的 0.63% 增加到 2013 年的 4.36%。中国对外服务出口的国际地位有所提升，但相对于中国在世界经济、世界货物出口贸易中的较高地位来说，服务出口较低的国际地位显得不相称。

在 1982 年至 2013 年间，中国对外服务进口也保持大多数年份的同比正增长，虽有 7 年出现负增长，但 1988 年、1992 年、1995 年分别达 44.99%、128.92%、54.75% 的高速增长，除少数年份外中国服务进口增速都大幅度超过世界服务进口增速，因此中国服务进口占世界的比重快速增加，由 1982 年的 0.45% 增加到 2013 年的 7.35%，中国服务进口的国际地位得到了大幅度的提高。

过去货物贸易增长较快，服务贸易增长相对较慢；现在货物贸易基数大，增长速度放慢，服务贸易基数相对较小，增长速度相当快，特别是服务进口增速更快，促进贸易结构、经济结构更加优化，这是合理的平衡增长。

三　促进服务贸易平衡增长是外贸发展方式转变的重要途径

中国对外服务贸易逆差逐年扩大是中国对外贸易比较优势的正常体现，是充分利用两个市场两种资源、发挥市场的优化资源配置机制提高经济水平、转变发展方式的重要表现。在一定范围内中国不必刻意压缩服务贸易逆差和追求服务进出口的绝对平衡，而应当促进服务进口与出口的平衡增长。促进服务贸易平衡增长是外贸发展方式转变的重要途径。

当今世界贸易发展的大趋势正从货物贸易转向服务贸易。对外服务贸易迅速成为各国对外经济贸易竞争的焦点。服务业日益成为促进经济复苏，引领经济转型发展的新引擎、新支柱，也是经济长期持续健康发展，促进产业优化升级的新引擎、新增长点。尤其现代服务业是现代制造业的心脏和大脑，功能和作用至关重要。经济服务化已经成为全球产业转型、升级的发展趋势。发展服务贸易可以促进外贸产品结构高端化，获得全球价值链分工的优势地位，提高外贸收益水平，加快外贸发展方式转变。促进服务贸易平衡增长，与货物贸易协调发展，能够提高中国外贸整体效益，转变外贸发展方式。我国必须充分认识到促进服务贸易发展的重要意义，认识到促进服务贸易发展对实现国民经济又好又快发展、提升当地服务业发展水平的重要作用，自觉增强发展服务贸易的重要性和紧迫性。所以，外贸发展方式转变的重点应该放在大力促进服务贸易和技术贸易发展上来，提高其在外贸整体中的比重。

长期以来，中国外贸发展中存在着"重货物、轻服务"、"重数量、轻质量"、"重顺差、轻效益"的结构不协调问题，造成外贸发展的不平衡、不协调，导致外贸效率、效益较低。比如，中国远洋运输的服务能力较弱，货物贸易2/3的运输服务由外国提供。中国涉外的大量商业管理咨询、会计服务、法律服务、金融服务由外商投资企业提供。中国对外贸易、对外投资虽然得到国内各种商会、协会等中介组织的一定服务与协助，但是与世界上经济强国的商会、协会等中介组织对促进本国对外经贸发展所发挥的巨大作用相比，中国涉外中介组织的服务能力、服务意愿与服务动力存在很大差距。中国涉外企业遇到国际纠纷常常没有充分得到中介组织事前预警、事中咨询和事后协助解决问题，增加了贸易投资的经营风险。在这方面中国各级政府也需要提高服务能力。

促进服务贸易发展，可以促进企业创新，加快企业知识积累，提高外贸商品的人力资本含量，提高出口产品的科技含量，促进企业品牌培育，增强国际竞争力。促进服务贸易发展可以优化外贸的产业链结构，培养外贸新的竞争优势，优化外贸总体结构。服务贸易发展，特别是扩大服务进口，可以间接促进货物贸易增强竞争优势。促进服务贸易发展可以带动经济优化升级，促进外贸提高整体经济效益。发展服务贸易可以提升外贸总体效益，特别是生产性服务贸易发挥的作用更加显著。促进对外服务贸易发展对于外贸发展方式转变具有积极的作用和现实意义。所以，中国外贸迫切需要加快服务贸易发展速度，促进货物贸易与服务贸易的协调与平衡发展，优化外贸整体结构，提高外贸发展的综合实力、综合优势和综合效益，实现外贸发展方式的切实转变。

四 促进技术贸易出口与进口平衡增长

（一）技术贸易已成为科技、经济与贸易发展的重要推动力量

当今世界技术贸易快速增长，技术贸易规模大约每5年翻一番。技术贸易已经成为国际贸易中增长最快的特殊领域。目前技术贸易已成为国际贸易的重要组成部分，是反映一国潜在科技、经济、军事实力的重要指标。知识经济时代，技术贸易在经济发展、科技进步中发挥着日益重要的作用，而且其在国际商业竞争和国际政治经济关系中的地位日益提高。技术贸易是技术创新内生化、实现经济循环和可持续的重要保障。知识产权战略的落实重心在于实现技术产业化实施、技术可贸易化。我国要尽快改变技术贸易逆差地位，获得国际技术贸易利益，做活国内技术贸易，促进技术创新，提高创新生产力和创新先进性，逐步积累国际技术贸易的综合优势。

中共中央政治局曾经专门召开会议研究深化科技体制改革、加快国家创新体系建设，会议指出，建设创新型国家，加快转变经济发展方式，实现我国发展的战略目标，最根本的是要靠科技的力量，最关键的是要大幅提高自主创新能力。调查研究发现，当前加强技术引进、国际科技合作工作也十分必要和重要，要与自主创新协调发展。

（二）技术引进相对自主创新投入增长缓慢

在我国独立自主创新政策推动下，我国研发经费投入保持着较快的增长势头。虽然我国自主研发投入经费截至2011年仅占当年GDP的1.82%，但是自主创新投入经费的增长速度较快。全国研发经费由2003年的1539.6亿元增长到2011年的8610亿元，年平均增长57.4%。

可是，技术引进费用增长速度相对缓慢。全国技术引进合同金额由2003年的134.51亿美元增长到2011年的296.87亿美元，年平均增长15.1%（见图5-15）。究其原因一部分是欧、美、日长期对我国实行高

科技出口管制，另一部分是技术引进受到削弱和轻视。其结果是外来技术减少，影响了基于引进技术再创新的层次和能力，表现为我国经济和外贸发展方式转变的速度缓慢。

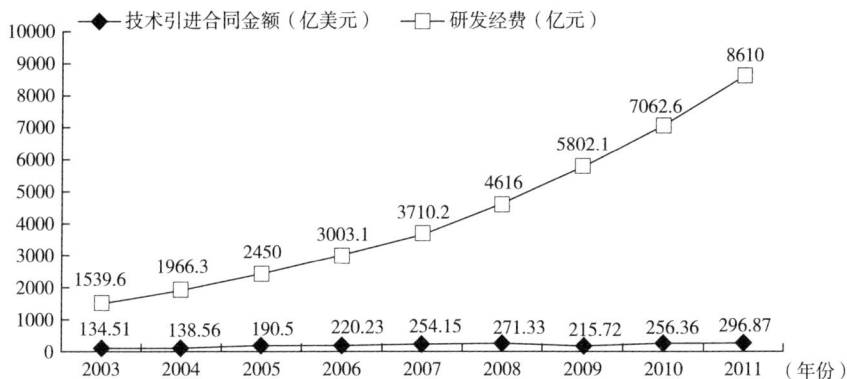

图 5 - 15　2003 ~ 2011 年我国技术引进与研发投入增长情况

资料来源：《中国科学技术发展报告 2010》附录、商务部服务贸易统计。

（三）技术引进在进口贸易中占比逐年降低

进口是我国接触和获取外国技术的重要途径之一。自 2006 年以来，我国进口构成中原材料等生产资料占比较高，技术进口占比相对较低，而且呈逐年下降趋势。2006 年我国技术引进合同金额为 220.23 亿美元，占当年进口总额的 2.5%（见表 5 - 16）。这个比重与我国 20 世纪 90 年代技术进口占当年进口比重曾超过 10% 来说，显得太低了。自 2006 年这个比重逐年下降，2011 年我国技术引进规模达到 296.87 亿美元，但是占当年进口的比重却只有 1.5%，比 2006 年减少了 1 个百分点。

表 5 - 16　2006 ~ 2011 年我国技术引进在总进口中占比下降的情况

单位：亿美元,%

年　　份	2006	2007	2008	2009	2010	2011
技术引进合同金额	220.23	254.15	271.33	215.72	256.36	296.87

年　　份	2006	2007	2008	2009	2010	2011
货物及服务进口总额	8917.88	10853.71	12905.67	11640.23	15884.14	19804.7
技术在总进口中占比	2.5	2.3	2.1	1.8	1.6	1.5

资料来源：根据商务部统计信息整理。

（四）技术引进结构亟待优化

我国技术贸易不仅进口与出口失衡严重，而且技术贸易结构很不合理。我国技术引进以外商投资企业为主。外商投资企业引进技术占全国技术引进总金额的六成。外资如此高的技术引进占比并不表明对我国产业技术有多大的提升，而跨国公司却有以高额技术许可费转移利润和避税的嫌疑。随着我国产业技术水平与发达国家先进技术的差距日益缩小，不仅引进外资和中外合资合作规模增长缓慢，而且外资企业的技术溢出效果日益不明显。虽然一些外国在华设立的研发机构开始显现出技术溢出效果，但外资严格控制技术溢出，我国通过外资接触先进技术的机会非常有限。

同时，我国近年来对外直接投资主要以绿地投资为主，大宗收购主要针对矿产资源，对外国具有重要知识产权资产和关键技术的兼并收购规模增长较慢，通过对外并购获得外国技术提升产业技术水平的效果不明显。

我国内资企业引进的技术规模很小，而且占全部引进技术合同金额的不到四成。其中，国有企业技术引进仅占全国技术引进总金额的25%。这表明内资企业引进技术的动力和能力均不足。在内资企业技术引进中政府介入过度，企业引进的主动性和动机并不强，而且对企业的实际条件考虑不够，技术引进之后的消化、吸收和再创新投入不足，严重损害企业自主创新的能力与动力。此外，国内低水平重复引进技术的问题仍未解决，导致引进技术的水平和质量不高。

（五）我国国际科技合作发展滞后

随着科学技术日益复杂化、系统化，单个机构或国家难以成功整合研发所需的所有人才和资源。国际科技合作是科技全球化的一大趋势，它可以分享知识、设备和数据，分散风险，降低成本。它具有影响他国和提升我国科学荣耀、开展科技外交、增加科技人力资源、接触顶尖科技人才、接触科技前沿、保持和提高我国科技水平、增强科技能力和国家安全、利用外国科技能力加速科技进步、解决全球科技重大难题、把科技成果转化为财富的十大功能。

我国国际科技合作成效显著，是促进科技进步、提升自主创新能力、培养人才和推动经济及外贸发展方式转变的重要方式之一。"十一五"期间，国际科技合作计划项目国内发表论文 5216 篇，国外发表论文 6130 篇，国内共申请发明专利 2948 项，发明专利授权 1518 项；在国外申请发明专利 210 项，发明专利授权 110 项；制定国际标准 39 项，国家标准 182 项，行业标准 227 项；引进国外关键技术 1825 项。"十一五"期间国际科技合作计划共转让成果 792 项，转让收入 10.8 亿元，创造产值 259.6 亿元，创造利润 44.9 亿元，创造利税 21.8 亿元。

目前我国国际科技合作工作存在如下几方面问题。

1. 国家财政投入的国际科技合作与交流经费规模小、增长缓慢

除 2010~2011 年之外，其余年份我国财政资助的国际科技合作经费和项目增长缓慢。2006 年国家财政投入的国际科技合作与交流经费共 3 亿元，资助 276 个项目研究，仅占当年财政科技拨款 1688.5 亿元的 0.18%（见表 5-17）。2006~2009 年我国国际科技合作的财政投入一直徘徊在 3 亿~5 亿元，2010~2011 年这项投入才迅猛增加，分别达到 15.9 亿元和 18 亿元，分别占当年国家财政科技拨款的 0.38% 和 0.37%。

表 5 - 17　2006~2011 年财政投入的国际科技合作与交流专项经费和项目数

单位：亿元，个

2006 年		2007 年		2008 年		2009 年		2010 年		2011 年	
经费	项目	经费	项目	经费	项目	经费	项目	经费	项目	经费	项目
3	276	4.5	170	3.12	233	5.15	313	15.9	470	18	—

资料来源：历年科技部发布的《中国科学技术发展报告》，http：//www. most. gov. cn/kjfz/kjxz/。

2. 外方投入参与中方国际科技合作项目的经费逐年减少

2001~2005 年中国财政资助国际科技合作项目所整合投入的国际科技合作研发项目经费共 42.4 亿元，其中外方合作单位投入 18.2 亿元，占全部合作项目研究经费总额的 42.9%。"十一五"期间，外方投入参与我国国际科技合作的经费越来越少。2006 年国家财政投入国际科技合作 3 亿元经费，带动和整合了 16.9 亿元资金，其中外方投入 5.8 亿元经费，占全部项目经费的 34.3%；2007 年国家财政投入 4.5 亿元经费，整合出 8 亿元科技合作经费，其中外方出资 2.8 亿元，占 35%；2008 年和 2009 年外方投入与我国合作的科技经费逐年减少，分别只有 2.01 亿元和 1.59 亿元，分别占当年全部合作项目经费的 13.9% 和 8.7%（见表 5 - 18）。这或许是因为随着我国国力的提升，外国在与我国开展国际科技合作研究中不愿意继续增加对我国的资金支持，或者希望我国出资更多资助国际科技合作研究。

表 5 - 18　财政投入经费整合的国际科技合作与交流经费来源

单位：亿元

年　份 项　目	2006	2007	2008	2009	2010
经费总额	16.9	8	14.47	18.37	53.31
外方经费	5.8	2.8	2.01	1.59	—

资料来源：历年科技部发布的《中国科学技术发展报告》，http：//www. most. gov. cn/kjfz/kjxz/。

3. 我国国际科技合作伙伴主要针对发达国家，多以外方为主导

我国与西方发达国家在多个学科领域科研水平存在明显差距。我国科技合作伙伴主要分布于北美、欧洲、俄罗斯、日本等科技先进和经济发达国家。中方在国际科技合作研究项目中多数没有主导权和主要知识产权。

过去我国对外科研合作主要依赖外方资助，外方主要依此取得数据信息和利用我们的人力智力资源，中方出人力和智力以及数据信息等。这种合作相当于中国专家给外方打工，承接外包业务。结果是虽然我们也提高了研究能力，锻炼了队伍，做出了科研成果，但成果对外方价值更大些，外方由此获得经济技术回报。外方也掌握着科研方向、选题、目标和成果指标等资源配置的主动权。中方在合作中难以利用外方专家、设备、数据库、机密信息等资源，这种国际合作模式对我们的科研水平提高贡献不大，仍然难以弥补我国与欧美日科研水平的差距。我国转变科研国际合作模式的形势非常紧迫。继续目前这种以代工为主的模式不仅无助于缩小我国与欧美科研水平的差距，而且不利于我国对欧美经济技术情报的搜集。

我国传统的对外科研合作方式已经落后于国际趋势。现在这种传统模式越来越难以为继，难以吸引到顶尖合作伙伴。因此，近年我国开始加大资金投入支持国际科研合作项目，改变主要依赖外方投入资金的国际合作形势。

（六）技术引进、国际科技合作在推动自主创新、加快经济和外贸发展方式转变和建设创新型国家上的作用相对减弱

1. 自主创新在建设创新型国家和加快经济及外贸发展方式转变中发挥着突出作用

我国面临的许多发展问题都需要不同程度地依靠科技进步来解决。科技进步在我国经济和外贸发展方式转变中发挥着关键性作用。我国经济和外贸发展方式能否成功转变很大程度上取决于科技进步，而推动我国科技进步的主要动力来源是自主创新、技术引进、国际科技合作等。

近年来，由于国家重视和政策支持，我国自主创新的研发投入快速增长，自主创新对推动科技进步发挥着日益突出的作用，成为推动

科技进步的主力军。可是我国获得外部的技术日益减少，不仅体现在外商直接投资和对外直接投资方面，而且体现在技术引进和国际科技合作方面。技术引进、国际科技合作虽然仍对推动科技进步和促进经济及外贸发展方式转变发挥着重要的作用，但是与自主创新的突出作用相比，它们的作用相对减弱了。技术引进、国际科技合作对提升我国自主创新能力和建设创新型国家的作用也在下降。随着科技全球化趋势日益明显，我国需要继续加强技术引进和国际科技合作，获得外部技术资源，与自主创新努力协调发展，加快经济和外贸发展方式转变。因此，促进技术引进、国际科技合作与自主创新协调发展十分必要。

2. 当前技术引进、国际科技合作仍然是对自主创新十分重要的补充

中国技术创新内生机制和循环体系仍然没有完全形成，内部技术市场发育仍不完善，技术价值缺乏有效的知识产权机制，市场失败问题仍很严重。自主创新的技术市场应用价值不充分，企业在自主创新中主体地位和积极性不高。因此，技术引进和国际合作在一定程度上能够使我国及时接触到国际先进技术和关键技术，并加以吸收和再创新，形成新产品和新竞争优势而实现市场价值，如此通过外生循环实现技术更新和促进科技进步。

在当前新的内生技术价值循环体系和机制没有完全建立之前，不仅需要国家财政大力投入支持基础科技研究，部分重大应用科技研究也需要财政支持，引导民间资本投入研发，而且在此基础上积极利用外生机制和循环体系，加强技术引进、国际科技合作，让我国接触到世界最新技术和科技资源。

3. 加强技术引进、国际科技合作就是经济和外经贸发展方式转变的具体体现

近年来，技术进口占进口总额的比重趋于下降，或者技术进口增长速度慢于整体进口增长速度，表明其他生产资料进口和消费品进口增长较快，说明我国经济发展和外贸增长依靠外来技术需求增长速度减缓，经济和外贸发展方式转变的技术要素增加并未明显加快。同时，我国国际科技合作与交流的滞后发展对自主创新能力提升、经济及外贸发展方式转变和创新型国家建设的贡献度减小。

加强技术引进、国际科技合作，就是改变外经贸促进经济发展方式转变的具体体现，应该进一步提高技术进口占当年进口总量的比重，提高国际科技合作在"走出去"战略中的地位，把外贸发展方式由鼓励出口创汇和推动经济数量扩张转向促进经济提高质量和水平，走质量、效益和技术推动型经济发展道路。未来，加快经济及外贸发展方式转变，需要进一步提高技术引进在进口中的比重，把扩大技术进口作为转变外贸发展方式的重要举措。

（七）技术贸易自由化是实现技术贸易进出口平衡增长的前提

技术贸易进出口失衡关键在于政府管制和干预。实现技术贸易进出口平衡增长的前提就是放开政府控制，由市场调节，实现技术贸易自由化。技术自由贸易就可以基本实现进口与出口的大体平衡或趋于平衡。

中国技术贸易的战略目标是技术贸易早日实现自由化，到 2020 年由目前的逆差地位转变为顺差地位，成为世界技术贸易的中心和技术研发的前五强；技术贸易成为推动贸易和经济增长的重要动力来源之一，改善贸易结构，促进外贸及经济发展方式的战略转变；技术贸易要成为自主技术创新的重要推动力量，大幅度提升科技进步对经济增长的贡献率，推动我国迈入创新型国家行列。

（八）削减制度和政策管制是技术贸易自由化的基本思路

为实现技术贸易战略目标，中国要自我削减贸易管制措施，减少政府干预，减轻政策限制因素的不利影响，采取技术引进与自主创新相协调、技术引进与技术出口相互促进的战略，以技术出口带动设备和服务出口，提高技术引进消化吸收再创新能力，增强出口竞争优势，加强知识产权保护，增强技术自主供给能力，打破外国技术贸易封锁，以技术创新驱动经济社会发展，促进创新资源高效配置和综合集成，把全社会智慧和力量凝聚到创新发展上来，更好地利用与配置国际和国内两个市场的技术资源，把经济社会发展方式调整到依靠科技进步的发展道路上来。

第五节 加快"走出去"步伐建设跨国公司

一 加快"走出去"步伐建设跨国公司是外贸发展方式转变的重要途径

外贸发展不能只看到外贸这一个领域，要放眼更宽广的领域，立体地看待事物之间的联系，要把功夫下在外贸之外。我们不仅要扩大国内市场开放，特别是更多服务领域的开放，引进外国跨国公司来华投资，同时要更加重视促进对外直接投资，更加依靠对外直接投资和海外跨国公司推动外贸发展。继续积极推进人民币国际化和提高人民币在国际贸易、国际投资结算中的比重。

目前，世界上几乎一半的国际贸易是跨国公司内部的货物和服务交易。中国外贸不能总是游离于跨国公司的贸易投资体系之外，不能总是采用为跨国公司做配套、打零工（加工贸易、代工业务）的传统贸易发展方式。中国必须向美国、欧洲学习国际贸易与投资的实践经验。美国认识到，95%的消费者生活在美国之外，而且未来5年87%的世界经济增长发生在美国之外，因此重视对外贸易和对外直接投资，服务世界消费者。中国企业不能只盯着国内市场，而要放眼世界，主动走出去建设自己的跨国公司体系。中国企业经过30多年改革开放的发展已经具备一定的资金运作、国际投资经营的能力及经验，聚集起能够开展国际化运营的人才队伍。目前世界各国对中国投资比较欢迎。欧债危机的深刻演化将为中国企业投资欧洲提供难得的机遇。美国为增加就业、实施"再产业化"和"出口倍增计划"寻求外国对美直接投资。可以说，中国企业加快"走出去"步伐建设跨国公司的时机和条件已经具备。

过去中国企业"走出去"不成功和预期效果或目标没达到的案例较多。这些失败案例较大程度上是由于母公司与海外子公司之间关联性差，经济协作和控制关系弱，子公司独自承担国际风险等问题所致。过去

"走出去"的海外企业对母公司总部的经济依赖不高，总公司的总部经济特征不突出，仍然做与子公司业务关联不大的业务，甚至具有竞争和替代关系的业务，总部对海外子公司在贸易、投资、技术、品牌、管理经验与培训等方面的支持、协作和控制程度较低。整个公司难以形成全球化发展的跨国公司。

西方发达国家跨国公司发展经验表明，中国国际贸易战略要与国际投资战略相配合，形成贸易与投资相协调、相衔接的关系，构建连通中国市场到东道国市场之间一杆到底的商品流通渠道，渠道的主要环节要由中国企业组建和控制，形成从国内收购、出口到东道国内进口、生产加工再到批发零售各环节首尾相连的商品流通国际大通道。

中国目前要加大海外生产加工组装业务和商贸流通业务的投资，建设和发展跨国公司，构建和控制国际商品流通渠道，实施一杆到底式的贸易渠道控制战略。这样可以确保贸易渠道畅通，规避东道国的贸易保护主义政策壁垒。中国企业为改变过去那种受外商控制的贸易投资方式正在深刻转型，采取贸易与投资联动战略，走跨国公司化道路，主动自主投资构建和控制国际贸易渠道，实施渠道一体化战略，改变传统的做外国跨国公司附庸的外贸发展方式。

海外子公司是推动外贸发展的重要力量。我国要实施跨国公司发展战略，依赖海外子公司和海外直接投资增长推动外需扩张。中国每百美元海外直接投资带动的进出口额大约为 44 美元，即海外投资实现进出口额是投资额的 44%。外国跨国公司在华实现进出口额是其投资额的 126%。"走出去"的海外子公司在当地实现销售，带动母国进出口贸易增长，规避东道国贸易壁垒，同时减少对东道国市场的最终产品出口，促进当地经济发展，间接实现了扩大外需和润滑外部引擎的功能。

所以，中国要加快企业"走出去"步伐，扩大对外直接投资，大力发展中国跨国公司，依靠海外子公司业务发展推动中国外需扩张，加强海外子公司与母公司之间的经贸联系和发展关联度，提高利用海外子公司带动母公司发展的水平。中国要继续加大鼓励企业"走出去"和支持对外直接投资的政策支持力度，实施跨国公司发展战略，真正把当前对外贸易模式转变成为跨国贸易、国际贸易和全球贸易模式，通过海外子公司在东道国构筑的销售渠道把母公司以及其他子公司的产品输入国际市场，变对外贸易的被动模式为国际贸易、全球贸易的主动模式。通过走出去的海外子公司与母公司之间以及子公司与其他子公司之间广泛复杂的内部贸易，增强贸易的稳定性，提高外贸发展质量和效益，转变传统的外贸发展方式。可见，加快走出去步伐大力建设跨国公司，是中国外贸发展方式转变的重要途径。

二 深化国有企业改革开放，建成现代市场主体

我国国有企业是改革开放的重要主体，在我国建设社会主义市场经济体制中占据重要分量，因此，我国要深化国有企业改革开放，把它们建成自主的跨国公司和转变外贸发展方式的现代市场主体。

经过 30 多年改革开放的洗礼，我国国有企业经历多次改革、调整和重组，取得了巨大的成就。但是我国国有经济体制没有发生根本变化，国有企业与政府行政、政策和金融等资源支持有千丝万缕的联系，国有企业管理体制与建立完善的社会主义市场体制机制之间存在尖锐矛盾，还阻碍了政府行政管理体制改革步伐。国有企业在国内、国际饱受诟病，面临巨大的生存发展挑战和改革任务。一些国有企业依靠行政、政策支持的寡头垄断造成资源错配，阻碍了反垄断法规的有效发挥和市场机制的有效运作，也引起社会收入分配不公。群众对国有企业寡头垄断、市场不公平竞争意见很大。国有企业体制缺陷和行政化管理方式还引发了严重的腐败、低效和国资流失等问题。个别国有企业势力膨胀，以"大而不能倒"要挟政府。单一的国有制已经显示出多方面不具有经济效率的问题，已经不能适应当前国际和国内形势，这就要求国有企业必须深化改革和扩大开放，独立自强。

当前世界经济形势异常严峻，大国竞争关系进一步恶化。我国国有企业实力逐步成长，已经在国际资本竞争中显露锋芒，西方国家政府及其跨国公司试图围堵和限制中国资本，特别是国有资本的发展。西方政客和商

界人士指责中国国有企业受政府资助和支持，进行不公平竞争，并且投资经营带有政治意图。当然西方对中国企业的指责和歧视不仅仅针对国有企业，一些中国民营企业也受到不公正指控。特别是中国国有企业"走出去"遇到了一些西方国家的市场准入困难。西方国家"凡中必反"的策略就是为了从经济上围堵和限制中国发展，体现出西方典型的贸易投资保护主义倾向。近年来我国在与欧美国家进行贸易投资战略对话和谈判中总是遭到他们的多方阻拦，而且欧美在多边贸易体制和区域贸易协定谈判中突出强调竞争中性原则，外部矛头直指我国国有企业参与国际竞争和分享世界市场的权益，迫使我国必须加快国有企业改革开放步伐。

国有企业是中国改革、改造和建设现代跨国公司的主体，也是中国海外直接投资的主力军，是新生跨国公司的母公司或总部。"走出去"企业跨国公司化的功课主要做在母公司，使母公司发挥总部作用，提高总部能力，增强企业构建一体化渠道的意识和能力，加强国际知识产权保护，切实转变我国企业传统的经济发展方式和外贸增长方式。

第六节　转变外贸营销方式战略 引领世界消费潮流

一　世界各国市场需求多样性和层次化是事实

每个国家市场上的消费需求都是多元的。他们的消费偏好可能是稳定的质量、时尚的外观、完备的功能、物美价廉等，千差万别，不一而足。消费者对品种多样化的选择是一种权利。消费偏好应受到尊重和得到满足。企业供给可以引导目标消费群偏好形成与变化的过程。消费者的需求偏好足够多，可以让大量企业开展竞争并以最优质量和价格的产品满足他们。

只有有效供给才能满足有效消费需求。有效消费既不过度消费，也不消费亏欠，而是得到满足的合理消费。过度消费是超过当时社会经济发展负荷和人体发展需要的消费，是浪费、不经济、不道德。而且过度消费效用递减或下降，甚至有害，会产生负效用。肥胖人群在某种意义上就是消费不合理产生负效用的一种表现。然而，消费亏欠、不足，也不经济、不人道。这种消费不足是由社会收入分配不合理、个人收支预算失衡、供给无效等多种因素造成的。

随着社会经济的不断发展，人们的消费水平总的趋势是不断提高的。各国人民收入水平、消费水平存在不同程度的差异，有效消费的满足程度也各有差别，即便在发达经济国家消费不足也是普遍现象，巨大的潜在未满足消费需求没有得到有效供给和服务满足是客观事实。我国目前许多地方的许多经济领域存在供给、消费过剩与不足同时并存的结构性矛盾，在教育、医疗、交通、公共服务等领域供给、消费同时存在不足，尤其是农村地区、山区、边疆地区。大城市存在吃穿消费相对过度，而文化娱乐等高层次消费不足的问题。

一个市场上既有较高消费能力的高端消费群，也有消费能力较弱的低端消费群。低端消费群如果因有效供给受限制导致消费不能满足，不仅不利于经济和贸易增长，也不人道，甚至侵害基本人权。所以，每个国家的市场客观存在消费需求层次分化的事实。消费产品等级和品质相对其收入来说较低也是消费不足或供给无效的一种表现形式。不断提高消费等级和水平也是促进经济增长和发展的机会。转变供给方式、消费方式，满足合理消费，做到资源合理最优配置，节约资源，可以形成最大的经济潜力。

国内市场与国际市场紧密相连，外贸就是连接两个市场调剂余缺的中介，也发挥着促进国际生产分工深化以及生产力提升，增进财富、收入和税收的重要功能。外贸无论是满足高端目标市场，还是满足低端目标市场，只要合理经济地满足消费需求，就具有国际竞争力，不应当受到限制和歧视。没有市场的贸易是不可能发生的，更是不可持续的。外贸出口结构调整要以国际市场消费需求动向为指南，外贸出口企业要贴近消费市场开展调研和调整产品研发政策，不断对产品进行修修补补，符合不断演变的消费需求，抓住对目标市场瞬息万变的贸易机会。同样外贸进口结构调整要以国内生产和生活消费需求变化为导向，做大国内消费市场可以降低对外经济依赖度，增强经济抗风险能力，提高我国市场对外国的吸引力，确保内生消费需求力量推动经济的崛起。

当前一些发达国家不顾国内市场需求多样性和消费需求层次化的事实，推行贸易保护主义政策措施既损害贸易伙伴利益，也损害国民消费福利，不得人心。这些发达国家根据本国厂商产品质量和技术水准提高外国商品市场准入门槛，阻止外国厂商提供适合市场低端消费群的产品品种进入市场，特别是采用反倾销等手段制止物美价廉商品的进入。绝大多数发展中国家生产力水平和出口产品质量档次较低，这是它们进入国际市场的比较优势。发达国家以过高技术标准等非关税壁垒限制发展中国家产品市场准入的行为是一种典型的、普遍存在的、反自由贸易的不公平贸易政策。美国就有很多提出过高要求的、限制外国产品进入的技术规范、标准和法律限制，这些壁垒违反了WTO的自由贸易、公平贸易精神。

二　转变外贸营销战略，引领世界消费潮流

从过去到现在，我国多数出口商进入外国市场都被动地跟着消费风尚走，做标准化的产品满足大众化需求，做不到满足多样化、多层次的消费需求偏好，产品价值评价受大众消费潮流风向影响，出口供应商对产品价值评价没有主导权。我国绝大多数企业都是采取这种追随战略和模仿战略。然而，现在成功的跨国公司都在采取引导消费潮流进行营销的战略。影响消费偏好对于外贸出口增长和市场供给结构合理配置，以及有效转变外贸发展方式至关重要。

出口供应商要转变市场营销思路，转变外贸出口发展方式，设计新的营销策略，主动干预和引导消费时尚、消费模式和消费文化，积极引导和干预消费者选择和效用评价行为，优化出口结构满足市场多元化、多层次需求，开发出适合不同消费偏好、消费层次、消费口味的新产品，既有高端奢侈品、享乐消费品，也有大众化、标准化的功利性消费品，还有低收入人群需要的物美价廉的商品，增强出口竞争力和目标针对性。外贸出口市场多元化战略不仅体现在地理和国别分布广度上，而

且要体现在每个市场的多种消费群及其消费层次的分布结构上，改变以前主要靠数量、低价竞争扩张的传统贸易发展方式，积极通过满足外国高端消费需求提升外贸效益。

中国出口商要学习模仿外国跨国公司的成功经验，加快外贸发展方式转变步伐，做世界消费潮流的引领者。外贸工作不仅要适应需求变化及时调整供给结构满足新需求、新变化，而且营销上要引导消费潮流向合理方向发展；不仅要以国际市场消费动向被动地调整研发和出口产品结构，而且要主动以新技术、新时尚、新潮流引领世界消费走势，走质量、效益型外贸发展道路。所以，出口商迎合消费趋势，引导消费潮流，满足消费需要，赢得消费者忠诚，是促进外贸发展方式转变的重要方面。

引领世界消费时尚潮流需要在世界主要时尚之都和当地市场建立营销机构，特别是跨国公司地区总部，发挥产品设计、研发、生产工艺、营销战略和服务的消费时尚领导作用。企业走出去跨国或全球经营的战略选择是必要前提。未来我国有实力的企业要打破外国市场准入限制，在全球范围内建立合理的营销渠道和贸易网络，采取领先战略，做创新型、开拓型和引领型企业。

参考文献

冯雷、夏先良：《中美贸易增长与平衡》，载荆林波主编《中国贸易发展报告（2012）》，社会科学文献出版社，2012。

李京文：《转变经济发展方式，大力发展现代服务业》，《经济研究参考》2008 年第 9 期。

兰建平：《外省加快经济发展方式转变的做法与启示》，《浙江日报》2010 年 5 月 12 日。

蒙英华、黄宁：《中美服务贸易与制造业效率——基于行业面板数据的考察》，《财贸经济》2010 年第 12 期。

谢康、李赞：《货物贸易与服务贸易互补性的实证分析——兼论中美贸易不平衡的实质》，《国际贸易问题》2000 年第 9 期。

夏先良：《加快改革开放步伐：转变开放经济发展方式的基石》，《国际贸易》2013 年第 3 期。

夏先良：《论国际贸易产业组织体系发展：聚焦国际贸易渠道和网络建设》，《财贸经济》2013 年第 11 期。

夏先良：《论贸易技术创新的效果》，《商业研究》2014 年第 6 期。

夏先良：《国际贸易产业应提高到国家战略产业高度》，中国社科院财经院《专报》2012 年 10 月 22 日第 66 期。

夏先良：《调整对邻国经贸政策　增强对邻国亲和力》，中国社科院财经院《专报》2013 年 9 月 10 日第 62 期。

夏先良：《深化改革　加快实施技术贸易自由化发展战略》，中国社科院财经院《专报》2013 年 5 月 28 日第 23 期。

夏先良：《促进技术引进、国际科技合作与自主创新协调发展》，中国社科院财经院创新工程项目"中国外贸发展方式战略转变研究"的中间成果，未发表，2012。

夏先良：《引领世界消费潮流　转变外贸发展方式》，中国社科院财经院创新工程项目"中国外贸发展方式战略转变研究"的中间成果，未发表，2013。

夏先良：《关于推动丝绸之路经济带建设的几点意见》，中国社科院财经院《财经论坛》2014 年 8 月 18 日第 23 期（总第 180 期）。

徐伟、原二军，《地方实践到国家立法路有多远？——从执法实践看"按日计罚"立法可行性》，《中国环境报》2010 年 10 月 28 日。

王受文：《转变外贸增长方式—促进贸易平衡发展》，《国际贸易》2007 年第 7 期。

张宁：《以海外投资带动外贸发展方式的转变——以宁波市"走出去"企业为例》，载《宁波市转变外贸发展方式研究》，浙江大学出版社，2011。

严建苗、俞洁芳：《我国生产企业自营出口的制度、现状与对策》，《国际贸易问题》1999 年第 8 期。

严建苗、潘锋：《现阶段的企业自营出口》，《经济论坛》2003 年第 8 期。

Anderson, Erin and Coughlan, Anne T., "International Market Entry and Expansion via Independent or Integrated Channels of Distribution", *Journal of Marketing*, Vol. 51, No. 1, 1987, pp. 71 – 82.

Basker, Emek, "The Causes and Consequences of Wal – Mart's Growth", *Journal of Economic Perspectives*, Vol. 21, No. 3, 2007, pp. 177 – 98.

Basker, Emek, "Change at the Checkout: Tracing the Impact of a Process Innovation", Working paper, University of Missouri, June 2013a.

Basker, Emek, " Change at the Checkout: Price Effects of Barcode

Scanners", Working paper, University of Missouri, February 2013b.

Basker, Emek and Pham Hoang Van, "Wal – Mart as Catalyst to U. S. – China Trade", DEPOCEN Working Paper Series No. 2011/01, April 2008.

Basker, Emek and Pham Hoang Van, "Imports 'R' Us: Retail Chains as Platforms for Developing – Country Imports", *American Economic Review*, Vol. 100, No. 2, 2010, pp. 414 – 418.

Bernard, Andrew B., J. Bradford Jensen, Stephen J. Redding, and Peter K. Schott, "Intermediation in International Trade: Wholesalers and Retailers in US Trade", *American Economic Review: Papers & Proceedings*, Vol. 100, No. 2, 2010, pp. 408 – 413.

Bernard, Andrew B., Marco Grazzi and Chiara Tomasi, "Intermediaries in International Trade: Margins of Trade and Export Flows", NBER Working Paper No. 17711 and CEPR Discussion Paper No. 8766, which was titled "Intermediaries in International Trade: Direct versus Indirect Modes of Export", April 2013 version.

Borga, Maria and Koncz – Bruner, Jennifer, "Trends in Digitally – Enabled Trade in Services", U. S. BEA Analyses paper, 2012. http: //www. bea. gov/ international/pdf/trends_ in_ digitally_ enabled_ services. pdf.

Brea – Solís, Humberto, Ramon Casadesus – Masanell, and Emili Grifell – Tatjé, "Business Model Evaluation: Quantifying Walmart's Sources of Advantage", Harvard Business School Working Paper 13 – 039, November 6, 2012.

Butter, Frank A. G. den and Abdessalam Es – Saghir, "Productivity Effects of Trade and Product innovations: An Empirical Analysis for 13 OECD Countries", *Applied Economics*, Vol. 45, No. 31, 2013, pp. 4412 – 4418.

Campa, Jose' Manuel and Guille' n, Mauro F., "The Internalization of Exports: Firm – and Location – Specific Factors in a Middle – Income Country", *Management Science*, Vol. 45, No. 11, 1999, pp. 1463 – 1478.

Choi, Changkyu, "The Effect of the Internet on Service Trade", *Economics Letters*, Vol. 109, Iss. 2, 2010, pp. 102 – 104.

Clarke, G. R. G. and Wallsten, S. J., "Has the Internet Increased Trade? Developed and Developing Country Evidence", *Economic Inquiry*, Vol. 44, No. 3, 2006, pp. 465 – 484.

Commission of the European Communities. *Report on Cross – border E – commerce in the EU*. Commission Staff Working Document, Brussels, 2009.

Dettmer, Bianka, "International Service Transactions: Is Time a Trade Barrier in a Connected World?" Jena Economic Research Papers 2011 – 003.

Desai, Mihir A. , C. Fritz Foley and James R. Hines, "Domestic Effects of the Foreign Activities of US Multinationals", *American Economic Journal: Economic Policy*, 1 (1), 2009, pp. 181 – 203.

Es – Saghir, A. , "Innovative on Trade: An Empirical Analysis of the Relationship between Trade Innovation and Productivity ", Thesis MSc. Economics, VU University Amsterdam, 2012.

Feenstra, Robert C. , Gordon H. Hanson & Songhua Lin, "The Value of Information in International Trade: Gains to Outsourcing through Hong Kong", *Advances in Economic Analysis and Policy*, Berkeley Electronic Press, Vol. 4, No. 1, 2004, pp. 1 – 35.

Feinberg, Susan E. and Gupta, Anil K. , "MNC Subsidiaries and Country Risk: Internalization as a Safeguard against Weak External Institutions", *Academy of Management Journal*, Vol. 52, No. 2, 2009, pp. 381 – 399.

Foster, Lucia, John Haltiwanger, C. J. Krizan, "Market Selection, Reallocation, and Restructuring in the U. S. Retail Trade Sector in the 1990s", *The Review of Economics and Statistics*, Vol. 88, No. 4, 2006, pp. 748 – 758.

Francois, Joseph, and Bernard Hoekman, "Services Trade and Policy", *Journal of Economic Literature*, Vol. 48, Iss. 3, 2010, pp. 642 – 92.

Freund, Caroline L. and Weinhold, Diana, "The Effect of the Internet on International Trade", *Journal of International Economics*, Vol. 62, No. 1, 2004, pp. 171 – 189.

Freud, C. I. and Weinhold, D. , "The Internet and International Trade in Services", *The American Economic Review*, Vol. 92, No. 2, 2002, pp. 236 – 240.

Freud, C. I. and Weinhold, D. , "The Effect of the Internet on International Trade", *Journal of International Economics*, Vol. 62, 2004, pp. 171 – 189.

Haltiwanger, John, Ron Jarmin, C. J. Krizan, "Mom – and – Pop Meet Big – box: Complements or Substitutes?" Working paper, CES 09 – 34, September, 2009.

Hart, Jeffrey, A. , "Information Technologies and Global Political Economy", published in Sean Costigan and Jake Perry, eds. , *Cyberspace and Global Affairs* (Surrey, U. K. : Ashgate, 2012), pp. 3674 – 3687.

He, Xinming, Keith D. , Brouthers and Igor Filatotchev, "Resource – Based and Institutional Perspectives on Export Channel Selection and Export Performance", *Journal of Management*, Vol. 39, No. 1, 2013, pp. 27 – 47.

Holmes, Thomas, "Bar Codes Lead to Frequent Deliveries and Superstores",

RAND Journal of Economics, Vol. 32, No. 4, 2001, pp. 708 – 725.

Huang、阿里巴巴集团研究中心:《电子商务服务业及阿里巴巴商业生态的社会经济影响》,IDC 白皮书,2008。

Kurihara, Yutaka and Akio Fukushima, "Impact of the Prevailing Internet on International Trade in Asia", *Journal of Sustainable Development Studies*, Volume 3, No. 1, 2013, pp. 1 – 13.

Lagakos, David. "Superstores or Mom and Pops? Technology Adoption and Productivity Differences in Retail Trade", Federal Reserve Bank of Minneapolis Research Department Staff Report 428, 2009.

Li, Meng, "Determinants of Exporting Channel Integration: An Interaction Approach", *Management & Marketing*, Vol. 5, No. 1, 2010, pp. 19 – 38.

Luo, Peng, "Analysis of American Potential Benefits at the Back of 'Considerable' Sino – American Trade Deficit", *International Journal of Business and Management*, Vol. 3, No. 12, 2008, pp. 25 – 30.

Mattes, Anselm, Philipp Meinen, Ferdinand Pavel, "Goods Follow Bytes: The Impact of ICT on EU Trade", Discussion Papers, German Institute for Economic Research, DIW Berlin, No. 1182, 2012.

Meltzer, Joshua, "The Internet, Cross – Border Data Flows and International Trade", *Issues in Technology Innovation*, No. 22, 2013, pp. 1 – 20.

Merino, Fernando and Vicente Salas, "The Internalization of Export Channels and the Export Activity of Spanish Manufacturers", EconWPA, International Trade 9803001, 1998.

Petersen, Bent, Torben Pedersen and Gabriel R. G. Benito, "The Termination Dilemma of Foreign Intermediaries: Performance, Anti – shirking Measures and Hold – up Safeguards", *Advances in International Marketing*, Vol. 16, 2006, pp. 317 – 339.

Petropoulou, Dimitra, "Information Costs, Networks and Intermediation in International Trade", Globalization and Monetary Policy Institute, Working Paper No. 76, 2011, http://www.dallasfed.org/assets/documents/institute/wpapers/2011/0076.pdf.

Raff, Horst, and Nicolas Schmitt, "Imports and the Structure of Retail Markets", *Canadian Journal of Economics*, Vol. 45, Issue 4, 2012, pp. 1431 – 1455.

Raff, Horst, and Nicolas Schmitt, "Manufacturers and Retailers in the Global Economy", CESifo Working Paper Series, No. 3508, Kiel Working Papers1711, 2011.

Robles, Fernando, "Export Channel Integration Strategy and Performance: A Contingency Approach", *International Journal of Business and Management*,

Vol. 6, No. 12, 2011, pp. 3 – 13.

Solberg, Carl Arthur and Erik B. Nes, "Exporter Trust, Commitment and Marketing Control in Integrated and Independent Export Channels", *International Business Review*, Vol. 11, No. 4, 2002, pp. 385 – 405.

Spulber, Daniel F., "Transaction Innovation and the Role of the Firm", *The Economics of the Internet and E – Commerce*, Volume 11, 2002, pp. 159 – 189.

Tesfom, Goitom, Clemens Lutz, and Pervez Ghauri, "Comparing Export Marketing Channels: Developed versus Developing Countries", *International Marketing Review*, Vol. 21, No. 4/5, 2004, pp. 409 – 422.

Vemuri, V. K. and Siddiqi, S., "Impact of Commercialization of the Internet on International Trade: A Panel Study Using the Extended Gravity Model", *The International Trade Journal*, Vol. 23, No. 4, 2009, pp. 458 – 484.

Yang, Zhilin, Chenting Su, & Kim – Shyan Fam, "Dealing with Institutional Distances in International Marketing Channels: Governance Strategies That Engender Legitimacy and Efficiency", *Journal of Marketing*, Vol. 76, 2012, pp. 41 – 55.

Yasui, Tadashi and Michael Engman, "Chapter 5: The Role of Automation in Trade Facilitation", edited by OECD. *Overcoming Border Bottlenecks: The Costs and Benefits of Trade Facilitation*, OECD, 2009.

Yutaka Kurihara, Akio Fukushima, "Impact of the Prevailing Internet on International Trade in Asia", *Journal of Sustainable Development Studies*, Volume 3, No. 1, 2013, pp. 1 – 13.

第六章

中国外贸发展方式转变的
战略措施与手段

与中国外贸发展方式转变的战略途径相对应，本章就当前中国外贸发展的处境与实施多元自由贸易战略目标，讨论应采取的战略措施与手段。

第一节　中国仍需继续加快新一轮改革开放步伐

改革开放是当前我国发展的最大动力，要以开放促改革，以改革促开放，加快完善社会主义市场经济体制，适应经济全球化新形势，实行更加积极主动的开放战略，完善互利共赢、多元平衡、安全高效的开放型经济体系，加快转变开放型经济发展方式，推动开放经济朝着优化结构、拓展深度、提高效益方向转变，不断提升开放型经济发展水平，推动经济更有效率、更加公平、更可持续地发展。

一　继续深化行政体制改革，调整政府与市场关系

调整好政府和市场的关系是社会主义经济体制改革的核心问题，是我国改革的主要任务。全面深化改革要坚决破除一切妨碍科学发展的思想观

念和体制机制障碍。深化市场体制机制改革，要更加尊重市场规律，努力推动从不完全市场经济到较为完善市场经济体制、比较发达市场经济的转变，扩大市场调节比例，提高经济发展效率和发展水平。

同时我国必须切实转变政府在经济活动中的角色，更好发挥政府推动作用、领导作用、监督作用，做好改革的顶层设计和总体规划，科学划定市场与政府的边界、职能。改革顶层设计和制度谋划要让部门和国企等相关利益方回避。重点是约束政府行为，减少不必要的审批、规制、干预，减轻税费和官员贪腐对市场机制的破坏。改革设计中既不要走唯市场论道路，也不要走无政府论道路。

国家统一的、开放自由的市场体制机制，是全国缩小地区差距、在青年城乡矛盾、缓解贫富差别和减轻社会不公的关键性基础工程。建成这样一个基础工程，如同一条高速铁路一样，我国将会加快经济社会和科技文化发展速度，巩固社会主义伟大事业。

我国改革开放 36 年来一直在探索、认识和调整政府与市场之间的关系，走出过去计划经济时期的误区，探索一条中国特色社会主义经济发展道路。中国共产党第十八次代表大会做出确立市场在经济生活中起决定性作用的重大决定，体现我国探索社会主义市场经济认识的新高度。这个认识将是我国新一轮深化改革开放的基本指导原则。

（一）市场决策优于政府决策

市场是一种社会自然力，它的创造力和智慧是无与伦比的。市场决策是一个大众决策，它是每个参与者集体智慧的结果。政府决策是少数精英的决策。假定这些精英都具有过人的才智和优秀品德，但他们并非料事如神，更不是全能全知的。尽管政府的能人治理很重要，但是它不如市场上众多人的决策更靠谱、更接近真理。总体上讲，大众的知识多于政府精英的知识。这是不必证明的常识，无论政府精英多么博学多才，一般情况下，基于市场的务实理性决策胜过政府的谋划。从国际比较来看，我国各级政府介入经济的程度远远超出西方国家。政府对市场干预或多或少总是导致市场资源配置的扭曲和浪费，更不必说政府官员在插手经济时以权谋私的危害了。过去的历史经验一再证明，政府的指挥型经济没有胜过看似无序的自由市场经济。显然，市场决策效率更高，更靠谱，更科学。政府少干预市场的自由市场经济思想有一定的科学道理。这也是我们党做出市场机制在经济资源配置中起决定性作用的理论基础。

（二） 市场决策也需要政府给予功能性支持

政府在经济发展中并非无所作为，更不是袖手旁观，而是市场有效运作的坚定守护者和维护者。市场并非万能，市场也有其固有的弊端和短板。市场的众人行为可能会出现非理性的盲动和错失，可能引起市场失败、市场危机。在市场机制无效的地方，政府要弥补市场功能，校正市场机制，打击和限制有害的市场行为和不公平市场竞争。市场过程尽管理性但是速度慢，需要较长时间才能反应过来。在当今速度决定命运的时代，政府看得十分清楚的、基于科学论证的决策可以集中资源加快速度去干一些大事业，弥补市场调节反应速度慢的缺陷。比如战略性、前瞻性、全局性的重大产业发展规划，科教文卫以及城市公共基础产业，基础研究和公共事业必须由政府承担。凡是市场机制调节达不到的地方都应当是政府的职责范围，实际上政府的职责非常繁重，有责任的政府绝不轻松。

（三） 政府可能出于多种不明智目的介入市场

然而，急于出政绩的领导人，特别是在唯 GDP 增长率的干部考核机制下，都会不顾市场，不管最后效果如何，极力去调动一切资源推动经济快速增长，目的是让 GDP 数字更好看。一些地方政府为了追求 GDP 和地方财政收入，推动上马大型工商业项目、房地产项目等，站在投资者一边帮着征地、拆迁等，与人民对立，强征强拆，引起许多群体性事件。政府把自己摆到了人民的对立面，这与我们党为人民谋利益的党性完全背离。实际上一个地方政府工作做得好长期来讲会体现为 GDP 增长率，但是 GDP 增长率高未必就是政府工作做得好，GDP 增长率不高也未必政府工作做得不好。政府工作体现在许多方面，经济和民生做得好的地方未必就能体现为 GDP 数字。追求 GDP 数字、增加地方财政收入、贪官的"咸猪手"是扰乱市场秩序的三种主要因素。

（四）市场是个防腐剂，是个好东西

一些发达市场经济国家虽然采取多种干预手段以推动经济增长，但是政府不直接参与经济活动，仍以市场机制为导向。它们的经济增长尽管缓慢，但其增长是实在、有效的，几乎没有浪费、重复。我国一些地方的 GDP 增长率较高，但是这些增长可能多半是无效的，今年建起来的高楼过几年看着样子不时髦，推倒重建；一些市政工程今天建好明天就开挖，让自己的利益输送对象有钱赚；后任地方领导推翻前任的规划，半拉子工程毁掉重建；新上任的领导都会开出不同于上届领导的药方，以示新领导有所作为，在上马新项目中夹杂私货。结果 GDP 数字又刷新高，但没有实际推动经济发展和经济水平提升，没有实际提高国民收入和人民生活水平。

市场机制是防止政府公务员贪腐的隔离墙，让握有一定公权的公务员不能贪、不敢贪。市场讲求公平，与以权谋私、贪腐、不劳而获格格不入。贪是人性，解决这种人性缺陷只有依靠健全的市场制度。市场是个防腐剂，是个好东西。我国官僚经济、国有经济、政府经济几乎控制着整个国民经济，让民营经济几乎没有市场的空间，市场活力几乎到了被窒息的地步，市场调节经济和配置资源的效率大打折扣。因此，如今的改革开放起着释放市场活力、促进经济发展的关键作用。

（五）新的改革与创新重点在于限制、监督政府

新一轮全面深化改革开放要把重点放在改革政府行政管理体制上。建立市场机制关键在于改革政府，创新体制与制度。行政体制改革重点是简政放权，建立清廉、透明、公正、高效的服务型政府。这种体制改革与制度创新是我国对国家治理体制机制和政治文明的新认知、新探索。

现在改革开放的目标、原则和决心都有了，中央已经下决心扫除一切改革开放的障碍，接下来就是改革开放的方案设计和逐步实施。各级政府

要切实转变职能，给自己制定好功能定位，明确权力与责任清单，界定清晰的权责边界，该管的事要管好，接受社会监督和人大质询；不该管的事要简政放权。让市场发挥决定性作用，让钱权分离，让政府没有抓"权"的利益冲动，从而减少市场运作的摩擦力。

改革就是自我革命。改革的目标就是要建设高效、廉洁、公正的政府。政府公务员要提高能力，恪守法纪，遵守市场规律。政府各级公务员无论主管什么方面的事务都要是这份工作的专家，但不要自以为知识无限了，没有继续学习、钻研业务的必要了，要多学习，少夸夸其谈。中央政府的公务员更要感到自己工作责任重大，并非仅仅是份工作而已，要多向同行学习、向国内外专家请教、向社会大众学习，增强自己的工作能力。

二 推行全面依法治国，转变国家治理方式

全面依法治国已经列入当前国家"四个全面"的治理方针，把国家治理方式从过去的人治切实转变到法治轨道上来，让依法治国观念深入人心，让不依法依规办事的官员下台，真正建立法治国家。各级政府职能范围和边界要清晰划定，大大缩小职能范围，优化组织结构设置，创新管理方式，减少政府规模和管理事务，减轻政府干预。

依法治官。官员年终述职要向社会公开，发生的重大事故要追究责任人责任，任前任后公示家庭财产和个人审计报告，取消省部级以下公务员配备公车的政策，使用北斗卫星定位系统监督公车，缩减财政负担，让百姓得实惠，减轻社会分配不公缩小贫富差距。

依法管市。行政和国家机构不得以任何方式干预企业投资经营活动。凡税务、工商等行政机关被企业举报违法收费，一经查实，被举报单位负责人和上一级单位领导应受到相应的行政、党纪和法律处罚。在商务部内设立市场监管和消费者权益保护机构，一旦投诉，全国联网查处，全面接受调查，解决商业欺诈等问题。

依法行政。建设阳光下运行的透明、清廉政府，加强权力监督。打破各省区市间贸易投资的限制和保护政策，推进国内市场一体化，提升市场

化发育水平，减少区域贸易壁垒，降低贸易成本费用，提高贸易效率和组织化水平。行业准入限制和行政审批是扭曲市场、增加经济运行成本、降低经济效率、加重人民负担、产生腐败的祸根，必须革除。完善物权法、财产权法以及知识产权保护法律，提高司法效率和办案水平。

借鉴英美国家政府紧缩财政、压缩政府开支的好经验，裁减我国各级政府公务员规模，合并重组业务交叉及类似的政府机构，实行大部制改革，各级行政官衔以一正一副一助理为宜，减少各级官员数量，特别是减少各级党、政、人大、政协、工团的副职数量，公示每位公务员责权利，接受社会监督，破除官本位和干部权力不受监督思想，改变干部违法不受法律制裁等问题。

三　调整宏观经济调控战略

我国不宜采取赤字财政和高通胀刺激过热经济的发展战略。缩减政府规模和财政负担，节制社会救助和福利开支。财政收支规模占国内生产总值的比重应控制在适当范围内，扩大由市场配置资源的比例。严格控制各级政府债务规模，应当允许私人企业依法以多种方式融资。税制改革要让市场主体、财产持有人、消费者税负大体公平，广覆盖，轻负担，广扶贫，不仇富。推进城镇化要按照科学发展观和现代化要求以市场机制运作，调动私人投资积极性，实现可持续长期发展，财政不可以大包大揽，不背上国家开发运作的包袱。

私人投资可以替代的领域公共投资要坚决退出，缩小财政公共投资范围和规模，进一步淡化行政性配置资源的色彩，开放市场准入，允许私人投资，支持市场在资源配置中发挥基础性作用，让筹资、投资决策与经济责任形成相符相关的运作机制。绝不再搞导致产能过剩的经济刺激性财政投资项目。这是优化产业结构的基本要求，也是市场经济的基本原则。

放宽金融市场准入条件，允许民营资本进入金融业，促进金融自由化，加强金融风险监控。更大程度上让利率和汇率由金融企业自主决定，利率和汇率由市场形成。更大规模开放外国资本进入股票、债券等证券市场，加强资质审查和资金出入境监管。

四 改革国有企业，建设公平竞争的市场主体

国有企业占据国内市场主导地位，其依靠来自政府支持的垄断优势占有相当规模的市场空间，但其效率较低，而且阻碍竞争和有效资源配置，不具有长期可持续性。国家必须在航空、铁路、金融、邮电通信、能源、卫生、教育等领域以市场化、公司化模式代替行政官僚管理模式，打破一切市场垄断，深入改革国有企业管理体制。相信现有国有企业的四大效率问题可以通过市场化改革、政府行政管理体制改革和国有企业内部运行机制改革而得到解决。

国有企业领导人要具有企业家素质、精神和现代大型企业管理能力。国有企业内部管理要改变行政管理方式，运用现代企业管理方式方法办企业。组织人事部门对国有企业领导人选用要运用市场手段公开公平竞聘上岗，按照聘任协议享有权利和承担责任，包括法律责任。国务院切实落实非公有制经济"36条"和新"36条"，加快对内资开放，打破国有企业垄断格局，将会推动国有企业改革，推动市场发育，大大提高市场效率和国有经济效率。

混合所有制就是多种所有制的另一种说法，没有新意。混合所有制不应作为国有企业所有制改革的唯一参照目标。企业所有制不应一刀切，而应根据投资者的状况、行业特点、企业规模、技术水平、管理能力等多种因素决定。不能一窝蜂都搞混合所有制。每个企业所有制结构的目标具体由实践中市场选择决定。人为的所有制调整和改革需要总结实践经验和大趋势确定目标，绝不能把所有的国有企业都改制为混合所有制。实践证明，多种所有制并存，好过任何一刀切的、一窝蜂的单一所有制或强行混合所有制。所有制形式要因企而变，没有一种所有制适宜所有企业、所有行业和所有国家。

即使某些国有企业改制目标确定为混合所有制，可以通过自主对外兼

并民营企业、外国企业等方式实现所有制改造，也必须以实际效果作为所有制改革的检验标准。

我国国有企业宜采取股权多元化、市场化改制模式。改革开放30多年来我国民营经济取得巨大的发展，但是总体上民营经济仍然较弱，而且我国市场经济体制和金融市场发育仍不成熟，我国国有企业市场化改制不宜采取变卖国有资产的私有化模式。这种出卖国有资产的私有化模式不能解决国有企业面临的问题。"一卖了之"将极大破坏新中国成立60多年来辛苦建立起来的完整经济体系，造成生产力和财富的巨大破坏，也将遭到现有国有企业职工的抵制与反对。尽管地方小型国有企业或国有资产可以采取公开出卖收现的私有化方式转制，不过，在缺乏严格监管情况下可能会造成国有资产贱卖和收归财政的国有财产可能被滥用等问题。

我国国有企业市场化改制只宜采取引资入股、优化股权结构，实现股权结构多元化、社会化的改制模式。国有资产管理机构向企业董事会派出国有资产所有权代表，代表的权、责、利由相关法律详细规定。这些国有资产代表不由政府任命，而由国有资产管理机构派出，不具有任何行政职务和身份，可在企业董事会和管理层任职。代表要维护国有股权益，阻止其他股东可能损害国有股东利益的行动。国有股权利益与其他股东利益紧密联系在一起，一荣俱荣，一损俱损，其他股东在维护其自身利益中也维护了国有股利益。改制后的企业就是一个社会化股份公司，不再是现在的国有企业了。改制后企业的国有股东代表不再具有现在国有企业领导人几乎不受监管的行政特权，而在董事会下与其他众多股东协商办事。现在一些国有企业虽然内部划出一部分资产进行股权上市，但是根本上仍然是国有企业，而不是社会化股份公司。

国有企业股权多元化没有终止时间表。这是一个渐进过程。社会资本对国有企业入股，成熟一宗，谈判一宗，签约实施一宗。每个国有企业的国有股权比重没有限制，根据各自企业经营和发展需要调整股权结构。除少数涉及国家安全的企业之外，国有股占比不必设置最低限制，也不需要黄金股机制。这种改制方式的优点在于震动小、摩擦少、成本低，解决了国有资产所有权主体缺位和所有权与控制权分离问题，规避了内部人的道德风险。

改制具体操作主要包括以下步骤：第一，公开改制程序和企业信息；第二，邀约主要投资人展开入股谈判：鼓励国内外投资人（包括内部管理层及职工）参与改制投资谈判，先投资者谈判成本和难度较小，后来者谈判成本和难度日益增大；第三，财政部或国资委代表国有资产一方与其他投资方谈判达成和签署投资协议；第四，实施协议，建立新的开放性股份公司。

政府要加快行政管理体制改革进程。改制后企业将依法经营，去行政化，不再受行政干预，实行现代企业管理体制，实现政企分开。政府行政要保持中性原则，对任何企业一视同仁。政府行政与改制后企业保持各自独立和距离，割断以前两者之间的利益输送，减轻财政负担，减少企业对政府依赖，鼓励企业平等竞争，金融机构对改制后企业融资贷款转向市场化融资，从而将改制后企业引入市场运营机制，促进企业提高效率，市场机制发挥作用的效率更高，范围更广。

中央对政府行政体制改革、国有企业改革以及其他改革要有科学的、长远的全局性顶层设计，规划改革方案和步骤。随着改革进程，全国人大要加快《国有企业股权多元化法》《投资国有企业权益保护法》立法和《中华人民共和国企业国有资产法》修法工作，适应国有企业改革开放新形势的需要。

政府要依法实施有关法律法规，加强国有企业改制和运营管理行政监管，力求在国有资产利益与非国有投资人利益之间、社会公共利益与私人利益之间保持平衡，达到共赢而不伤害任何一方利益的目标。国有企业改制不仅要考虑投资者利益，也要兼顾在职职工、管理层等内部人利益以及主要借贷人、客户、社会公众等外部相关方利益。改制后的社会化企业要担负起应有的企业社会责任。

改制后的股权多元化企业如果仍然涉嫌寡头垄断，要依据中国有关反垄断法规进行规范，扩大对内对外开放，放宽市场准入限制，允许合格资质投资者进入和退出，对垄断企业采取业务分割、引入国内外同行竞争者、鼓励企业"走出去"发展等措施，促进行业市场结构合理分散，达到合理竞争程度，削弱垄断效果，减轻垄断危害。企业要做好社会及国际形象和品牌宣传。

目前国有企业管理体制是在行政管理上嫁接公司管理。改制后企业和政府可能都不适应政企分开过日子的时光。经历一段时间后，双方就能互不干涉、互不依赖，政府不能非法干涉企业经营，企业也不能要求政府违法支持。改制后企业内部组织结构和管理体系必须去行政化，实行现代企业管理体制。去行政化是否彻底是检验改制是否取得成效，实现竞争中性化的重要条件。

五　加快国内劳动力、资本要素市场改革与开放

改革开放 30 余年来，中国经济实力、经济活力大大提高，特别是非公"36 条"和新的非公"36 条"颁布以来，我国经济活力得到极大提高。但我们的体制机制，尤其是金融的体制机制领域仍有很大的改革空间。进一步向民营资本放开银行业、证券业以及其他金融服务业已经是时代的呼声。政府有关金融管理部门要进一步解放思想，允许民营资本按照有关金融机构注册登记制度公开注册经营，降低限制门槛，取消不合理的限制，大力发展社区银行，分行业制定准入、退出以及经营管理的准则，加强金融行业从业者的监督管理，提高对广大居民、中小微企业的金融服务水平，降低社会对国有银行等金融机构的依赖，减轻金融风险。人民银行、银监会、证监会等金融管理机构要从促进国民经济发展、方便国民生活、增加国民收入、惠民生解民忧的大局出发，积极加快金融制度的顶层设计，深化体制机制改革开放的研究，规避垄断经营的政策制定等，避免简单粗暴的限制、禁止等懒政管理方式。这些改革开放举措的实施将减轻我国企业生产经营成本，促进贸易融资便利，提高外贸企业竞争力。

我国社会管理体制一直非常落后，手段和方法简单。加快能够促进社会公平、人类自由、安全幸福的社会服务体制建设，改革不合时代发展要

求、阻碍社会发展进步的旧的体制机制。户籍制度改革可以释放巨大的劳动力市场、土地市场、住房市场、消费市场能量，促进人才流动，促进教育公平，促进人类自由平等，鼓励和激发每个人的创新、创业精神。与户籍制度挂钩的计生政策、教育政策、购房政策、社会服务政策等到了结束使命的时刻，它违反人道，与百姓愿望相悖。

改革和放开现行户籍管理制度，给予国民自由迁徙权利，消除限制劳动力自由流动的户籍等各种障碍，打破城乡、省区之间保护主义政策，实现全国市场的统一。目前户籍迁移开放到地级市是一种积极的信号，但是政府过于谨慎、被动和消极。各级政府都没有为迎接农民迁移户籍进城务工、住房、就学、就医、交通、公共服务以及教育培训做好各项准备。农民阶层进入城市寻找到的工作稳定性差，农民随工作机会而迁移的流动性大，政府的人口、户籍等各项公共服务要适应这种特点，做好动态服务。少一些官僚式管制，多一些积极主动的热情服务。我国劳动力资源的充分利用将能够使经济发展迸发出无限的动能。

公安部门应从过去的户籍管理模式逐步转到身份管理模式上，应建立覆盖全国城乡社区的网络信息系统，将个人身份证与购房、购车、刷卡购物、购票等活动的信息联系，实时监控人口流动、人口变动、人口身份信息、人口家庭信息、境内外人口流动信息、社会安全信息。人口个人身份证号应与每个人的社会保障号建立联系，终生有效。在允许存在地区差别的基础上，全国应形成统一接续的、全覆盖的社保、医疗和养老福利体系。

国家应尽快立法保护农民工利益，消除社会对农民工的歧视，按市场公平交易原则，确保按月发放工资，保障养老社保等福利待遇。把有序推进农业转移人口市民化作为推进城镇化工作的重要任务抓实抓好。

提高外商投资企业的政府服务水平，扩大外商投资领域，加强知识产权保护。政府各部门要继续为外商直接投资提供政策引导和管理支持等，提高引资质量和利用外资水平，公务员不应直接参与对外招商引资活动。扩大我国企业境外上市和吸引外资进入境内股票、证券和债务市场的规模，增加利用外资的途径和方式，提高利用外资效益。

　　对外直接投资管理体制改革要减少政府审批，加大政府支持、服务、国际投资关系开拓的力度，将"走出去"提供融资、保险、安全激励的政策支持，鼓励实体企业与金融企业共同合作走出去，实体企业要凭借自主技术、品牌和人才利用金融企业的资金在海外开办实业，占领世界市场。政府首先要改革国内不利于企业"走出去"的各种体制机制障碍；其次要加强对东道国伙伴的外交商务工作，解决投资面临的准入难、限制多、营商环境差、综合配套困难等一系列问题；最后要引导企业做好"走出去"发展的资源人才准备、法律理论准备、管理能力准备、国际投资经营经验准备，协调好母子公司之间人事、商务、财务、技术知识流动以及监管与控制关系，管控和降低海外投资风险、市场经营风险、政治法律风险以及公司财产安全风险。

　　加快外汇和人民币汇率管理体制改革，允许企业持有创汇、买卖外汇、海外投资用汇，创造促进人民币汇率形成机制市场化的条件，发展和完善外汇金融体系，培育以人民币国际化为基础的外汇金融市场，建立人民币国际化的基本金融制度。加强洗钱、资金外逃、虚假投资融资、虚假贸易投资等违法行为监督。

　　完善引资、引智与引技相结合的体制，完善以市场换技术战略和利用外资政策；实施人才强国战略，完善专业技术人才流动政策，放宽入籍、入职和签证政策，增强对外国专家的吸引力。

　　改革开放是国家复兴和崛起的不竭力量。加快改革开放步伐依然是伴随我国开放经济发展方式发展变化的关键性基础工程。一旦改革开放步伐停滞，就会阻碍国家发展。加快改革开放步伐关系到我国开放经济发展方式的转变，关系到我国在新一轮世界大国博弈中的实力和成功，具有重大的战略意义。

　　目前行政体制改革成为所有经济体制改革的重点、难点和核心，必须突破。搞改革开放，没有坚定意志，将畏首畏尾，一事无成。但没有周密方案，盲目蛮干，结果也将一败涂地，得不到群众支持和理解。我们要重新鼓起20世纪80年代改革开放研究、宣传、探索、实践的干劲，不怕出错，不怕得罪人，不怕冒风险。

第二节　中国国际贸易产业组织体系变革与转型升级措施

本节试图从我国国际贸易产业组织体系入手，着力分析国际贸易渠道与网络组织结构性问题，认识到当前我国外贸面临着渠道劫持、拥堵、缺乏自主控制力和产业组织化水平低的困境，构建起我国发展自主国际贸易产业组织体系的理论基础，实证发现所提出的 4 个假设成立，由此推断出我国要发展自主国际贸易渠道和网络组织体系，特别是大力发展跨国公司自主的、一体化内部贸易渠道和网络组织体系的主张。

贸易组织及能力建设是转变外贸发展方式的重要方面。完善国际贸易产业组织体系是促进外贸发展方式战略转变的关键手段。我国外贸发展方式转型升级必须要从专注于制造业扩展到研发设计、贸易及服务环节的全产业链。我国企业要加快"走出去"步伐，着力建设跨国公司网络组织，构造自主的、一体化的、全球分布的贸易渠道和网络，同时鼓励我国自主的非一体化贸易渠道和网络发展，专业外贸公司也应向实业化、跨国化经营转变，优化整合产业链，做大做强自主国际贸易产业，提高渠道组织化水平和渠道控制力，提高一体化渠道比重。当然，尽管主张打造自主国际贸易渠道和网络，但也要鼓励利用国内外高效、安全、稳定的贸易渠道。

然而，国际贸易增长不完全取决于渠道和网络组织的发展，还受到其他多种因素影响。限于资料，本节仅分析了企业间组织安排关系，没有深入涉及外贸政策、外资政策、产业政策等宏观政策对于贸易渠道形成和网络格局的影响，也没有涉及企业与顾客关系对渠道与网络的影响，这两者都会影响到一个国家外贸发展。这是本节的重要不足，希望未来有更广泛的研究。

国际贸易产业转型升级和强大发展的有效手段和具体途径多种多样，需要企业不断在实践中探索，不断丰富促进外贸发展方式转变的途径。国际贸易产业做强做大，提高销售力，转变外贸发展方式，着力点关键在于加快外贸企业或外贸销售部门转型升级。

一　鼓励有实力的企业加速目标海外市场的销售公司投资和销售网络建设的步伐

我国企业大多数出口依靠外国进口商，过去少数大企业在重要市场上最多有个海外销售窗口，只有少数企业在海外目标市场建立了专门的销售公司。许多企业海外转型升级走水平一体化扩展道路，继续在海外建厂生产与国内一模一样的产品或者与国内配套生产，走生产规模扩张的老路，产品研发设计以及营销、服务都依靠当地厂商提供。

随着我国企业有实力"走出去"的国际化和全球化发展要求，首要迫切的是建立有利于商品"走出去"的组织机构，应建立自主经营、自我控制的海外销售公司，构建完整的从生产者到最终客户的销售渠道，发展自主的全球销售渠道。

中国要鼓励企业"走出去"和取消对外直接投资的各种政策限制，实施跨国公司发展战略，真正把当前对外贸易模式转变成为跨国贸易、国际贸易和全球贸易模式，通过海外子公司在东道国构筑的销售渠道把母公司以及其他子公司的产品输入国际市场，变对外贸易的被动模式为国际贸易、全球贸易的主动模式，主动掌握市场份额和客户订单，完善国际贸易产业组织体系、贸易渠道和销售网络的构建。

二　每个行业要培育出两三家大型跨国贸易公司和享誉世界的品牌

各行各业通过企业转型升级都要培育出若干家龙头专业贸易公司，形成一批具有强大国际竞争力的我国资本控股的跨国贸易公司，参与全球竞争，其业务能够覆盖全国，并使销售网点遍布全球，优化国际营销战略，加强贸易渠道和网络组织建设，提高贸易渠道控制力，培育一批世界知名的贸易品牌，增强国际市场上品牌、广告、产品推广的营销能力，降低国际贸易成本，提高效益、效率和销售力，加强国际贸易的跨文化沟通与管理，加强海外国家声誉和形象保护与公关，对于故意打击中国产品声誉和丑化中国产品形象的行为开展有针对性的宣传公关和交涉。

三　加大对国际贸易产业相关服务业的扶持

做大做强国际贸易产业需要有发达的运输、金融保险、通信信息、展览、法律咨询、商务旅行等相关服务体系的配合。国际贸易产业最密集的要素就是周转资金。强大的国际贸易产业背后要有强大的贸易融资能力做支撑。在开展国际贸易业务所需要的商品流、资金流、信息流活动中所用资金规模大、成本高、风险大，企业无力承担，金融支持不可或缺。国家要加强国际贸易相关产业软硬件设施配套，在物流上加强公路、铁路、码头、口岸、航道、互联网海陆缆线等基础设施建设与维护，鼓励物流产业发展；在资金流上加大贸易融资支持力度，满足贸易融资的资金需求，在市场化改革的同时保持货币政策、外汇政策、人民币汇率政策的基本稳定，保持基本稳定的利率、汇率政策环境，鼓励商业银行追随我国海外企业发展需要合理布点，鼓励商业保险、政策性保险覆盖贸易发生的风险；在信息流自由、安全和畅通方面，企业所需要的国际市场信息、商业情报、贸易信息、法律政策资讯等可以通过多种渠道自由、便捷、安全地接触、接收和发布，我国需要支持培育发达的通信业、互联网信息服务业、广告业、展览业、咨询业等。

四　加强国际贸易产业中介组织以及制度建设

加快我国中介组织改革和立法的调研与设计，推动中介组织与政府脱钩，加快转制转型，在政府与企业之间更好地扮演中介角色，做政府与企业做不好、做不了的业务。政策上要鼓励国际贸易促进会、行业协会、商会、学会等中介组织加强自身能力建设，提高中介服务能力；加强外贸产业行为准则、业务规范、技术标准、政策制度的研究与设计；鼓励外贸企业加大营销技巧研发投入力度；加强国际市场商务环境变化研究，规避市场风险。

五　加快有关国际贸易产业转型升级的促进政策研究

我国企业转型升级的任务繁重，宏观管理部门要加强国际贸易产业政策和管理研究，加强基础研究服务和指导，这些基础研究包括：研究国际贸易产业内部组织结构，依照经济发展需要保持自营外贸与专业外贸、加工贸易与一般贸易、进口与出口贸易的合理比例，优化国际贸易产业结构；研究资本和品牌在贸易渠道组织及其治理中的作用；研究组织规模与效益、管理效率关系以及组织发展与转型升级关系；研究如何遵循产业发展规律，有效配置影响产业的要素，合理做出进入或退出的决策，制定产业发展政策和扶持效果评价体系。

第三节　中国增强贸易技术创新能力的政策调整思路

一　中国贸易技术创新的滞后与制约因素

我国没有树立贸易技术创新的体制机制。我国国家创新体系虽然没有明确仅为生产服务，但实际上主要是为了解决生产问题。我国国家创新体系完全没有涉及贸易技术创新，从来没有为研究贸易技术设立实验室，不仅关于贸易技术创新的基础性研究非常稀缺，而且对贸易技术的应用性研发与创新也不够重视。实践中总是把技术创新看作生产企业的任务和专利，与贸易企业没有关系，因此，贸易企业在意识上不重视技术创新，实际经济活动中更加不愿为技术创新投入资金。我国研究机构和财经类大学几乎没有把贸易及商业技术研发与创新作为重要的研究领域和任务。无论专业的贸易公司，还是非专业贸易的公司，几乎没有设立从事贸易技术研发与创新的部门，专门从事贸易技术的研发与创新活动。即使有少数涉及贸易技术创新的项目，投入的资金和人力物力也少得可怜。

近年来我国新的《专利法》才给予商业方法等贸易技术专利权。贸易技术创新动力不足的重要原因是独占创新成果产权或专利权的概率低，难以保护产权和阻止模仿，而且贸易技术抄袭与同质化十分严重。贸易技术创新成果实施的制约因素多。我国迄今没有为贸易技术创新成果设立竞赛奖项。

贸易技术创新的服务体系不健全。由于贸易技术创新受到创新人才及其技能、合作与网络、教育培训、政府采购等政策支持、企业组织变化、竞争和全球化、消费者健康安全规范、劳动力规范、条码标准、供应链标准等因素的广泛影响，贸易技术创新的系统性特征明显。贸易技术的研发与创新及其应用不仅受多种因素和配套制度影响，而且受与创新相关的服务体系影响。商业及贸易公司的劳动力缺乏技能、创新文化和资金，现行财税制度、司法规章制度以及其他政策规范对创新起负面的阻碍作用。贸易领域创新合作和创新网络非常薄弱。我国在技术创新方面的融资、风险回避、人才以及技术咨询等服务体系不健全，会对创新与应用产生不利影响。

二 中国加强贸易技术创新的政策调整思路

（一）制定对贸易技术创新的特殊支持政策

由于正规的科学技术和工程基础对技术创新起关键作用，因此必须把贸易技术创新作为重要组成部分纳入国家创新体系之内，构建完善的国家创新体系，在国家设立的研究院、综合性大学内设立贸易技术研究所，建立国家级贸易技术创新实验室，增加贸易技术研究项目的国家立项数量和资助力度。

由于科技扶持政策、竞争政策、公司结构和治理、知识产权制度等都是影响贸易技术创新与应用的主要因素，而且创新和实施外贸技术创新成果可能遇到很多政策障碍，非常有必要调整科技政策，强调对贸易技术创新的特殊政策扶持和政策配套。

实施科技兴贸战略和创新驱动发展战略，促进国际技术贸易和国内技术市场交易的发展，鼓励和支持"万众创新、大众创业"，减少政府对互联网电子商务等贸易技术创新与应用的不必要干预和限制。科技兴贸政策虽然主要指生产领域科技促进贸易发展，但也可以延伸至贸易领域以科技进步促进贸易发展。

从提高科学家、工程师的收入待遇以及社会地位方面入手，推动整个社会形成追求科学知识和技术创新的环境，改变目前科学家收入与待遇不及公务员，特别是同级官员，人人都热衷做官员，不愿意做科学家的社会行为选择问题。现在许多在科学研究上做出一定成就而且成名的科学家转行做官员，却鲜见政府官员转做科学研究工作。科学家做发明创新工作，不同于公务员及官员做服务和管理工作，科学家的劳动强度、难度高得多。而且公务员及官员所获得的各种好处明显高于付出更多劳动的科学家们。这种社会导向让人们追求成为官员，哪怕是个"芝麻官"。因此，尊崇科学知识，降低做官热度，是我国提高包括贸易技术在内的科学技术水平，建设创新型国家的重要社会环境。

（二）政府行政管理要对贸易技术创新的市场缺陷进行修正而不要替代市场

我国科学技术宏观管理水平不高，存在政府亲自干和不作为两种极端行为。一批不懂科研规律、科研管理的官员在领导岗位上指手画脚，搞得科学家们失去追求科学的精神和积极性，甚至为私利搞各种迫害和打击。为此，国家科研机构、大学要尽早去行政化，按照类似现代科研院所运营规律加以改革，建立符合现代科研、教学规律的治理体制机制，发挥市场机制作用，同时弥补市场机制的缺陷，政府要发挥出弥补市场、引导市场和服务市场的功能。

政府及有关机构要给学术更多自由空间，给科学家更多研究自主权，少干预或不干预科学家的研究工作，不要用领导意志决定科学家的产出。更不能把科学研究搞成运动、竞赛，科学研究不可能大干快上，要把科学研究看作人类自觉认识自然、社会规律的一项正常"生产"活动。

把贸易技术创新自主权、决策权、受益权交给科研机构、大学、企业等市场主体，依靠这些市场主体的智慧和努力，在政府科学引导和扶持下取得可持续的技术进步。国家应给予商业创新更大自由空间、自主权。

政府要允许一切有益的探索，不设禁区，鼓励贸易技术创新，也允许失败。政府可以适当地为贸易技术创新失败提供商业保险，减轻技术创新失败的风险和损失。当然政府不是全包，只承担保费。

（三）完善贸易技术创新的配套服务体系建设

中国是一个互联网用户大国，但不是互联网信息技术强国。因此开放互联网贸易市场和管理政策都需要清晰地分析利弊，做好决策支撑。我国外贸发展要适应国际电子商务发展的趋势，做出正确的外贸政策调整，为国际电子商务技术研发与平台创新应用扫除障碍，引导国际贸易企业做好电子商务等贸易新技术创新与应用的战略调整，在国际贸易上用好电子商务和互联网信息技术，引领国际贸易技术创新与应用，显著提高我国产品的国际竞争力，促进我国国际电子商务发展。

政府有关部门或非营利中介机构要搭建起为各种贸易技术创新与应用所需的投资、融资、咨询、法律服务平台。此外，政府要做好国际电子商务的外交、规范协议谈判、标准制定、国际互联网安全审查与监管等。

政府通过宏观调控手段鼓励一定规模以上的贸易企业如同生产企业设立技术研发机构一样，设立贸易技术创新机构，比如成立贸易技术实验室，走技术化贸易创新道路，促进贸易企业在技术装备、组织和治理结构上形成差异化优势。我国企业不仅要时刻学习同行的商业经营管理技术，而且要结合自身特殊条件和情况创造性地研究适合自己的特定商业技术资产，保持鲜明的不可复制的异质特性。

成功的贸易技术创新成果必须是特殊的、唯一的、不可复制的。各企业只有拥有贸易技术创新的异质性、不可复制性，并且不被盗版和模仿，才能保持长期的市场竞争优势。政府要做好贸易技术创新的知识产权保护，提供技术创新培训、引导，搭建贸易技术创新与应用的联盟、合作和标准平台等服务工作。

第四节 中国促进外贸多元平衡增长的政策措施

一 促进货物贸易平衡增长的政策措施

中国当务之急要为应对美国次债危机、欧债危机引起的全球需求下降做好战略调整，积极通过深化改革开放、政策创新、外贸转型升级、发展跨国公司、市场多元化等战略措施降低对欧美市场过分依赖的风险。当前进出口贸易形势非常险恶，外贸工作已经到了前所未有的艰难时期。外贸增速继续下滑将严重恶化经济增长形势。我们必须抓住机遇，继续深化国内市场化改革和外经贸管理体制改革，继续扩大对外开放。当前要科学评估外贸（包括服务贸易）支持政策，取消扭曲市场的、无效或低效的外贸支持政策，构建有效对策，优化调整外经贸政策体系，恢复和保持较快的外贸增速。

开放与改革同等重要。开放既要对外开放，也要对内开放。实施更加积极主动的开放战略，进一步完善对外贸易、投资、外汇和国际收支政策体系，形成开放型经济体系，创建开放型经济新的竞争优势，全面提升开放型经济水平。外交、商务、出入境管理、海关、质检、商检、卫检、外汇等涉外管理机构要适应国家扩大对外开放战略，与有关贸易、投资、金融管理部门密切配合，制定高效的商品、服务、资金、技术、人才进出境监管政策，进一步放松管制，这有助于促进要素国际流动，有助于吸引外国资本、技术和人才流入，包括过去我国流出的资本和人才。

解决当前外贸面临的困难和问题主要依靠加快外贸、外资管理体制改革，加强上海自由贸易试验区改革成效与问题的总结分析，把负面清单管理模式在有关涉外宏观管理上推广应用，促进对外开放，加快建立基于市场机制的政府外经贸管理体制和服务支持体系，给外经贸发展更大的自由空间，促进外贸发展方式的逐步转变。外贸型企业要紧跟快速变化的新形势、新技术、新潮流，不断变革和创新，转变外贸发展方式，创造新优

247

势，适应新变化。政府要做好各种引导、服务、支持，搭建平台，做好咨询和参谋。

（一）加快货物进出口贸易体制改革与开放，落实自由贸易战略

进出口贸易管理体制改革要以进一步放松进口管控为主，减少进口审批和配额管理范围，减少政府干预，允许更多私人贸易公司参与能源、矿产、技术设备、药品、消费品以及奢侈品进口，允许技术含量高的设备、中间品、办公用品、消费品和技术软件文件，包括技术书籍、数据进口，限制对环境、生态可能造成破坏的进口品。

中国当前进口管理体制改革主要体现在下面三个重要方面。

第一，大宗商品进口管理体制改革的市场化取向。优化外贸结构，刺激进口加速扩张，特别是要扩大国内没有的外国成熟实用技术、软件、书籍、专利、技术装备进口，努力缩小贸易顺差规模，保持外贸进出口基本平衡，继续提高一般贸易比重，促进加工贸易转型升级，继续保持边境贸易增长势头，重视和促进国际电子贸易。

一方面，适当调整我国大宗商品管理体制，发挥专业部门的业务优势，严格实行资质管理，谨慎开放进口经营权，稳定进口市场秩序。另一方面，要着力构建大宗商品国内流通体制，与进口管理体制改革对接，按照大宗商品对国民经济发展普遍存在的重要意义，在流通体制上游环节建立相对集中的经营管理模式，在中下游环节引入市场机制，鼓励竞争以提高市场效率。

第二，以放宽或放开高端消费品进口作为进口管理体制改革的新亮点。高端消费品市场供求失衡，国内市场对高端消费品需求旺盛，国际品牌的市场号召力强劲。在我国迈向中等发达国家的进程中，从满足不同层次消费需求的角度来看，放宽或放开高端消费品进口，有助于提高人们的生活质量；鼓励竞争，推动我国自有高端消费品品牌建设。按照我国改革开放的空间推进经验，一方面可以扩大海南省实行免税购物的品种和消费额度；另一方面可以选择其他省份扩大这一特殊消费政策的范围。

第三，鼓励适用技术进口，夯实制造业发展的基础。适用技术的进口具有成本低、门槛低的优势，而对于我国制造业的整体技术水平和产品质量水平又具有重要的提升作用，还会为自主的高端技术研发提供有效的支持，最终实现我国高新技术的突破。鼓励适用技术进口需要调整我国技术发展思路，高新技术的引进是必要的，具有跨越发展的重要意义，但是，也要认识到没有广泛的适用技术或制造业的基础技术平台，高端技术的发展难以为继，也会陷入高端技术持续进口而难以在此基础上实现创新突破的怪圈，徒然耗散国力。

以国内需求为主拉动经济增长的战略实施尚需时日，外需拉动对经济增长仍发挥着不可忽视的作用，绝不否定扩大商品和服务出口的重要性。虽然出口不能像过去那样不惜代价、不顾成本、不考虑效益地追求规模扩张，但是国家在政策、服务、平台、指导上推动出口贸易继续快速增长对于扩大就业、促进经济增长、成为贸易强国具有重大意义。我国在国际金融危机期间采取的出口激励政策需要做科学检讨，可能导致市场扭曲的政策应该撤销，恢复市场常态。完善加工贸易政策，协调产业政策和贸易政策，鼓励加工贸易转型升级，发挥加工贸易的多种积极效果。

政府要进一步扩大内资企业的进出口贸易经营权，尽可能减少准入资质限制，放宽民营企业进口权限，要多做服务、支持、引导及监管，鼓励我国企业海外投资商业、国际贸易产业。

不断扩大开放，加快外贸发展方式转变，促进产业和外贸出口转型升级，走依靠科技进步、提高管理、提升质量、重视品牌效益的外贸产业化发展道路，以扩大中国公司对外直接投资，建设全球贸易渠道及网络，推动出口持续增长。全国和各地区不必刻意追求进出口贸易增长速度和平衡状态，而要把贸易效益、效果和竞争力作为重要评价指标。

（二）优化外贸、外资促进政策体系

在继续稳定现有外贸进出口支持政策的同时，做好做细保持外贸稳定增长的政策措施的研究制定。继续加大外贸稳定增长的财税政策支持力度，各项财政资助及时、足额、到位，加快出口退税进度，保持退税水平不变，切实减轻外贸企业税费负担，取缔不合理的非法收费、摊派，不增加企业负担。增强对外贸企业的金融保险政策支持力度，解决企业资金压力和贸易融资困难，完善出口信用风险保障机制，提高金融机构服务水平，特别是支持中小微型企业的出口开拓和发展。

检讨和改革外贸促进政策及服务体系。采取措施支持企业外贸能力建设，特别是要鼓励企业建设海外贸易公司，构建自主的全球贸易渠道和贸易网络。对国际商标注册及品牌广告费用给予适当的财政资助，加强中国产品的国际广告宣传。

提高对外贸企业的贸易、科技、产业政策支持水平，在质检、边检、通关、物流、装船等方面简化环节和手续，提高贸易便利化、电子化水平，积极提供贸易纠纷处理和摩擦应对服务，积极与欧盟、日韩、非盟、海合会、金砖国家、美国谈签自由贸易区协定，支持高新技术产业、战略新兴产业出口贸易政策，保持加工贸易政策的基本稳定，鼓励边境贸易发展。给予外贸企业更大的结售用汇自由度，保持人民币汇率水平基本稳定，减轻汇率风险，扩大人民币贸易结算覆盖范围和自主权。

继续稳定扩大利用外资的规模、提高利用外资的水平和质量，这对于促进外贸发展和经济增长具有重要的现实意义。进一步扩大利用外资的领域，包括提高金融服务业、能源、教育、医疗、文化、传媒等产业对外资开放的水平。给予外资企业在公共服务、政府采购、知识产权保护、融资、政策法规支持等方面与内资企业同等的国民待遇。同时，有关政府部门和行业中介给予外资企业在发展方式转变、结构调整、转型升级等方面的指导、培训和服务，鼓励外资企业适应中国经济转型升级的战略，把握机遇。

（三）调整外贸结构，推动外贸市场多元化

过去我国外贸企业传统的出口产品都是初级加工制造的劳动密集型、资源密集型产品，在世界低端市场上占据较大的市场份额，现在这个市场日益被其他发展中国家竞争对手所挤占、替代和填补，我国企业面临更加

激烈的竞争，所占市场份额日益被削减。这就要求中国企业加快经济发展方式和外贸发展方式转型，调整产业和产品结构。根据消费者收入分化及其消费结构的分层，中国对发达国家出口产品的对象不仅要服务传统的低端消费群体，而且要服务高收入人群的高端消费、领先消费、时尚消费，使对欧美日等发达国家的出口从过去满足单一低端消费者、低端客户需求，向满足包括低端、中端、高端在内的多元化目标客户群体的需求转变，根据需求结构变化调整出口产品结构。同样，对于发展中国家绝大多数人群属于穷人，只有一小部分富人的需求分层结构，中国外贸企业也要开发出适应不同人群需求分层的产品，拓宽市场多元化的深度和广度，不能一味只给发展中国家或落后国家供应低端产品。外贸企业通过扩大产品线、做深产品专业化、提高产品档次，也能实现在同一国家内的市场多元化，不必过分追求不同国家间在地理分布上的市场多元化。

外贸转型升级和结构调整是中国外贸长期面临的艰巨任务。不仅在国家政策和服务上，而且在企业经营管理上，要支持长期持久的转型升级和结构调整，加大研发力度，加大新产品推广和营销服务力度，培育自主品牌，加强商标和知识产权保护和管理工作，逐步向产业链高端延伸，调整出口产品结构，做精做专产品，不断开拓新的市场，加快物流现代化步伐，不断提高营销网络和渠道的控制力，增强企业核心竞争力和新的竞争优势。

提高服务贸易比重，加快技术及设备进口增长速度，继续提高进口增长速度。我们要用好管好外汇储备资金，采购外国先进仪器设备、专利或专有技术和核心关键设备，长期协议性采购战略性资源。但我国仍要适当增加企业环境成本和资源利用成本，坚持严格限制或禁止"两高一资"产品出口，限制国内资源开发开采。

促进外贸发展方式的转型升级，支持高新技术产品出口，增加一般贸易、内资企业完成贸易比重，降低加工贸易、外资企业完成的进出口贸易比重。政府要积极引进外国专家，送人才到外国进修，继续扩大国内高等教育规模，加大教育投入，增加民营企业家和职工在职培训，发挥劳动力比较优势和技术升级的竞争优势，叠加两种优势。

（四）启动"外需引擎润滑战略"

近年来我国领导人频繁开展大国和地区外交活动，积极推动经贸关系发展，促进合作和对话。我国领导人和政府有关部门已经认识到经贸外交的重大意义，重视经济困难时期采取积极外交对减少贸易投资保护主义发挥的重要作用，启动"外需引擎润滑战略"，积极开展与主要经贸伙伴的外交和对话。自2011年10月底开始，胡锦涛主席访问欧洲、美国，积极推动我国对大国经贸关系的发展；2012年2月国务院总理温家宝热情接见德国总理、欧盟领导人，稳定欧洲对华的市场开放，反对各种形式的保护主义，扩大投资和合作，积极参与欧债问题的解决；2011年9月全国人大常委会委员长吴邦国出访欧亚四国，促进与东欧、中亚以及俄罗斯经贸合作的深入发展；2012年1月全国政协主席贾庆林出访非洲，增进中非友谊，促进经贸合作；2012年2月时任国家副主席习近平对美进行经贸外访，减少中美贸易纠纷和摩擦。此外，我国领导人还积极加强与印度、巴西、俄罗斯、南非等新兴经济体国家的经贸协调对话；商贸、外交部门积极加强对东南亚、非洲、拉美等地区的多元化经贸外交活动。相信我国启动的"外需引擎润滑战略"，通过积极展开经贸外交活动，能使更多国家把对华经贸大门打开得更大。

（五）采取以扩大内需和进口换取外需稳步增长的战略

进口动力与内需和出口动力紧密联系。中国加快从欧美日进口的增长速度，减轻贸易失衡，有助于保持主要贸易伙伴对华市场开放，减少贸易保护主义障碍，保持或提高出口增速。中国进口更多就是给外需引擎加更多的油。为了保持外需引擎持续运转，中国有必要通过扩大进口、加快进口增速，给予贸易伙伴经济增长和进口引擎更大的动力。

海关统计数据显示，2011年中国进口额为17434.6亿美元，同比增长24.9%，增速超过出口。2011年12月进口额为1582亿美元，同比增长11.8%。2012年1月中国货物进口额为1226.6亿美元，进一步同比下降15.3%，其中中国自欧盟进口144.5亿美元，同比下降14%；中国自美国进口 88.6 亿美元货物，同比下降 24%；中国自日本进口 104.6 亿美元，同比下降 35.7%。中国自美、日进口下滑更加明显。由于受到年节因素影响，中国进口遇到内需动力和出口动力不足的问题。进口下滑和内需增长乏力是与外需下降同样可怕的事情。中国近来进口增速放缓，将会影响出口动力和竞争力。

2011 年我国贸易顺差 1551.4 亿美元，比上年净减少 263.7 亿美元，收窄 14.5%。但是 2012 年 1 月贸易顺差进一步扩大，达到 272.8 亿美元，创下 2011 年 7 月以来新高。我国积极扩大进口和促进对外贸易平衡发展的政策遇到了阻力。

随着外部经贸环境变化和人民迫切希望改善生活水平的呼声增强，我国经济增长将逐步转移到依靠实施"内需主引擎增长战略"上来。这种战略转变必将加快进口贸易增长速度。中国扩大进口，有助于增加世界需求动力，拉动贸易伙伴经济和需求复苏，从而推动我国产品外需市场的扩大。国内要消除阻碍扩大内需的体制和政策因素，加大资源能源产品和消费品进口，同时加快技术标准或技术规定的制定、修订和推广，有助于引进外国先进技术，能够尽快实现产业化。

（六）做好外贸的金融服务

进一步引导产业资本与商业资本、金融资本的融合发展，提高外贸保险、出口信贷的覆盖面。鼓励商业银行与实业企业加强海外投资合作，促进海外投资的融资、金融服务业务发展，推进海外人民币国际信贷、结算、汇兑、投资和储备，为外贸发展建立国际货币基础。

（七）促进与邻国经贸的平衡增长

呼应对周边国家外交政策的转变，要调整对邻国外经贸政策，在促进双边贸易继续增长的前提下努力缩小对周边邻国的顺差规模，虽然中国单方面无法改变贸易平衡关系，但可以对邻国开放更大的市场，让邻国优势产品更大规模进入，扩大从邻国的进口以满足内需，增强对邻国的亲和力。

1. 恢复边境进口贸易"关税和环节税两减半"政策，停止"财政转移支付补贴"政策

自从 2008 年国家废止边境进口贸易"两减半"的税收优惠政策，实行中央财政通过转移支付方式补贴的替代政策以来，边贸企业经营进口业务的积极性受到挫伤，边境进口贸易额相对较小，造成边贸顺差长年持续。根据我国外贸法规定，国家对边境贸易要给予优惠和便利的鼓励政策措施。中央财政对地方边贸的转移支付补贴政策几乎无法落实到经营进口的边贸企业上，政策引导效果大打折扣。就当前我国周边外交和安全形势来讲，我国要积极扩大自邻国的进口，缩小对邻国的贸易顺差规模，缓解贸易失衡，促进我国边疆地区经济发展，增强我国对邻国的经济吸引力。因此，建议国家恢复执行效果较好的边境进口贸易"两减半"政策，促进外贸平衡和近邻经济发展。虽然恢复"两减半"政策对东盟邻国的效果可能不明显，但对于激励从南亚、中亚和东北亚接壤邻国进口仍有明显效果。

2. 削减与邻国的关税和非关税壁垒，提升贸易和投资自由化便利化水平

鉴于我国相对于邻国稍有比较优势的现实，我国对邻国的贸易要主动采取非对等的开放贸易政策，自主削减关税和非关税措施，对邻国更加开放市场。各级政府要放弃片面追求扩大对邻国出口和谋求贸易顺差的政策。因此，建议国家对邻国的进口贸易进一步放开配额、许可证限制，把老挝、缅甸、不丹、尼泊尔、巴基斯坦、阿富汗、塔吉克斯坦、吉尔吉斯斯坦、哈萨克斯坦、蒙古、朝鲜列为最不发达国家，使其享受 95% ～ 97% 税目产品零关税待遇，免收双边贸易各项行政性收费，把边境贸易企业审核备案权限下放到边疆省区，提高贸易自由化便利化水平，由市场在进出口贸易中发挥更大调节作用，加强边境地区口岸和边贸市场基础设施建设，加快口岸放行速度，便利商贸人员办理出入境手续。

3. 提升与邻国的交通、金融和投资合作水平，便利我国与邻国人员及资金的流动

落实我国与东盟已经签署的公路、铁路、航空和水运的政府间交通合作协议，尽快启动泛亚铁路项目；加快中巴经济走廊的公路、铁路以及管道运输规划设计以及政府间协议的磋商和签署；倡导和规划从太平洋到波罗的海的交通运输通道，推动商谈和签署国际协议，达成和签署上海合作组织交通便利化协定，完善我国跨境交通运输网络。

加强我国与邻国的政府间金融合作，扩大本币互换规模。推动互相开放金融机构网点设置和金融服务项目，降低双边贸易投资的融资、汇兑和其他服务成本及风险。跨境投资和贸易是推动人民币国际化的主要动力。我国要允许人民币自由跨境流动，放开对外贸易和投资的人民币流通限制。

我国要鼓励民营企业把资源开发和中间品加工业务转移到邻国资源所在地，并把中间品进口到国内，更好地帮助邻国产业融入全球价值链，推动当地产业发展，扩大当地就业和税收，帮助邻国加强贸易能力建设，也把我国进口结构从原材料调整为中间品，推动国内产业结构调整和升级。我国与邻国人文交流不仅要靠政府的"孔子学院"和教育交流项目推动，更要依靠我国在邻国投资的企业在提供就业和市场活动中对当地产业、科技、管理制度和人文的正面溢出效益，树立我国跨国公司良好的国际形象。

（八）推动共建"丝绸之路经济带"、"21 世纪海上丝绸之路"和实施自由贸易区战略

我国不仅要推动多边贸易体系前进，也要积极拓展区域经贸合作，完全依靠多边贸易体系也有风险。利用地缘毗邻和国际组织重叠优势，我国要积极倡导、推动和商签"区域全面经济伙伴关系协议"，将东亚、东盟、南亚经贸联系起来。同时在上海合作组织框架内倡导、推动和谋划"丝绸之路经济带"，把中国、西亚、中亚各国与俄罗斯及东欧、北欧国家经贸更紧密联系起来。尽快谋划和落实"中巴经济走廊"；提升中国－东盟自由贸易区合作水平，把服务贸易和投资自由化纳入协议，推动落实"21 世纪海上丝绸之路"战略；推动与印度建设自由贸易区的商谈进程，恢复开放亚东口岸，缓解双方领土和边界安全的紧张气氛。与每个邻国商谈建设 1～2 个跨境经济技术合作区或自由贸易产业园区，增强帮邻的溢出效应。

二 促进服务贸易平衡增长的政策措施

（一） 加快服务产业发展和服务贸易领域改革与开放

服务贸易体制改革以服务产业扩大开放吸引外国直接投资为主，主动承接服务业国际转移，进一步加快服务业利用外资的步伐，放宽外资来华投资经营金融、商业、技术服务、法律咨询、旅游、交通、通信、科研、文教、卫生、体育等服务产业的准入条件，扩大服务业对外开放，放宽外国人来华旅行、居住、经商以及其他正常活动的签证、长期居留的条件，保护他们在华的合法收入、财产安全，推动服务贸易上规模、上水平、上效益。

（二） 加强品牌建设和知识产权管理与保护

现代服务业是资本技术知识密集型、人才智力密集型产业，包括金融保险、文化创意、互联网信息、法律及管理咨询、物流商贸、卫生健康、教育培训、技术方案解决、软件开发、技术创新、工业设计、数据处理、财会核算、售后服务、中介服务等行业。这些现代服务业的共同特征是智力、技术知识密集度高，知识可保密程度低，知识外部溢出性强。所以，现代服务业发展的先决条件是具有必要的知识产权管理与保护水准。虽然中国实行知识产权保护制度已经有 30 年时间，但是总体知识产权管理与保护水平仍然落后。为促进现代服务业和服务贸易发展，中国必须继续完善知识产权管理与保护制度，增强知识产权执法的严肃性和公平性，加强品牌建设，提高服务业国际竞争力，培育服务贸易的竞争优势。

（三） 大力建设服务外包产业基地，促进服务进出口平衡增长

承接国际服务外包是扩大服务出口贸易的重点工作。中国要研究制定鼓励承接服务外包的扶持政策，培育一批具备国际资质的服务外包企业，建设一批服务外包产业基地。服务外包是当前中国利用培养大学生的规模

大、储备的高端人才多、制造业具有一定的基础而品牌建设处于起步阶段的特定时期的比较优势的最佳机会。西方跨国公司和品牌公司控制着高端服务业全球价值链。目前中国公司还不具备组织设计服务全球价值链的能力和控制力。因此，中国有实力的服务公司，加强国际服务贸易合作，参与服务全球价值链分工是发挥比较优势的必然选择。

中国要在长三角流域、珠三角流域、环渤海湾流域大力建设世界级服务外包产业基地，评估和总结上海自由贸易试验区负面清单管理模式的经验教训，扩大服务业开放领域，同时鼓励服务业"引进来"和"走出去"，积极开展国际合作和交流，通过兼并、联合、重组、上市等多种形式，壮大企业规模和实力，引进国际先进技术、经营方式和经营理念，提高服务业的国际竞争力和现代化水平，通过提高自主研发创新、自身管理水平和市场竞争能力，培育一批拥有自主知名品牌、具有较强国际竞争力的大型服务业跨国公司，推动服务业对外直接投资，积极开拓国际市场，在继续保持服务进口快速增长势头的基础上努力扩大服务出口，促进服务进出口贸易平衡增长。

中国要提高服务贸易促进与协调的水平，完善服务贸易扶持政策措施，促进重点行业服务贸易发展，推进技术引进消化吸收再创新，健全服务贸易促进体系，加强服务贸易的国际交流与合作，充分发挥中国服务贸易协会作用。

三　促进技术贸易平衡增长的政策措施

为实现技术贸易战略目标，实施技术贸易战略思路，必须促进技术贸易的平衡增长，全方位促进技术贸易自由化。

（一）改革技术引进管理体制

增强技术引进企业自主权，减少政府干预和审查审批，免去技术引进的用汇购汇申请等审查，积极鼓励内资企业引进关键和核心技术，加快技术更新改造。完善技术引进政策，健全技术引进促进体系，根据需要采取进口、许可、并购等多种技术引进方式，创新技术贸易模式，促进技术引进来源、主体和方式多元化，打破西方对华技术贸易封锁，优化技术引进结构，提高技术引进的质量和效益。

理顺技术引进再创新和自主创新形成出口能力的扶持体制，加大财税激励企业科技研发的投资力度，增强企业科技创新能力，支持企业形成和增强技术出口竞争力，促使技术贸易为创新驱动的经济发展战略服务，构建与创新型国家相适应的技术出口战略、政策体系与政府服务支撑体系。提高技术出口的带动效果，发挥对技术设备出口和海外投资的带动作用，完善技术出口后续服务支撑体系，同时加强战略技术出口控制，保障国家安全，维护国家技术优势。

技术引进首要是打破自我管制，完善技术引进政策，增强技术引进企业自主权，减少政府干预和审查审批，免去技术引进的用汇购汇申请等审查，减少人为干预和设限，积极提高技术引进自由度和便利性，鼓励内资企业引进关键和核心技术，加快技术更新改造，让市场在技术资源配置中发挥基础性调节机制。

健全技术引进促进体系。财税政策要体现对企业技术引进和再创新的激励，增强技术引进对自主创新能力的提升效果，发挥技术引进对自主创新的推动作用，增强创新型国家技术基础与能力。我国科技政策、贸易政策和产业政策要协调好技术引进与自主创新关系，提高引进技术的水平和实效，降低技术引进对自主创新的冲击，要继续提高引进技术的吸收掌握运用能力，提高引进技术的效率和利用水平。

赋予企业技术引进的自主权。在技术引进和创新项目立项以及供应商选择决策中，企业是决策者，政府机关不应越俎代庖。我国要重视现有实用技术的运用，提高技术利用效率，这就需要扩大技术贸易。各地要建设技术交易所，组织年度知识产权及技术贸易展览展会，充分挖掘互联网和电子商务作为开展技术交易平台的潜力。

优化技术引进结构，提高技术引进的质量和效益，进一步扩大技术引进的规模。提高内资企业引进技术的比重。打破以成套设备为主的技术引进局面，降低关键及成套技术设备进口所占比重。继续提高专利技术、专有技术、技术咨询服务引进的比重，积极引进成熟的实用技术和低碳技术。完善技术引进的知识产权咨询服务体系。

促进技术引进来源、主体和方式多元化。长期以来欧、美、日等技术强国一直对中国实行技术出口管制，尤其是军事技术及物品的出口，以保持对华科技、军事和经济优势。近年来其民用技术对华出口略有松动，但总体上技术出口管制和技术封锁没有实质变化。对此，我国在加强自主创新力度的同时，需要通过引进技术、引进外资、引进技术人才、吸引国际专利申请、国际市场兼并、技术项目国际招标、二手国际技术市场、技术情报跟踪收买等多种来源和渠道获得有价值的技术。创新技术贸易模式，促进技术引进方式多元化，更多采取技术服务、技术咨询、技术许可、技术转让、专利申请、跨国并购、技术文件及技术著作进口等方式。在与外国跨国公司加强技术贸易的同时，扩大与国外掌握先进技术的小企业进行技术贸易。在现有美、日、欧、俄传统技术贸易伙伴基础上，拓宽视野、来源和渠道，打破西方对华技术贸易封锁，促进技术引进来源、主体和方式多元化。

（二）改革技术输出体制和扶持促进政策

强化企业的研发主体地位，优化"产学研"相结合的自主创新体系建设。大部分国家和地方资助的科研项目选题要由企业提出，大幅度减少来自非企业实践需要的立项。"产学研"共同开展课题研究和协同创新，科研成果优先由参与企业实施，加快研发成果运用和产业转化。进一步提高研发投入占 GDP 的比重，加强基础性、战略性技术研发投资，建立企业强大的独立自主的技术研发能力。

改革技术出口管理体制和扶持促进政策。加大财税激励企业科技研发的投资力度，增强企业科技创新能力，支持企业形成和增强技术输出的竞争力，促使技术贸易为创新驱动经济发展战略服务，构建与创新型国家相适应的技术出口战略、政策体系与政府服务支撑体系。除了保障国家安全、维护国家技术优势、符合国家相关法律政策所必要的战略技术出口控制之外，政府应取消不必要的审批限制政策，赋予企业技术出口的自主权和自由度。商务、科技和产业管理部门要高度重视技术及其产品、服务的出口激励和扶持，做好促进政策的制定与落实。

优化技术出口结构。加大海外专利申请资助力度，大力支持海外企业构建国际专利联盟和技术标准，加快优势技术成果的转化运用速度，积极发展多样化专利许可，向外国输出中高端先进技术。同时，积极扩大成熟的技术和传统的工艺加工技术出口，积极向技术落后国家输出、援助、传播，扩大中国技术影响力。

提高技术出口的带动效果，发挥对技术设备出口和海外投资的带动作用。当前中国与西方高科技产品国际竞争力日益接近，中外高技术差距进一步缩小，中国需要促进出口市场多元化，消除外国市场歧视，扩宽技术出口渠道，创新技术出口方式，增强技术出口竞争力，推动技术出口以带动技术设备及服务出口，带动对外直接投资扩张，把扩大技术出口和高科技产品出口作为改善贸易结构、转变外贸发展方式、提高出口附加值的重要手段。

完善技术出口服务支撑体系。我国要参与制定国际技术标准、技术法规，利用现有技术标准，打破发达国家的长期垄断格局，提高我国技术在国际市场的相容性和出口竞争力；拆除国际技术贸易封锁的种种壁垒，加强国际技术战略联盟，降低技术贸易风险和贸易成本；驻外商务人员要及时关注和报告技术需求信息，深度参与国际技术贸易活动，扩大我国技术的国际影响力。

（三）创新科技体制机制

要以合同制逐步代替课题制；财政继续增加基础研究投入，支持重大科技专项的实施；增强已有财税金融手段鼓励企业研发经费投入的力度。

现行课题制是一种适应财政资助的科研机制，缺乏硬性约束机制，重视财务检查，却难以检查偷懒行为，成果转化率低。在现有课题制和财政资助体制基础上，要大胆探索多种研发创新体制，逐步引入市场体制机制，研究和试点科技项目合同制，并逐步扩大范围，放宽财务限制，从以检查科研经费的财务为重点转到以检查项目成果是否达到合同约定目标为重点上。

国家财政科技拨款的增长速度要不低于财政收入增长速度，基础研究经费应占到财政科技拨款的 10%，确保国家重大科技专项计划的资金需求，积极运用宏观政策工具鼓励企业增加研发经费投入，使我国研发经费开支占 GDP 的比重达到 2% 以上。

（四）改革和完善知识产权制度

改革和完善知识产权制度，加强知识产权保护执法，扩大自美国、欧洲、加拿大、日本的核心专利许可、先进技术装备进口以及国内不能生产供应的军民两用产品进口，提高进口增长速度。推进知识产权制度适时调整和完善，优化知识产权制度，促进专利制度、技术标准、技术法规的衔接与协调，推动自主创新、技术贸易和国际技术合作协调发展，促进科技发展与经济发展、文化发展相配合，形成相互促进的机制。

加强知识产权保护执法，为技术贸易、技术服务、技术投资和国际技术合作提供产权保护保障，逐步建立内生机制，特别是建立起由知识产权充分保护支撑的内生自主创新机制和知识市场化体制机制，形成自主创新、技术贸易和对外科技合作的激励机制，促进技术转化、转让和推广应用，节约和利用资源，提高效率。

加强知识产权保护执法，优化职务专利的利益分配结构，扩大发明人的权利和报酬。我国自主创新、技术引进和国际技术合作的发展受知识产权保护状况的一定影响，特别是受专利制度、技术标准、技术法规的影响。缺乏有效的知识产权保护，不仅不利于自主创新，也不利于我国引进技术和开展对外科技合作。因此，我国要加强知识产权执法保护，逐步建立内生机制，特别是知识产权保护和国内知识市场化体制机制，促进技术转化、转让和推广应用。即使我国真正建立起由知识产权充分保护支撑的内生自主创新机制，为了经济节约、提高资源效率和利用外部资源，我国仍要加大技术引进、智力引进和扩大对外科技合作。

加强知识产权保护执法，推动科技自主创新和国际合作工作要真正把法规、政策落到实处，重视政策引导公众追求科学技术，减轻社会名利对科学精神的不良侵蚀，利用市场机制、知识产权权利配置机制调动个人创新和企业投资的积极性。优化专利法职务发明的权力配置结构，让在职科研人员竭力合作、集中利用企业或单位资源和力量做出更多发明，调动每个企业愿意为研发投资的积极性，从而提高企业竞争力和利润水平，减少企业通过非市场竞争机制获得超额利润的机会，减少个别官员利用政府资源的机会。

（五）提高技术引进在外贸进口中的比重

逐步将进口总量中技术进口比重提高至 5% 以上，特别是提高内资企业自主引进技术的比重，进一步扩大技术引进的规模，继续提高专利等知识产权引进的比重，在现有美、日、欧、俄传统伙伴基础上拓宽视野、来源和渠道，根据需要采取进口、许可、并购等多种技术引进方式，税务部门严格审查跨国公司借技术引进可能转移利润和避税的基础信息，健全技术引进促进体系，财税、金融、保险部门积极鼓励内资企业引进关键和核心技术，完善技术引进等知识产权咨询服务体系，提高技术引进的质量和效益，追加技术引进后消化吸收和再创新的经费，增强自主创新能力和效果。

（六）完善引资、引智与引技相结合的体制

把引资与引智、引技结合起来，鼓励外资企业扩大在华专利申请，允许外资在更多领域的独资和以更高比例的知识产权资产出资，放宽入籍、入职和签证政策，开发利用国内和国际人才资源。

允许境内外投资者的技术入股占比、技术研发投资更大的自由度。完善利用外资政策，改变以市场换技术战略，把引资与引智、引技结合起来。鼓励外商投资企业扩大技术进出口贸易，把外资企业作为我国与国际开展技术贸易和交流的重要渠道之一，促进技术贸易渠道、主体和方式多元化。把外资企业创新纳入国家创新体系之内，鼓励外资企业扩大在华专利申请，继续提高利用外资的质量和水平。同时加强监管，清查虚假技术贸易和技术入股，严格审查跨国公司借技术引进可能转移利润和避税的基础信息。

（七）实施人才强国战略

改进技术引进方式，把引进专业技术人才看作引进技术的另一种形式。充分开发利用国内和国际人才资源，积极引进智力和用好海外人才，同时通过不同形式和渠道输出人才，赴国外学习、参与科研和海外公司工作。

对于国家急需的关键技术，除了加强组织科研攻关之外，我国要利用企业、机构的国际人才引进，进行技术咨询服务，通过讲学、学术讨论等技术交流方式，甚至运用西方惯用的技术间谍手段加以解决。

完善专业技术人才流动政策和外籍专家政策。在全国树立尊重科学、尊重法律、尊重人权新风，首先用好用尽国内人才，允许人才自由流动和交流；同时，大力吸引各类派出留学人才回国工作，邀请海外华人学子回国参观讲学。人才使用上不分内外、不分国籍，积极解决回国留学人员的现实困难。

我国要继续扩大聘请国际技术专家来华开展学术活动，放宽外国友好专家入籍、入职和签证政策，增强对外国专家的吸引力，并给予留学回国人员、外国专家更大的进出境自由度。

（八）国际科技合作要逐步转向以我为主的格局

把国家财政投入国际科技合作与交流的经费占财政科技拨款的比重从目前的 0.37% 加快提高到 1%～5%；科技部要设立专门的中国国际科技合作研究基金会，研究和制定基金管理和运作政策，参考欧盟、美国国际科技合作体制；加大重大科技合作专项计划资助和支持力度，同时，加大国家自然科学基金委国际合作项目经费规模，提高吸引外国优秀中青年人才资源的能力；加强科技间谍，支持对外经济技术情报搜集，增加外派人员海外活动经费，便利国际合作的出访与在外期间手续，减少成本，提供外交服务与支持。

未来我国对外科技合作要以全球视野寻找最佳合作伙伴，既与科技先进国家合作，也要与广大发展中国家开展多种形式的科技合作，并逐步转向以我为主的合作格局，扩大我国科技影响力。国家资助的国际科技合作项目不仅要支持大学和科研院所对外开展研究，而且要积极支持中小科技型企业开展国际合作研发，增加企业"走出去"研发投资的配套资金支持。扩大国际科技合作领域，提高合作成效，国际合作成果不能只到发表论文和申请专利的层次上，而要到技术产业化转让和技术标准制定的层次上，大力改善合作成果形式，增加技术成果的产业化效益。

改革、创新国际科技合作的机制，使其更加灵活，适应科技全球化发展的趋势要求，合作方式从目前主要以国际合作协议、科技研发课题、教育合作为主继续扩展到培训、咨询服务、会议、引进专家、相互利用设备设施及信息数据库等广泛的合作方式。

第五节 中国加快"走出去"步伐建设跨国公司的战略措施

一 政府需要给予"走出去"企业更多支持

虽然市场机制在中国外贸中发挥决定性作用，但是各国政府都会对中小企业面临的外国市场保护壁垒、世界投资市场不完善、缺乏市场及出口营销信息、面临贸易融资困难以及外国公司强大竞争压力等给予适当的干预及帮助。这些帮助同样包括"走出去"的海外投资企业。

（一）政府要支持产能过剩产业"走出去"

完善对外投资体制机制和政策，完善海外投资的财税促进体系，确保正常的投资资金流出入自由、方便和安全，财政对海外知识产权申请费、诉讼费给予一定水平的资助，形成科学合理的海外投资所得减免税制，鼓励海外投资盈利及早流入国内资本市场。

设立对外投资高规格统一管理和促进机构，制定《对外投资促进法》，鼓励和支持改制国有企业跨国公司化。我国商务外交部门要广泛与外国同行开展双边投资贸易协议谈判，签订平衡的双边投资保护、财产保护以及利润返回协议，打开外国对我国国有企业海外投资贸易准入封锁的大门。尤其要加强外交，打开对西方发达国家投资的大门，建立平等的国际投资关系，做好外交和商务服务工作，驻外使领馆要做好跨国投资经营的咨询、帮扶和服务。在海外子公司积极投身社会责任、公益活动和公关活动基础上，有效发挥外援、外宣工具推动中国资本全球运作的效果。

在我国海外直接投资发展到较高水平之前，我国要重新评估和审视促进体系的效果，保持国际资本投资中性原则，既不至于导致产业空心化，也不致使国内资本仅局限于国内市场发展空间。

政府要以适当的促进政策体系，支持产能过剩企业、有实力国有企业、民营企业扩大海外直接投资，鼓励企业跨国化、全球化发展，利用国内母公司的战略资源、技术资产，占领更大的国际市场空间。

（二）政府要建设海外企业服务体系

政府要建设国际投资及商业信息、技术信息和法律政策信息情报服务体系，将国别投资信息、国际投资机会、国际展览及会议信息等有价值的情报及时发送到需要的企业；建成海外投资运营的企业家培训、人才招聘、风险分散、资产管理、营销管理等领域的社会服务体系，以市场机制形成合理的服务供应结构和服务生态，为海外投资提供全方位的综合服务；培育国内商会、协会、学会等能够为海外投资企业提供业务咨询、法律服务、纠纷处理、危机公关、宣传游说等活动的中介服务体系。

二　深化国有企业改革开放，建成跨国公司化市场主体

（一）西方主要国家国有企业治理多元化、运营市场化的改制做法

世界上几乎所有国家或多或少都有国有企业和国有经济部门。由于各国国情、经济条件和改制目标各有差异，各国国有企业改制做法和方式也不尽相同。世界上对国有企业改制既有成功的经验，也有失败的教训。西方主要大国国有企业市场化导向改制的成功做法和经验尤其值得借鉴。

美国采取了国有资产出售或承包、引进私营体制、放弃政府包揽和管制模式，促进了国有企业私有化和私营企业发展，减轻了财政负担，提高

了整体经济效率。美国国有企业转制成功的先决条件是具有实力强大的私营经济和成熟的市场机制。

英国对国有企业改制分行业、按竞争程度分类型分别采取了公开上市、出售给私人企业、内部职工收购持股等多种方式。英国改制模式的主要经验是化大为小，分类、分行业区别对待，分阶段、分步骤推进，由易及难、由小到大逐步展开。英国具备成熟的金融市场和私营经济基础是其国有企业成功转制的重要条件。

法国对国有企业改制主要采取了股权多元化的股份制改造方法，改变了国家单一出资人的局面，并通过国有"黄金股"机制保持了国有股在董事会中占据关键决策地位。但是，政府不能干涉企业的正常市场行为，促进了企业自主经营，扩大了市场机制配置资源的范围。法国的国有企业股权多元化和市场化运营机制改制模式虽然方法较单一，但是避免了英美将一些国有资产出卖的私有化方式引起内部职工不满等问题。

日本国有企业改制采取了产权股份化、管理体制民营化和运营机制市场化模式，通过国有企业或资产出售或股份出售进行民营化，政府分担部分亏损国有企业债务，改变国有企业的经营管理体制，引入和发挥市场机制作用，提高日本经济运行效率。

（二）国有企业通过对内对外开放股权投资实现多元化、国际化

优先对内开放国有企业资本股权投资，允许民间私人资本投资入股。在财政部或国资委授权下，可以将已经上市的原国有企业控股股份公司独立出去，作为独立法人企业单独管理。由于目前我国还没有建成发达、成熟的公开资本市场，国有企业股份多元化难以通过股市实现，大部分国有企业通过吸收社会资本注资参股的改制方式不能通过公司资产挂牌上市的股权买卖机制实现，谈判协商尽管不够完美也是较常用的手段。在我国公开股市没有步入正轨的情况下，采取科学的资产评估和双方谈判自愿达成投资协议的方式实现国有企业股权结构多元化，是暂时的必要选择。这个谈判过程要防止外部入股资产和国有资产高估或低估，防止国有资产变相私有化。

其次向外国投资者开放国有企业股本投资，允许外国投资者参股投

资，谈判达成和签署投资协议，实施和履行协议，保障投资权益，从而吸收和支配更多规模的外国投资资金，实现改制后企业股权和公司治理结构多元化、国际化，促进改制后企业成为社会化、竞争中性化的市场主体。涉及国家安全和重大公共利益的国有企业或机构股权投资可以排除在国际化重组之外，或者只对内资开放，或者设置"黄金股"控制核心股权。国家财政资金对股权多元化的改制企业再投资也必须按照社会资金注资参股程序进行谈判和签订投资协议。

（三）国有企业改制要最终实现跨国公司化的目标

我国国有企业改制的目标是使改制后企业更加容易被世界各国接受，阻碍更少地走向世界市场，在世界大市场获得大发展机遇，把国有企业打造成股权多元化、社会化、国际化的跨国公司。我国国有企业通过改制要志在世界市场，立足世界市场，而不能囿于国内有限的市场空间。实现跨国公司化应是一些国有企业混合所有制治理体制改革的最终目标。

目前国有企业在国内得到了政府多方面的支持，国内发展环境优于国际环境，多数国有企业安于国内发展而不愿"走出去"冒险。因此，政府和国有企业要同时推进改革步伐，改革国有企业行政管理模式，割断政府与国有企业之间利益输送链条，让国有企业作为独立市场主体自主经营，让国有企业不再留恋国内市场，积极参与国际投资竞争，建成一批大型经济航母在世界市场上乘风破浪，改变我国目前传统的外贸发展方式。

第六节　中国外贸转变营销战略引领
世界消费的政策措施

一　确立引领消费的外贸营销体制体系

（一）推进外贸市场化改革

政府外贸管理要切实转变职能，专守职责范围内的管理和服务，政企分开。政府不要干预市场主体具体决策，参与再分配的规模要适度，更多依赖企业、事业和社会组织完成目标，给市场更高的配置资源比例，给百姓更多消费自由，少限制多鼓励。坚持让企业直接面向市场，促进企业以市场为导向进行投资、产业结构调整和产品设计升级，逐步减轻对出口和投资粗放扩张拉动经济增长的过度依赖，逐步形成主要以消费和创新双轮同时驱动的经济及外贸发展方式。

（二） 增强投资和生产结构调整决策的研究支持

政府要加大产业技术的基础研究投入，发挥对企业应用技术研究的支撑作用。有关部委研究机构和中介组织要跟踪研究国内外消费动态，向社会发布研究报告。对大型出口企业市场消费动向调研给予一定比例的经费资助。满足国内外市场多元化、多层次消费需求是国内调整投资、生产和研发的根本出发点。

（三） 调整投资和生产结构，引领消费走向

我国产业结构、产品结构调整要建立在对国内、国际市场需求动向调研分析和科学判断之上，努力使我国产业结构、产品结构调整到更加适应消费需要上来，适当发展国内高档消费品和奢侈品产业，减少对外国进口的依赖，增加对国内市场供给，同时加强国际营销，占领一定份额的国际高端消费市场，而且要预先准确判断消费动向，加强消费引领，变被动为主动地满足国内外市场需要，降低营销成本，提高经济效益，转变经济及外贸发展方式。

把过去储蓄－投资、房地产投资驱动的经济增长方式转到合理提高生活消费水平推动经济高质量、可持续发展的方式上来，把流入房地产、文物古董等的投机性资金吸引到实体经济投资上来，鼓励百姓增加合理消费，提高生活水准，提高文化娱乐、体育运动、教育卫生、旅游在消费中的比重，增进民生福祉。

创新、责任与服务是引领消费的外贸营销体制体系建设的核心。创新包括外贸营销的观念创新、体制创新、管理创新、技术创新、组织创新、

市场创新等。责任是现代外贸营销体制体系建设的关键。责任包括消费安全责任、信息透明责任、生物多样及环境保护责任等。服务本身就是外贸营销的重要侧面，服务就是以消费者为中心的有价值活动，它是构建引领消费的外贸营销体制体系的重要内容。

二　构建维护消费者权益的外贸责任制与多边体制

（一）构建维护消费者权益的外贸责任制

政府监管市场是一项基本职责。政府要站在消费者一边加强对不良厂商的监管，严肃惩处官商勾结、行贿受贿、利益输送、渎职不作为等违法案件，打击商业欺诈、垄断和勒索，鼓励企业积极响应百姓消费诉求，建立以尊重消费者利益、公平贸易为准则的市场机制和责任追究机制。

（二）构建维护消费者权益的多边贸易体制

我国要阻止国际市场准入门槛继续抬高，维护满足低端客户需求的贸易权益。我国应在 WTO 框架下新一轮商谈中推动发达国家放宽发展中国家进入发达国家市场的非关税壁垒，促进贸易自由化，降低准入门槛，维护低端消费群的消费权益以及满足这些权益的贸易权益，增进发达国家消费者福利，增加发展中国家贸易机会。

第七节　中国加快实施多层次、多样化自由贸易区战略的措施

一　自由贸易区战略是适应国际形势和国家发展战略需要

在经济去全球化和 WTO 多哈回合谈判受挫的现实形势下，区域

经济一体化与自由贸易协议谈判却异常活跃。全世界已经组建了众多区域经济组织，各种形式的自由贸易区鳞次栉比，所产生的贸易转移效果明显，对非成员的贸易壁垒高筑，对地缘政治影响深远。当前，美国主导全球贸易规则和格局的意图明显，美国正在亚太地区加紧谋求构建 TPPA 协议，美欧准备商谈跨大西洋自由贸易区协议，试图树立新一轮更高标准的世界贸易规则新标杆。中国共产党第十七次、十八次代表大会报告高瞻远瞩，积极应对全球自由贸易区发展大趋势，均把加快实施自由贸易区战略提升到国家战略层面，适时回应时代和国家发展的战略要求。

中国实施自由贸易区战略的目标是积极构建多层次、多样化的自由贸易区，有效参与经济全球化和区域一体化进程，形成双边、多边以及区域合作良性互补关系和最优制度安排，消除成员之间贸易投资的边界障碍，实现成员间市场一体化，促进国际经济环境优化，适应我国国内社会经济发展水平、速度以及国家整体外交战略需要，促进我国对外经济贸易稳步发展，全面拓展我国对外贸易、投资、金融、科技以及文化活动的国际空间，提高区域合作和自由贸易区实施的经济效果，提升我国参与全球经济治理的能力，提高抵御国际经济风险的能力。

在实现经济功能之外，同时要发挥实施自由贸易区战略对我国外交和国家安全的积极效果，贯彻我国国际政治、外交和安全在自由贸易区发展上的战略意图。

二 加快国内改革开放，加强与伙伴的外交沟通

实施自由贸易区战略的基本思路是由内而外，科学取舍，务实推进，互惠互利。国内改革开放是加快实施多层次、多样化自由贸易区发展战略的最大动力。首先要加快改革开放进程，尽早破除一切阻碍构建多层次、多样化自由贸易区的体制机制以及政策障碍。

（一）加快国内改革开放进程

美国正在推动的跨太平洋战略经济伙伴关系协定谈判和准备启动的跨大西洋自由贸易区谈判在劳工标准、环境保护、知识产权保护、服务业开放、贸易便利化、公共采购政策、针对国有企业的中性竞争政策等一系列新规则对我国国内体制改革、制度设计和对外开放步伐都提出严峻挑战。

我国要严格企业用工标准，对于雇用未成年人、劳动条件、安全保障、加班、休假、劳动歧视、工会、党团社会组织等做出明确规定，打击拖欠农民工工资和损害农民工权益的行为，改革户籍制度，促进人口和劳动力流动，保障就业机会公平，维护劳动者权益。

按照国际先进标准，继续提升我国环境保护法的法律水准，严格执法，促进美丽中国建设。改革和修订有关知识产权保护法规，把知识产权立法执法看作完善市场机制、发挥市场调配资源作用的重要组成部分，推动经济转型升级和创新型国家建设。

服务业开放、贸易便利化、公共采购政策都是短期内可以做到的，当前不必提前实现，应当视谈判结果而定。这些领域推进深度改革开放对我国发展均具有积极意义。现行政府采购体制存在明显的低效率，充斥贪腐。推进市场化改革、减少政府干预市场是关键。继续减少货物贸易配额管理，提高贸易便利性和自由度，与国际体制及做法一致对我国长远发展是有利的。

国有企业改革是一项艰巨任务。我国与一些地区组织或国家的自由贸易区谈判僵持不下，久拖不决背后有部门利益、少数国有企业寡头利益的阻碍。改革开放进程和国家发展利益受到利益集团严重的威胁。我们应参照美国、法国、日本等国家国有企业转型的做法，积极推进国有企业社会化、股份化、竞争中性化，规避国有企业大而不能倒的风险，抑制少数国有企业劫持国家的冒险，消除国有企业自身固有的诸多弊端。这些改革开放举措对我国既是挑战，也是外部倒逼推动改革发展的机遇。

（二）改革重建设、轻管理的传统工作模式，巩固和提升已有自由贸易区的实施效果

我国外交部门和对外商务部门不仅要加强自由贸易区建设的商签努力，而且要加强自由贸易区协议落实和利用的管理工作，定期对已经实施的自由贸易区效果进行客观的科学评估，总结经验教训，不断提升我国已有自由贸易区的实施效果。

每个自由贸易区实施效果的评估都要从各个成员利益角度进行科学合理分析，不能只顾自身利益，更不能不顾自身利益。只有每个自由贸易区成员都能从中互利共赢，才能持久保持自由贸易区的活力和可持续性。实证显示，中国－东盟自由贸易区的建立与实施效果显著，促进了双边贸易与经济合作，未来应继续提升合作水平和层次，充实合作内涵。亚太经合组织（APEC）合作对话的功能更多些，经贸合作层次较低，对我国贸易影响并不显著。当前 APEC 存在的意义受到了 G20 平台的严峻挑战，也许未来 G20 达成自由贸易区的潜力很大。

我国政府要加强企业自由贸易区的宣传、培训和引导，让企业最大限度受益于实施自由贸易区战略，继续巩固实施效果较好的自由贸易区，磋商改进实施效果不满意的自由贸易区协议，磋商解决成员间权利义务不对等问题，消除承诺的壁垒，降低贸易成本，推进对外贸易、投资和国际合作深入发展。

其次要加强外交沟通，促进国家间信任，推动伙伴相向而行，依照我国战略布局科学取舍伙伴，成熟一个就推动商签一个，按照既定战略步骤一步一步扎实推进，积极推动自由贸易区谈判、商签与实施进程。最后，科学评估自由贸易区构建效果，全面落实协议条款，提高自由贸易区管理水平，充分挖掘多边贸易体制所不能提供的更大贸易投资潜力。

顺应经济全球化和区域经济一体化以及自由贸易区迅速发展的时代要求，放弃国际地缘政治、军事对峙、价值观差别等一切成见，坚定追求实利决心，在积极支持多边贸易体制的同时，与世界上主要经济合作伙伴开展战略经济对话与沟通，探索建设自由贸易区的潜在利益和付诸实施的可

行性，减少经贸摩擦，促进贸易和投资自由化便利化，实现互利共赢，构建我国参与多层次、多样化自由贸易区的对外经贸发展新格局。

参与多边国际合作组织安排的自由贸易区协议需要根据成员发展差异性及其意愿建立自由度层次适当的、各成员都能接受的自由贸易区协议。与发达国家的双边自由贸易区协议要达成较高层次和水平自由度的贸易与投资协议，与发展中国家伙伴的双边自由贸易区协议层次和水平要随双方自愿。

三　实施多层次、多样化自由贸易区战略的具体措施

中国要加快实施多层次、多样化自由贸易区战略，升级与东盟自由贸易区的水平，推动丝绸之路沿途相关国家积极参与丝绸之路经济带建设，探讨与美国达成投资保护协议以及加入 TPP 协议的可能性，与欧盟讨论建立双边自由贸易区的可行性。继续加强市场多元化、多层次化努力，重视高端消费群的市场开拓，也不要小看海洋岛屿国家、小国、穷国的长期市场需求潜力和贸易利益。

（一）加强基于上海合作组织和金砖五国的经济合作功能，积极探索与周边邻国商谈达成双边或多边合作的自由贸易区协议

优先安排多边国际合作组织成员间自由贸易区协议。中国要把推动上海合作组织和金砖五国机制实现自由贸易区安排作为实施自由贸易区战略的首要任务，在上海合作组织和金砖五国的经济合作中要发挥核心作用，向成员国以及观察员国提供非对等的市场开放，并提供一定的技术及经济援助，提供低息信贷融资优惠，加快我国与周边邻国高速铁路、公路、管道以及电信网络等基础设施的互联互通，促进资金、人员以及文化教育交流，巩固睦邻友好，深化互利合作，努力使自身发展更好惠及周边国家。近期内把实现上海合作组织区域内基础设施互联互通作为务实合作的首要目标，落实承诺提供的 100 亿美元贷款，同各方加强配合研究设立面向上海合作组织区域内的经济技术合作基金，推进上海合作组织开发银行组建工作。

深化同印度、俄罗斯、哈萨克斯坦、孟加拉、阿富汗、朝鲜、蒙古、韩国、日本等周边国家的睦邻友好和务实合作，加快与周边邻国双边自由贸易区协议进程，搭建多层次合作平台，实施一系列重大合作举措，维护地区安全与和平稳定，促进共同发展繁荣。中印建立双边自由贸易区的潜在利益非常巨大，两国应建立对话与互信机制，积极探索领土争议解决途径，排除各种障碍，早日建成自由贸易区。加快中日韩自由贸易区商签，中日韩自由贸易区协议商签可以采取分步走方式，中韩或中日双方率先达成自由贸易区协议，尽快达成一个初步的、低水平的协议，以后逐步推进，有效应对美国推动 TPP 协议的不利影响。中日韩三方的权利与义务必须对等，可以进行利益互换，让协议落到实处，消除日韩非政府组织力量的不利影响。我国要积极与朝鲜、蒙古探讨建立自由贸易区的制度安排，加强对朝鲜、蒙古经济、社会、政治、外交的影响。

推动上海合作组织自由贸易区商谈，积极展开与印度、加拿大、美国、欧盟、巴西等主要经济体的自由贸易区商谈，优先与韩国建立自由贸易区，搁置与日本的自由贸易区谈判，落实与港澳台自由贸易协议，为外经贸成长创造自由、公平的环境。

（二）积极探索与其他地区合作组织或国家开展自由贸易区建设的谈判，达成多样化、多方式、多层次的自由贸易区协议

中国应加强与拉美、非洲、中东地区的区域组织合作，加强南南合作，重视与这些区域合作组织建立层次适当、方式多样的自由贸易区安排，甚至非对等的自由贸易区安排。在 APEC 基础上我国积极倡导和推动亚太自由贸易区协议，或许可以与美国在亚太争夺经济、政治地缘板块的主导权。

中国要积极加强对欧盟、加拿大、美国、澳大利亚、以色列、瑞士、挪威等发达国家和地区的商务外交沟通，努力达成层次较高的双边自由贸易区协议，进一步加强与主要贸易伙伴的经济联系。随着北极航道开通，缩短航程时间，降低运输成本，世界贸易和经济重心将会北移，中国要尽早与加拿大、美国、北欧国家或欧盟进行外交商谈缔结自由贸易区协议，展现我国改革开放融入世界自由经济体系的意愿。

中国要深化同新兴市场国家和发展中国家的务实合作，与墨西哥、埃及、土耳其、伊朗、古巴、委内瑞拉等国家协商，根据双边意愿建设层次不同、形式多样、方式适宜的自由贸易区协议。

（三）务实整合大中华区域内自由贸易区，稳步提高自由贸易区层次

中国内地要进一步深化和细化与香港、澳门、台湾所建立的自由贸易区协议，不断提高开放层次，扩大协议覆盖的范围和发挥的功能，不寻求对等开放条件，推动两岸交通和基础设施互联互通。随着四方互信水平的逐步提高，要不断加深大中华区域经济整合层次，把几个自由贸易区协议变成一个自由贸易区协议，最终形成一个国内统一市场。

中央和地方政府要积极清理不利于自由贸易区协议落实的法规和政策措施，加快落实与台港澳自由贸易区协议相关的改革开放步伐。发挥各方同为多边体制成员身份的正面效果，提升区域经济一体化程度。

当前各国都极力在世界贸易规则制定和博弈中维护自身利益，制定只适合自身利益诉求的全球贸易秩序，限制他国发展利益。中国等大多数发展中国家不希望世界贸易规则过分拔高，那样不利于落后经济体的发展。欧美则希望把贸易规则制定到与其经济发展水平相一致的标准上，限制落后国家经贸发展和追赶。一些贸易强国正在世界市场上拉帮结派跑马圈地瓜分和割裂全球市场，经营自己的自留地和后花园，增强在世界市场上展开竞争的主导权和话语权。我国要积极参与建立国际经济新秩序，既保持稳定传承，又注重新制度、新机制、新平台的建设与改革，防止个别国家破坏世界市场的整体性和瓜分、独霸市场。

第八节　中国地方探索外贸发展方式转变的实践经验

各地区对外经济结构和外向程度存在明显差别，对待外贸发展方式的转变内涵、意义、途径与内容都有不同程度的差别，各有转型升级的特征

和规律可循。各地区结合本地区实际情况，具体分析和相应制定适宜的对策，探索出许多转型的新途径、新方式、新思路，一些经验值得总结。国家在推动经济及外贸发展方式转变上要按照地区差异因地制宜，不能搞一刀切。

一　地方政府转变外贸发展方式的具体政策措施与经验

我国外贸发展方式既是经济发展方式的一种表现形式，也是经济发展方式转变成果的集中体现。地方政府大多数根据地方特征出台了适合本地发展的政策措施，其他地方可以有选择地学习借鉴这些政策。我们在调查研究中尽可能剔出那些根据地方特征制定的政策，介绍具有普遍意义的、取得较好效果的地方政策和经验。由于我们调研的面还不够广泛，这里只介绍部分省市的具体措施与经验。

（一）促进产业转型、转移与升级

从产业规模、产能和水平角度讲，我国要从过去主要依靠增加资源和低技术要素投入所追求的规模和数量扩张的粗放发展方式，转变到依靠科技进步、加强管理和提高人员素质推动经济集约化、高质量、高效益发展的方式上来。

1. 产业转型

在我国转变经济发展方式中政府通过政策措施使过去的劳动密集型、资源密集型产业向科技密集型、人力资本与管理密集型以及资本密集型产业转型；使数量和规模增长型经济发展方式向集约化增长方式转变。

江苏省坚持走新型工业化道路，大力发展创新型经济。坚持调高调优调强取向，制定十大重点产业调整振兴规划，启动实施新兴产业倍增、服务业提速、传统产业升级"三大计划"，着力培育一批规模大、实力强、具有核心竞争力的大企业大集团，进一步完善中小企业服务体系，扶持中小企业向专、精、特、新方向发展，加快产业优化升级，着力构建现代产业体系。

浙江省加快推进工业转型升级,大力改造提升传统优势产业,支持企业加大技术改造力度,推广应用集成制造、虚拟制造、清洁生产等先进制造模式;扎实推进块状经济向现代产业集群转型,提升示范区建设,加快完善研发、物流、检测、信息、培训等公共服务平台,促进块状经济产业链纵向延伸和横向拓展。

2. 产业转移

在转变经济发展方式中政府通过政策措施引导一部分企业把过剩产能、过时产能转移到外国、外埠,把非核心业务转移或外包给其他地区企业,实现经济发展方式转变。

广东省提出省内产业园转移,以竞争方式安排资金扶持省示范性产业转移工业园,加大合作共建力度。34 个省产业转移园协议入园项目预计达 2000 个,协议总投资约 4500 亿元。采取"一镇一策"等方式推动专业镇转型升级。传统产业加快转型升级,已推行联盟标准 168 项,省级专业镇达 309 家,省市共建优势传统产业转型升级基地 7 个,传统产业集群升级示范区 51 个。

浙江省引导企业加快转移过度依赖资源环境的加工环节,强化研发设计和品牌营销环节,积极引进和支持产业关联度强、能耗低、附加值高的重大工业项目。

3. 产业升级

政府通过政策措施推动加工制造业发展向现代服务业和战略性新兴产业的升级,促进产业高级化发展。

浙江省制定实施加快战略性新兴产业发展的政策意见,重点推动生物、物联网、新能源等产业发展,组织实施一批重大应用示范工程,坚持改造提升传统产业和培育战略性新兴产业并举,编制实施 11 个重点产业转型升级规划和九大战略性新兴产业规划,实施技术改造"双千工程"。制定实施促进服务业加快发展的政策,推进服务业管理体制改革,进一步扩大和规范市场准入,深入加快政府垄断的公共服务业、中介服务业社会化改革,推动工业企业分离发展服务业,引导推动服务业技术创新、业态创新和商业模式创新,加大政策支持力度,推动 40 个现代服务业集聚示范区和一批重大项目建设，推进服务业营业税差额征收，优先安排服务业重大项目用地指标，实行鼓励类服务业用电、用水等与工业基本同价，鼓励金融机构加大对服务业重大项目的融资支持。

上海市以国家战略、地方法规、明确重点、集聚发展为工作抓手，紧抓建设包括国际金融中心和国际航运中心在内的"四个中心"，积极发展现代服务业，特别是生产性服务业。落实营业税差额征收政策，认真抓好国家层面支持服务经济发展的税制改革试点，力争取得新的更大突破。做大做强专业服务业、中介服务业以及高技术服务业。

福建省把发展现代服务业作为产业结构优化的重点和主要经济增长点。加大财税扶持，强化要素供给，增加引导资金，优先保障用地，推进国家和省级服务业综合改革试点，实现鼓励类服务业与工业水电气热基本同价，加快壮大生产性服务业，拓展多层次、宽领域、适应不同层次需求的生活性服务业。

山东省在突出发展重点和完善政策体系的基础上，加快企业非核心业务剥离。推进主体企业与剥离企业理顺资产、财务、劳动者报酬等关系，促进主体企业做专做强、剥离企业加快发展，推进服务业提质增量。

北京市专门出台了《北京市促进文化创意产业发展的若干政策》，这是国内首个全面系统地制定文化创意产业发展的政策，明确了产业定位，推进文化创意产业大力发展专业机构。政府以文化创意产业投资导向目录、产业集聚区认定办法、相关政策措施进行适度引导。

（二）调整产业与产品结构

从产业及产品结构上来看，产业分工结构是否符合国内外市场需求结构直接关系经济发展的效益，也是经济发展质量的重要体现。我国各地方在重点产业结构、产业地区分布、产业链分工结构以及产品结构等方面都存在不同程度的侧重、差异和不均衡，在经济发展方式转变中需要协调和调整各地方的产业与产品结构，创造最好的经济效益和最强的竞争力。

1. 调整产业结构

政府通过政策措施促进生产加工企业或制造业企业向产业链上下游延

伸，着力向研发、设计、销售、售后服务延伸；向零部件、中间品、原材料的生产加工与供应环节延伸；向更加贴近生产需求和消费需求结构布局，增强薄弱产业，削减过剩产业，实现各产业间更加合理的分工布局结构，减轻环境资源压力，提升产业竞争力。

广东省补短板、建载体、设资金、创平台，加快建设现代产业体系（中共浙江省委宣传部课题组，2010）。[1] 坚持制造与创造相促进、信息化与工业化相融合，发展现代服务业、先进制造业、高新技术产业和战略性新兴产业，改造提升传统产业，加快构建现代产业体系。推进传统产业数字化改造、装备制造数字化、清洁生产信息技术应用和节能减排信息技术应用"4个100"示范工程。实施技术改造滚动计划和工业企业重点技术改造"双千工程"。以产业集群为基础培育区域国际品牌，在五金家电、建筑材料、食品饮料、纺织服装等领域培育一批国内领先的大企业集团。鼓励优势产业龙头企业参与国际、国家、行业标准的拟制订。

浙江省积极实施战略投资促进产业结构调整。利用资源环境约束和国际金融危机形成的倒逼机制，围绕节能减排和提升产业竞争力，大力推动产业结构调整，积极推动大平台、大产业、大项目、大企业建设。把提高自主创新能力作为结构调整的中心环节来抓。制定实施自主创新能力提升行动计划，加大自主创新扶持力度。深入实施知识产权战略、标准化战略和品牌战略，扎实开展国家级标准化项目试点，完善落实科技成果转化激励机制，实施十大科技成果转化工程。把资源节约集约利用和环境保护作为结构调整的突破口，实施"节能降耗十大工程"，积极推进结构节能、技术节能和管理节能，突出抓好重点企业节能降耗，积极推进节能改造，加快淘汰落后产能。

江苏省适应国际需求结构调整、国内消费升级和科技进步新趋势，以新产业、建基地、大项目、重培育方法，促进资本、技术、人才等要素集聚，推动新兴产业产品规模化市场应用，推进技术创新链和产业链

---

① 中共浙江省委宣传部课题组（课题组组长：胡坚；副组长：林吕建、迟全华；执笔人：兰建平）：《外省加快经济发展方式转变的做法与启示》，《浙江日报》2010年5月12日。

有机融合，着力优化产业结构，增强核心竞争力，让更多的"江苏制造"上升为"江苏创造"。实施"百项千亿"技术改造工程，加大新产品开发和品牌创建力度，重点促进装备制造、电子信息、石油化工等产业优化升级，全面改造提升纺织、冶金、轻工、建材等产业，推动主导产业向高端发展。

2. 调整产品结构

政府通过政策引导企业提高产品质量和增加产品差异化等，实现经济发展方式从低技术含量、低品质的粗放方式向高技术含量、高品质的集约化方式转变。

山东省深入实施质量兴省战略。突出企业质量主体作用，全面加强质量管理，加快构建质量诚信体系。大力实施名牌战略和标准化战略，开展省长质量奖和优质产品生产基地创建活动。通过"练内功、挖潜力、增效益"，深化企业管理，提高劳动生产率。建立商品流通质量追溯体系。整顿和规范市场秩序，依法严厉打击侵犯知识产权和制假售假、走私贩私、传销等违法活动，保护消费者权益。扩大出口农产品质量安全示范区覆盖范围。

广东省深入开展质量强省活动，发挥省政府质量奖导向作用，推广先进质量管理技术和方法。强化产品质量和食品药品安全监管，健全农产品质量安全保障、质量溯源管理和标准体系，培育特色农业品牌。

（三）加强技术创新与品牌培养

技术及其衍生的标准、品牌是当代经济的核心竞争力。在国际和国内竞争压力下，我国需要从过去经济发展缺乏技术创新力和品牌的方式，逐步转变到在当今全球经济秩序下更加强调技术创新力、品牌竞争力的经济发展方式上，因而制定和实施知识产权制度及战略具有特别意义。沿海地区的一些先进经验值得总结借鉴。

1. 技术创新与技术标准化

我国经济从过去粗放的低技术含量、劳动和资源密集型发展方式向集约化的较高技术含量、技术密集型发展方式转变，主要依靠技术创新、技术进步与技术标准化工作推动，这些是经济发展方式转变的最关键抓手。

广东省深入实施自主创新、人才强省战略和技术标准战略，加快建设创新型广东。坚持引进消化吸收再创新、集成创新、原始创新并重，构建以企业为主体、市场为导向、产学研结合的开放型区域创新体系，着力攻克核心关键技术，推动经济发展向创新驱动转变。健全科技创新体制机制，完善风险投资、政府资助、税收减免等政策体系。加强引才引智和国内外人才交流，构建多层次人才培养体系。主导和参与制修订国际、国家、行业标准 3860 项。

浙江省加快建设一批研发机构和创新平台，大力实施重大科技专项和科技成果转化工程，增强共性技术和核心技术突破能力。通过试点一批、示范一批、带动一批，培育创新型企业梯队，引导企业加大研发投入，加快提升企业技术创新能力。进一步实施品牌战略、标准化战略和知识产权战略。

江苏省实行政府引导性投入稳定增长、企业主体性投入持续增长、社会多元化投入快速增长机制，实施创新驱动战略，要大力提升企业技术创新能力，加快建立以企业为主体、产学研相结合的技术创新体系。大力推进创新型企业建设，增加研发投入，鼓励和支持企业建设高水平的研发机构和研发队伍。深入推进国家技术创新工程试点工作，着力创新体制机制，大力发展科技金融，设立人才引进、培养、使用和奖励专项资金，进一步营造良好环境，引导和支持创新要素向企业集聚。

2. 品牌与知识产权发展

品牌与知识产权是技术创新成果的产权保护形式与制度。随着经济发展日益依赖技术创新与技术进步以及科学管理，技术、品牌等知识产权保护制度、战略与政策在推动经济转型升级与发展中发挥着重大的作用。

广东省实施"千百亿"名牌培育、知识产权优势企业培育和"百所千企"知识产权对接工程，大力实施知识产权战略，加快建设知识产权强省，深入开展质量强省活动，商标品牌建设成效显著。

江苏省深入实施知识产权战略，着力提升知识产权创造、运用、保护和管理水平，培育更多的自主知识产权、自主品牌，增强产业核心竞争力，形成新的经济增长点。

（四）加快海外直接投资步伐

过去我国经济发展的视野主要局限在国内，随着经济发展日益上水平、上台阶和上规模，我国经济增长不仅要重视出口贸易，而且要更加重视扩大海外直接投资，从外部获得资源、市场、技术、人才等，转变外贸发展方式。

广东省加快实施"走出去"战略，坚持吸收外资和对外投资并重，完善对外投资合作发展规划和保障体系，推动有产品优势和市场基础的企业对外投资、建设境外营销网络和海外并购，加强对外承包工程和劳务合作，稳步推进境外经贸合作区建设，构建本土跨国公司培育平台。

上海市鼓励有条件的企业实施跨国并购，开展对外工程承包，大力承接离岸服务外包，加快培育一批本土跨国公司和知名品牌。健全对外投资合作的政策促进体系、服务保障体系、风险防范体系和应急处置体系。继续扩大与港澳地区的经贸往来与合作。把握两岸经济合作框架协议实施的机遇，加强沪台经贸、文化等领域的交流合作。

江苏省加快"走出去"步伐，完善企业对外投资的支持服务体系，鼓励有条件的企业到境外收购研发机构、营销网络、知名品牌及上市融资，建立资源开发基地和生产加工基地，开拓经济国际化新空间。

浙江省大力实施"走出去"战略，支持企业在境外开发资源、收购品牌、拓展市场，境外机构数和投资规模均居全国首位。宁波市不断加大对"走出去"企业的政策支持力度，在全国率先实施外经贸便利化工作规程，为企业提供特色服务，发挥甬商人脉的"走出去"带动作用，发挥产业转移省级带动"走出去"的积极作用（张宁，2011）。

（五）提高能源资源利用率

我国已经面临严峻的能源资源瓶颈，能源资源短缺和利用效率低下构成对我国经济发展可持续性的巨大挑战，过去粗放的经济发展方式面临转变的巨大压力。全球气候变化也迫使人类必须改变过去西方工业化的路径。中国转变经济发展发展方式首先必须加快节能降耗减排工作，提高能源资源利用率。

浙江省大力推进节能减排和生态环境保护。严格落实节能减排目标责任制，坚持分类指导，健全节能减排统计监测和考核评价制度，强化激励约束机制，运用差别电价等经济杠杆促进节能减排，推动节能市场化，推广合同能源管理模式。加强能源消费总量调控，严格新上项目节能评估，加快淘汰落后产能，鼓励发展低能耗、低排放产业。严格污染物排放标准，提高环保准入门槛。突出抓好工业、建筑、交通运输和公共机构等领域的节能，开展节能技术和产品进企业、进机关、进学校、进社区、进家庭活动。全面推进循环经济试点省建设，加快循环经济试点基地建设和工业园区生态化改造，抓好一批循环经济示范企业、示范园区和示范项目建设。

重庆市制定了《重庆市环境保护条例》，提出了对污染物排放单位按日累加处罚的理念（徐伟、原二军，2010），加大违法成本，绝大部分企业主动整改环境违法行为。

上海市加快节能地方标准建设，新建高标准节能建筑 60 万平方米，对新建居住建筑全面执行 65% 的节能标准。山东省发展绿色建筑，促进墙材革新和建筑节材，抓好太阳能与建筑一体化应用。

广东省扎实推进节约集约用地，实行最严格的耕地保护和节约用地制度，完善耕地保护考核机制和奖惩制度。节约集约用地试点示范省建设成效显著。深入推进节约集约用地试点示范省建设。加快和规范推进"三旧"改造，完善和强化节约集约用地机制。继续推进城乡建设用地增减挂钩试点和开发补充耕地工作。完善土地利用规划管理制度，探索建立耕地保护经济补偿机制。亿元生产总值增长消耗新增建设用地由 2005 年的 129 亩降到 56.5 亩，降幅达 56%；单位建设用地二、三产业增加值由 1.22 亿元/平方公里提高到 2.37 亿元/平方公里，升幅达 94.3%；五年开发补充耕地 150 万亩，连续 11 年实现耕地占补平衡。

（六） 加快外贸发展方式转变

我国过去过分追求出口数量、规模增长的低价竞销的外贸发展方式已经不能适应当前全球贸易和国内经济发展形势的要求，必须要转变外贸发展方式，重视进口和国内消费对拉动经济增长的积极意义，走追求质量、效益的外贸发展道路。

上海市加快推进启运港退税、报检报关"一单两报"等创新试点，提高市场开放程度和贸易便利化水平，推进内外贸结合、货物贸易与服务贸易结合、实体贸易与网上贸易结合的市场体系建设，加快转变外贸发展方式，优化市场结构和贸易结构，深入拓展新兴市场，扩大具有自主知识产权、自主品牌、高附加值的产品出口。

广东省坚持出口和进口并重，加快转变外贸发展方式。做强一般贸易，提升加工贸易，发展服务贸易。重点支持自主知识产权、自主品牌、自主营销商品出口。巩固传统市场，开拓新兴市场，建设专业商品市场和国外贸易中心。扩大能源资源、先进技术、关键设备和零部件进口。推动外商投资、加工贸易企业扩大内销，延伸产业链，加快建设全国加工贸易转型升级示范区。

浙江省推进大通关和电子口岸建设，完善国际贸易预警和摩擦应对服务机制，扩大出口信用保险覆盖面和保单融资规模，实施跨境贸易人民币结算试点。加快推进境外贸易促进平台、重要产品出口基地、出口品牌、境内外营销网络建设，扩大出口信用保险和保单融资覆盖面，继续推进大通关建设。

江苏省实施更加积极主动、互利共赢的开放战略，坚持调整出口结构和优化进口结构并重，更高水平"引进来"与更大步伐"走出去"并重，进一步增强对外开放的领先优势，提高对外开放质量和水平。提高一般贸易、服务贸易、自主品牌产品出口比重，促进加工贸易转型升级，提升出口产品附加值和竞争力。大力发展国际服务贸易，加快建设苏南服务贸易产业带。扩大先进技术设备、关键零部件和重要能源原材料进口。

山东省组织实施"境外百展市场开拓计划"，提升发达经济体市场，开拓新兴经济体市场，增创外贸竞争优势。鼓励企业培育自主品牌，积极开展国际认证。打造优势产业出口基地，提高机电、高新技术产品出口比重。

二　对地方政府转变外贸发展方式的政策建议

我国已经在促进经济发展方式上出台了一系列国家战略和基本制度，制定了有关国家政策与措施，启动了许多国家工程或平台。如果全国性政策不妨碍本地发展，各地政府要积极推动国家战略、制度和政策落实，积极利用国家行动推动当地经济上台阶。

由于各地经济发展的历史积淀、产业分工、企业竞争优势以及地理区位、人才储备、资本积累、市场发育等因素的差别，各地经济发展道路、模式、战略、侧重点和政策措施都不尽相同。各地情况不同，抄袭和克隆别人的战略不会成功。我们认为各地要根据本地资源和优势，提出符合本地发展实际要求的工作思路，突出特色和差异化风格，不要相互抄袭和攀比，避免陷入相互战略趋同和恶性竞争局面。

我们就地方政府转变外贸发展方式的各方面工作提出若干建议，这些都只是一般性的建议，没有针对特定对象，未必适合当地的特殊情况，各地可以结合实际情况加以本地化应用，或许有一定效果。

（一）推动产业转型、转移与升级

我国传统工业问题主要在于技术设备老化、技术工艺水平落后、自动化信息化和精细化不够。我国政府需要以政策推动整体工业技术水平提升，在强化技术创新与技术成果转化应用中刺激企业加快设备折旧、更新换代。推动利用先进信息技术、自动化人工智能技术、循环工艺技术等改造传统工业，提高生产效率，降低消耗与排污。

我国东西部之间、沿海与内地之间、城乡之间产业分布和发展不平衡。产业地区之间转移既需要市场力量推动，也需要政府政策支持。内地政府在承接沿海地区产业转移上要积极出台政策吸引沿海企业投资，在土地、水、气、电供应和税费减免等方面给予内资转移投资不低于外商直接投资的优惠政策，在环境影响评估和节能减排等方面一视同仁。内地省市要积极与沿海省市协调加强物流交通、通信、金融等方面的联系，降低内地产品进入国际市场的成本，提高内地省市参与国际分工的能力。引导内地企业积极与沿海地区企业加强配套，利用沿海企业在内地的投资、外包等活动构建完整的产业链。

由于我国长期工业技术发展滞后和创新能力较弱，我国在制药、信息、新能源、环保等战略性新兴产业发展相对落后，在教育、卫生、金融、物流、废弃物处理等服务业与发达国家差距明显。我国需要加深改革，建立健全市场机制，发挥战略性投资作用，利用政策推动我国战略性新兴产业发展，鼓励有实力的相关企业进入战略性新兴产业和现代服务业（李京文，2008）。

（二）调整产业与产品结构

我国传统制造业仅仅是全球价值链的一个劳动密集的生产环节，缺乏坚强的研发设计和售后服务支持，在全球供应链中地位较低，我们没有主动权。发达国家已经发展成熟的许多产业在我国仍没有发展起来，我国产业分工结构不够细密，产业地区分布结构也不尽合理，许多行业的产能过剩，也有许多行业供不应求，产品品质同质化问题严重。

我国需要全面落实国家有关调整产业结构与产品结构的政策措施，运用政策引导企业加深专业化，专注核心业务，发展我国仍不发达的短线行业，鼓励产业地区转移，淘汰落后产能，引导企业依需求变化灵活改变产品设计，提高质量，增加档次。

政策法规要明确规定生产者对商品质量所负担的永久责任，无论是已经出售还是将来要出售的商品，出现质量安全问题都要由生产者负责，构建质量安全追踪体系，依法处理和补偿。各地经济司法要严格，发挥司法对经济的支持功能。

（三） 加强技术创新与品牌培养

技术与品牌是我国经济与发达国家经济存在差距的核心问题。各地政府要深入贯彻国家科技规划纲要，利用国家有关科技发展平台，运用有关国家科技鼓励政策，以市场机制发挥地方科技要素积极性，聚集创新力量，在地方财政的研发投入、创新成果奖励、知识产权申报资助、知识产权司法及行政保护以及创新人才在落户、子女入学、科研项目申请、职称晋升、职业发展等方面给予支持。

虽然近年我国科技创新能力有所提升，但整体上企业创新能力仍薄弱，政府要出台政策鼓励企业与科研院所合作、与国内外行业领先企业加强研发合作，在重视原创性、基础性技术创新基础上积极开展技术模仿、学习、跟踪、引进、吸收、消化和再创新，边缘创新、模块创新和集成创新要同时并举。

在技术创新和品牌发展上，地方政府要发挥领导推动、宣传、鼓励、扶持的作用，完善创新与知识产权保护体制机制，调动企业主体积极性，以财政科技基金的战略投资引导企业加大研发投入，运用现代传媒和互联网技术加强品牌宣传推广，加强知识产权保护和管理工作，提高经济可持续发展的后劲。地方行政和司法都要切实发挥知识产权保护作用，严厉打击侵权、抄袭和盗版问题，不要搞"护犊子"司法。

（四） 加快海外直接投资步伐

我国对外直接投资相对于对外贸易和引进外资来说发展严重滞后，已经不能适应对外贸易和经济增长快速发展的需要。对外直接投资在一定意义上就是对外贸易的替代形式。转变外贸发展方式就需要加快海外直接投资发展步伐。

近几年国家已经在对外直接投资行政审批便利化、财政金融支持、外交商务保障、培训咨询服务等方面制定了一系列探索性政策，企业外汇境外留存和个人境外投资政策已经开始实施，人民币境外信贷、投资和国际贸易结算正在试点，对外投资自由化有了一定进展。

各地政府要实施国家"走出去"战略，落实有关境外投资促进政策，对跨国投资企业给予必要的服务和安全保障，降低境外投资风险和成本，带动商品和服务出口，推动资本与劳动力流出，获得经济发展所需先进技术、知名品牌、市场渠道、专业人才和矿产资源等。

（五）提高能源资源利用率

随着我国经济规模的日益壮大，我国对能源资源需求仍将会继续增加，传统经济发展方式对环境和生态影响也迫使我国必须加快经济及外贸发展方式的转变步伐。各地政府要坚决贯彻国家有关节能减排政策和法规，落实节能减排目标，分解任务，在行政调控和推动基础上健全体制机制，依靠科学技术进步和加强管理提高能源资源利用率，发挥财政战略性投资的引导和推动作用，运用包括对污染物排放单位按日累加处罚办法在内的一切行之有效手段，降低单位产值能耗和污染物排放水平。

各地政府在推动节能减排的同时要大力提倡节水、节电、节地和节人，利用政策引导企业引进新工艺新技术，发挥价格、土地出让金、工资福利和税费等市场机制作用，增加污染物排放和生态补偿的成本费用，减少水、电、土地和人口消耗，提高资源配置效率。

各地政府要依靠财政战略性投资推动企业在新能源等战略性新兴产业发展，推动循环经济和生态经济发展，促进生态恢复。限制污染重、治理成本高的加工贸易发展，限制"两高一资"领域的外资准入，取消"两高一资"产品出口退税，控制"两高一资"产品出口。

（六）加快外贸发展方式转变

各地政府在执行国家有关外贸发展战略转变的政策中继续提高利用国际市场、国际资源发展本地经济的能力，坚持出口和进口并重、内外市场并重、货物贸易与服务贸易并重、内资与外资并重的战略，基本保持进出口贸易平衡发展（王受文，2007），发挥多种贸易方式的积极作用，优化进出口结构，坚持高新、高端、集群、集约，抓住产业链和关键技术设备、人才等要素，追求高质量、高效率和高效益，突出展现我国经济转变发展方式的显著成果。

在市场开拓、国际参展、新产品测试和知识产权国际申请与保护等方面给予财政资助，在税收、金融、保险、融资等方面给予出口政策支持。鼓励企业建设国际营销网络，控制市场渠道和关键品牌，在保持传统的低端市场份额基础上加大高端市场和差异化需求市场的份额，着力提高外贸质量和效益。发挥行业协会在提供市场信息咨询、解决贸易摩擦、限制出口产品海外低价竞销、大宗商品进口协议谈判等方面的积极作用。

降低外国进口品进入本地市场的障碍，引进外国成熟先进技术，利用现有政策和出台新的政策推动与贸易有关的成本降低，在退税、报检、报关等方面提供电子化、一站式便利办公，清理一切不合理的收费项目，寓管理于服务之中，不干预或少干预企业主体权利。

地方政府从促进产业转型、转移与升级、调整产业与产品结构、加强技术创新与品牌、加快海外直接投资步伐、提高能源资源利用率和加快外贸发展方式转变六个方面转变外贸发展方式工作具有普遍意义。虽然经济发展一般趋势相同，但各地要发挥本地资源和优势，要与其他省市区形成差别和独特风格，突出特色，避免战略趋同和恶性竞争。

参考文献

夏先良：《加快改革开放步伐：转变开放经济发展方式的基石》，《国际贸易》2013 年第 3 期。

夏先良：《论国际贸易产业组织体系发展：聚焦国际贸易渠道和网络建设》，《财贸经济》2013 年第 11 期。

夏先良：《论贸易技术创新的效果》，《商业研究》2014 年第 6 期。

夏先良：《扩大进口为外需"引擎"加油》，《中国经济导报》2012 年 4 月24 日。

夏先良：《加快实施多层次、多样化自由贸易区战略》，中国社科院财经院《财经论坛》2013 年 5 月 27 日第 15 期（总第 136 期）。

夏先良：《调整对邻国经贸政策 增强对邻国亲和力》，中国社科院财经院《专报》2013 年 9 月 10 日第 62 期。

夏先良：《引领世界消费潮流 转变外贸发展方式》，中国社科院财经院创新工程项目"中国外贸发展方式战略转变研究"的中间成果，未发表，2013。

夏先良：《关于推动丝绸之路经济带建设的几点意见》，中国社科院财经院《财经论坛》2014年8月18日第23期（总第180期）。

后　记

2011年是中国社会科学院科研事业发展的重要一年。对于我们来说，这一年发生了两件大事，一件是财政与贸易经济研究所更名为财经战略研究院，目标是建设国家级学术型智库，以落实中国社会科学院三个定位的要求；另一件是科研工作的组织方式发生了根本性的变化，创新工程研究项目成为科研组织的基础方式，实行首席研究员牵头创新工程研究项目的制度。《中国外贸发展方式战略转变研究》就是我们探索创新工程的第一次尝试。

外贸发展方式转变既是一个经典的传统课题，又是一个充满挑战与预期的新课题。我们在外贸发展方式转变研究中加入了较多的进口贸易因素，我们期待中国从贸易大国走向贸易强国的成功转型，加强进口贸易发展，实现国内与国外两个市场与两种资源的平衡发展，全面地增进贸易利益，推动我国经济发展方式的转型。

中国社会科学院创新工程形成了竞争机制，并不是所有科研人员都可以进入创新工程项目。我们把创新工程体系外的科研人员组织进来参与项目研究，同时还通过创新工程的人事改革机制，招聘了体制外的人员进入创新工程项目研究。他们虽然不在创新工程体制内，但仍然竭尽心力，不计报酬地积极参与项目研究。两年间，课题组成员齐心协力，投入了大量的时间和精力。可以说，"中国外贸发展方式战略转变研究"这一创新工程项目的完成，包含了我们原有科研体制中创新工程内外所有研究人员的心血和不懈的积极努力。

中国外贸发展方式尚在转变之中，"中国外贸发展方式战略转变研究"的成果自然具有阶段性特征，所阐述的观点还有待实践的检验，难免有不足之处，期待各方批评指正。

图书在版编目（CIP）数据

中国外贸发展方式战略转变研究/冯雷等著. —北京：社会科学文献
出版社，2015.8
　（中国社会科学院财经战略研究院文库）
　ISBN 978 - 7 - 5097 - 7654 - 4

　I. ①中…　II. ①冯…　III. ①对外贸易 - 经济发展战略 - 研究 -
中国　IV. ①F752

　中国版本图书馆 CIP 数据核字（2015）第 130741 号

· 中国社会科学院财经战略研究院文库 ·

中国外贸发展方式战略转变研究

著　　者 / 冯　雷　夏先良　等

出 版 人 / 谢寿光
项目统筹 / 林　尧
责任编辑 / 林　尧　杨丽霞

出　　　版 / 社会科学文献出版社 · 经济与管理出版分社(010)59367226
　　　　　　地址：北京市北三环中路甲 29 号院华龙大厦　邮编：100029
　　　　　　网址：www. ssap. com. cn
发　　　行 / 市场营销中心（010）59367081　　59367090
　　　　　　读者服务中心（010）59367028
印　　　装 / 三河市尚艺印装有限公司

规　　　格 / 开　本：787mm × 1092mm　1/16
　　　　　　印　张：19　字　数：281 千字
版　　　次 / 2015 年 8 月第 1 版　2015 年 8 月第 1 次印刷
书　　　号 / ISBN 978 - 7 - 5097 - 7654 - 4
定　　　价 / 79.00 元